すべての富を中国が独り占めする

これからの資源外交戦略を読み解く

Winner Take All

ダンビサ・モヨ 著
奥山真司 翻訳
朝倉慶 監修

ビジネス社

はじめに

二〇〇七年の夏、ある中国企業がペルーの山を買った。もっと正確にいえば、その会社が買ったのはこの山の中にある資源の採掘権だ。壮大なトロモチョ山は標高四六〇〇メートルもあり、これはエベレストの高さの半分以上にもなる。ここには二〇億トンの銅があり、一カ所にまとまって存在する銅の鉱床の埋蔵量としては世界最大級だ。三〇億ドルという巨額によって、トロモチョ山にある銅鉱床の権利はペルー国民から中国人たちの手に渡ったのだ。

中国の資源獲得の動きには驚くべきものがある。ここ一〇年ほどの間に世界中で行われている多くの資源関連の取引において、中国はとるに足らない位置から、一気にポールポジションまで躍り出てきたのだ。ペルーの山を開発する権利を買った中国のチノルコ（中国鋁業公司、中国アルム）という会社は、二〇〇八年にもオーストラリアのアルミ会社の株式を取得するために一三〇億ドルを使っている。[1]

二〇〇九年六月には中国を代表する中国石油化工（シノペック）という石油化学企業が、イラクとナイジェリアにかなりの規模の資産を持つアダックス石油を七二億ドルで買収している。

ほかにもシノペック社は、二〇一〇年一〇月にスペインのエネルギー会社であるレプソル社のブラジルの子会社の株の四〇パーセントを七〇億ドルで買っており、二〇〇六年六月にはロシアのロスネフチ社（ロシア最大の石油・ガス会社）との石油合弁事業の共同持ち分を、三五億ドルで購入している。

製品の生産やサービスのために使われるこのようなものは、一般的には「商品」（コモディティ）という名称で知られており、この「商品」というのは現代人の日常生活のあらゆる面にいたるまで浸透している。それは車、トラック、電力網を動かすエネルギーであり、すべての生命の維持に必要な水であり、穀物をはじめとする食料を生み出す耕地であり、携帯電話からテレビの画面、また機器の原材料に使われるさまざまな鉱物のことである。

新聞のデスクやメディアのコメンテーターたちが、グローバル規模でのエネルギーの需要が供給を超えつつある現状を踏まえ、耕地の減少や水をめぐっての衝突によって駆り立てられる紛争、そして政治面でのハルマゲドンが発生するリスクといった、「商品」空間にたいする危機が差し迫っていると警告するような文章を書いているのは、ある意味で当然だといえる。ところが「商品」とそれが取引されるマーケットの重要性をわかっていても、グローバル経済に欠かせない要素であるこの「商品」そのもの――これは世界における最大級の資産である――についてのわれわれの知識は、いまだに曖昧《あいまい》なままだ。

本書は、世界がこれから数十年の間に直面する「商品」の動きについて探るものだ。そしてこの数十年間というのは、ほぼ確実に「資源の欠乏が増大することによって発生するグローバルな緊張」に彩《いろど》られることになりそうなのだ。より具体的にいえば、本書では中国が世界各地で資源獲得を急いでいる構造のメカニズムと、それが暗示していることについて述べている。世界の大国の中で、唯一中国だけが、経済・政治面における戦略を資源不足の将来に備えて行動している。ところが資源不足や中国が中心となって展開している動きが及ぼす問題に十分な準備のできていないままでいる、中国以外の世界の国々にたいする警鐘としても書かれている。世界的にも有名な「商品」の専門家の一人であるジム・ロジャーズ（Jim Rogers）は、ほぼ一〇年前に「商品」の重要性について書いた『大投資家ジム・ロジャーズが語る商品の時代』（*Hot Commodities*）の中で、きわめて論理的な議論を展開しつつ、このような警鐘を鳴らしているのだが、残念ながら状況はまったく改善していない。

では問題はいったい何なのだろうか？　深刻な資源不足に陥れば、最低でも「商品」――耕地、水、鉱物、そして石油――の平均価格が急上昇して、高止まりする時代に突入することになる。スーパーの食料品（小麦と穀物から作られるパンや砂糖、肉、牛乳など）、水道水、携帯電話や車、スタンドで支払うガソリン代、その他の日常生活にかかるコストの多くは、大幅に上昇するだろう。そして価格が上昇すれば、必然的に世界中で生活水準が下がることになる。

たとえば資源不足が深刻になるような極端なケースでは、「商品」の欠乏がそのまま戦争につながる可能性もある。のちに論じるが、一九九〇年以降には世界で資源不足や資源へのアクセスの問題が原因となった暴力紛争が少なくとも一八件発生しており、それらの多くは現在も進行中である。その他にも、「商品」が不足している地域にある国々の多く、たとえば水の少ない中東や、一人当たりの耕地面積が比較的少ないアジアの一部の地域などでは、暴力や衝突が起こりやすい。人々はいたるところで、需要と供給不足の微妙なバランスの中で生きているのだ。もちろん直近のリスクとしては、それ以上の数の国々――つまりさらに多くの人々――がその争いに引きずり込まれることになる。

中国の資源獲得への動きが生じているのは、まさにこのような状況下なのだ。中国の「ハード商品」（採掘もしくは抽出される金属や鉱物のこと）、「ソフト商品」（これは材木、穀物やそれ以外の食料などのような生育可能なもの）、そしてそれらの採取と運搬を支え、かつ容易にするインフラ（道路、港、そして鉄道）などの獲得へのグローバルな動きは、すでに驚くべき経済発展を成し遂げた物語を今後も続けるためのものなのだ。中国はこの目的のために、あらゆる手段をとろうとしているように見える。中国の資源についての取引は、グローバルで、しかも史上最も積極的なものであるために、われわれすべてに経済面で影響を与えるのだ。

本書は三つの大きなテーマを扱っている。

一つ目は、世界最大の資源の購入者としての中国の経済面での台頭が、グローバルな「商品」の需要と供給という文脈において、いったいどのような意味を持つのかということを分析している。現在の中国は、先進国と発展途上国の両世界において経済的な影響力を持つ多くの国々との主要貿易相手国だ。たった数十年間で、資本注入を行う側の国として最も「ひっぱりだこ」の国となったのだ。その証拠に、世界の国々は自国が富む・富まないにかかわらず、中国が言い寄ってくるのをただ待つだけではなく、逆に中国の投資を呼び込もうとして積極的に動き始めている。

現在の中国は、外国の政府に資金を（借款《しゃっかん》を提供したり国債を購入したりする形で）提供し、学校や病院に融資したり（とくに世界でも最貧地域の全域で）、道路や鉄道のようなインフラの整備計画に投資して受け入れ国の求めに応じており、これによって自国を、世界銀行のような国際機関よりも総合的に魅力的な投資国にしている。このような国際機関というのは、政策面での厳しい制約を借款の条件に課してくることが多い。中国が経済面で与える影響力はアメリカ、アフリカ、東欧、オーストラリア、そして南米にまで広がっており、この大きさは計り知れないものがある。段々と力を増してきた中国のグローバルな影響力は、その経済力の上昇と、それとつねに結びついている資源の需要への高まりを反映しているのだ。

二つ目のテーマは、中国が力をつけつつある金融面での影響力であり、それがグローバルな「商品」マーケットの動きにどのような影響を与えるのかということだ。中国は時間の経過とともに、すべての分野の「商品」（鉱物や石油マーケットだけでなく、まさに土地のような闇市場で取引されることのない資産など）において採算ぎりぎりで買ったのであり、グローバル規模で資源を大量に買い付けるおかげでマーケットの価格を設定する力を持つようになった。これによって自然とマーケットの取引の仕方や、受け入れ国にある資産の価値の決定に関わるようになったのだ。よって、資源価格の設定への中国の関与や、マーケットの価格の変動に中国がどのような影響を与えるのかについてつぶさに情報を見ていくことは、決定的に重要である。

三つ目のテーマは、中国の資源獲得への動きが及ぼす、社会・政治面での意味についてだ。世界における中国の役割というのは、経済や金融のような狭いレンズだけで分析することはできない。そのグローバルな規模での動きは、地政学的に深刻な影響を及ぼすだけでなく、世界中の人々の生活や、彼らとその政府との関わり合いまでも決定するのだ。

中国の投資は、受け入れ国の一人当たりの収入を上げて貧困状態を緩和する助けになる場合には、主に肯定的なインパクトを持つことになるのかもしれないが、この新しく発見された富は、逆に独裁的な政府の自己の権力拡大や、国民を服従させるための資金源となる可能性もある。中国は受け入れ国の政治基盤を弱めてしまおうという狙《ねら》いはあからさまに持っていないのかもしれないが、それでも彼らには（他の外国の投資家と同じように）資源への投資——雇用創出とインフラ整備の投資を切実に必要としている国にたいして行うこと——の利益と、そのような政治的コストとのバランスを注意深くとっていく必要がある。

もちろん中国はグローバルな規模で資源を求めた最初の国というわけではない。似たような例を歴史の中で探せば、一世紀頃の古代ローマ帝国の例にまでさかのぼることができるし、一六世紀末のイギリスの世界をまたにかけた動きや、一八六〇年代中頃や一八七〇年代にかけての近代ヨーロッパやアメリカの多国籍企業の台頭にも見ることができよう。これらの経済の原動力となった産業革命は、原料物資への貪欲な需要や、国境をはるかに超えて資源を探す必要性を生み出したのである。ヨーロッパ諸国によるアフリカの植民地化や、その後に起こった石油が豊富な中東地域の分割は、両方とも実質的には「商品」の獲得のためであった。ところが中国の資源獲得への動きはたしかに目覚ましいものがあるが、それでもそれほど直接的に領土獲得を狙うようなものには見えない。初期の「商品」の探求者たちとは違って、中国は自分たちに有利となる二つのツールを持っていて、少なくとも量的には先駆者たちと肩を並べている。一つは莫大な富であり、もう一つは経済・政治面での規律だ。

現金がものを言う世界では、豊富な資金の蓄え――二〇一二年の時点で三兆ドルを超える額の外国債を保有――のおかげで、中国は他国ができないことを可能にし、行けないところへ行けるのだ。単純にいえば、中国は世界中でショッピングの真っ最中なのだ。そしてその貪欲な「商品」への欲望は、たとえ中国の経済成長率が下がってきたとしても収まる気配はない。

ペルーのような貧しい国は、自国の資産を抵当に入れたり売却したりすることに何ら注意を払わない。その資産が四六〇〇メートルの銅の山であっても、彼らはそれよりも経済成長や経済発展のために使う資金を必要としているからだ。一方、多額の負債を抱え、税収を上げる必要に迫られている先進国は、中国からかなりの金額を借りることに甘んじている。

たとえば二〇一一年に中国は米国債の最大の債権者であり、外国が持っている米国債の内のじつに二六パーセント（これはアメリカの公的債務の合計の約八パーセント）は中国が持っているのだ。日本や韓国、それに中東の国々は、自らの「商品」――とくにアフリカの耕地をめぐる―

―獲得の動きを活発化させている。ところが中国という国家の規模と資金力（たとえば競争で勝つ能力など）、そして固い決心が意味しているのは、現在の「商品」のメイン・プレイヤーは中国であるという現実だ。

しかし中国とは何者なのだろうか？　すべてのパーツを一つの「中国」という一枚岩のプレイヤーとしてとらえるのははたして本当に正しいのだろうか？　そして全体はつねに構成要素たる部分の合計よりも大きいのだろうか？　中国の成功は多様なプレイヤーたち――個人、企業、そして共産党政府――に依存している。ところが彼らは政府・民間を問わず、究極的には一つの目標の下に力を結集した動きを展開している。その目標とは、「中国の地位向上」である。

この哲学は、おそらく中国の「平和的台頭」（和平崛起《くっき》）という政策方針に最もよく表れている。この言葉は一九九七年から二〇〇四年の間に対外政策の報道官であった鄭必堅《ていひっけん》が行った、数多くのスピーチで言及して有名にしたものだ。[2]　このスピーチと、中国の首相が毎年発表する「国務院政府工作報告」（アメリカ大統領の一般教書に似たもの）は、政府首脳部の戦略的な狙いを説明したものだ。経済成長の目標からテクノロジー戦略、それに対外政策や中国が世界において果たす役割まで、これらの声明は、中国の政治層の野望や、発展のために重要になる要素（主に教育、健康保険制度、それに国内インフラなどの公共財）をうまく強調するものであった。

原則的には、これらの目標の多くは他の国の政府によるものとほとんど異なるものではない。ところが中国の場合に問題なのは、これらの比較的おとなしい宣言ではなく、中国の政治的なインフラで中国の課題をいかに実行するのかという点なのだ。計画経済の中央集権システムを使いながら、中国共産党は銀行、エネルギー会社、交通・運輸業者、そして資源会社のような巨大国営企業の行動を、後押ししたり影響を与えたりするのだ。さらに大きく言えば、中国政府の国家の主導による資本主義（これは政府が利益を生み、商業的な活動において中心的な役割を果たすというもの）の承認が意味しているのは、すべてのアクターたちが主に共産党の目標に合致するように動いているということだ。これはつまり、中国のビジネスマンのやみくもに利益を求めるという動機でさえも、共産党政治局の政治的欲求の陰に隠れてしまうということだ。

では中国政府は、その国家的な目的の方針をどのように普及宣伝させるのだろうか？　彼らはそのために法規制や金、そして党員を使うのだ。

規制を行うプロセスはきわめてわかりやすい。世界の他の国々の政府と同じように、中国政府は、投資規定、許認可についてのルール、それにビジネス活動のためのガイドラインといった形でビジネスの立ち上げに制限を行っていて、個人や企業はそれに従わなければならないことになっている。ビジネス環境は規制当局の網によって監視されており、これにはたとえば中央銀行や国家工商行政管理総局や国家品質技術監督局のような、ビジネスを行うための許認可を与える省庁が含まれる。[3]

ところがこれ以上に重要な問題は政府の影響範囲内であり、正確には法の影響力がどこまで及ぶかという点に関わってくる。中国の場合に明確なのは、「規則」というものが、単に許可を与えたりビジネスを行うことを認可するよりもはるかに広い意味を持っているということだ。
また、中国の共産党政府は、国家方針の哲学を金の力で押し付けている。これは外貨準備を含む、中国の莫大な公的資金の配分をコントロールすることによって行われる。中国の公的資金の分配の仕方は、少なくとも二つの要素によって形成されている。第一に、上述した「国務院政府工作報告」に含まれているような経済政策の必要性についての公式声明や、その分野や業界（たとえば食料生産やエネルギーなど）に向けた声明は、「今後も経済成長を促して貧困を減少させる」という中国の包括的な計画に影響を与えている。中国政府の行動を突き動かしているのは、結局のところ、継続的な貧困の減少だけでなく、持続可能な高い経済成長率の維持なのだ。第二は、中国の財政支出は広範囲なマーケットの状況に影響を受けていて、マーケットの状況次第では、活気のない経済を押し上げたり、経済危機が起こった場合における政府の介入が正当とされる可能性もある。たとえば二〇〇八年一一月には、北京政府は金融危機の悪影響（輸出産業の縮小と、これに伴う経済成長の鈍化による失業率の高まり）に対処するために、四八兆円（約四兆人民元）規模の景気刺激策を、たった数日間で実行している。中国の景気刺激策は、二年間にわたりGDPのおよそ一五パーセント近くを占めるものとなっていた。[4]
北京政府が財政的な力にものを言わせているため、政府と民間の間の境界線は意識的に曖昧にされている可能性もある。たとえば、中国は多くの上場している株式会社の株をかなりの規模（こういった会社の七〇パーセント以上が国有のケースもある）で保有しており、しかも国境を越えて展開しているトップ三〇の中国企業のほとんどが国営企業なのだ。石油や鉱石、もしくはインフラなどの戦略的な分野に投資している中国企業というのは国営企業であることが多く、そのためにそれらはある意味で「中国共産党国家の延長として行動している」ということになる。中国のグローバルな資源獲得の動きの中心にはこのような構造があるのだ。たとえばアフリカへ投資を行っている中国の三大企業というのは、中国石油化工、中国石油天然気集団（ペトロチャイナ）、中国海洋石油総公司（CNOOC）であり、いずれも国営の石油会社なのだ。

中国のいわゆる「走出去」戦略（going-out strategy）では、国家が支配しているツールを使って、しかも民間企業も使いながら、海外への展開と買収を促すのだ。多くの中国企業は政府からの補助金や、国営銀行から（低金利の）ローンを受け取り、金融市場から高い利率の借り入れで資金を集めなければならない外国の企業と比較して、かなり有利な立場を得ている。

非常に多くの中国企業は、譲歩的な融資枠（たとえば返済期限を延長したり、市場よりも低金利での貸し付けなどの柔軟かつ寛大な条件の融資枠など）だけでなく、税制上の優遇措置や優先的に契約を配分されることなどからも利益を得ているのだ。たとえば二〇〇九年には、中国で第三位の規模を持つ武漢鋼鉄集団が、国営の国家開発銀行から融資枠を約一二億ドルまで許されている。このローンの主な目的は「海外の資源基盤の構築」のための融資であり、これには大規模な鉄鉱山や、このような「商品」を生産する製鉄所を稼働させることなどが含まれる。このようなローンは、二〇〇八年の世界金融危機の後に北京政府が経済を刺激するために国営銀行に働きかけを始めてから一般的になったものだ。

最後に、中国のコントロールは人民と党員に関するものだ。中国の総労働人口のおよそ一〇パーセント――およそ八〇〇〇万人で、しかもその数は増加しつつある――は党員カードを持った共産党の党員である。しかも重要なのはそういった幹部党員の数ではなく、共産党の重要な国家目標があらゆる分野に染み渡るように、幹部党員がほぼつねに戦略的に配置されているという点である。株式を公開しているような民間企業が幹部党員を「雇用」しており、この幹部党員が通常は独立しているはずの企業の社長よりも重要であり、権力と影響力を持っている存在だとみなされている例は珍しくない。

極端なケースになると、会社の幹部たちが北京政府から任命されて、社長には補佐的な役割しか与えられていないこともある。さらには運用面では独立しているにもかかわらず、企業は共産党の政策に従っているか定期的にチェックされるのだ。企業の利益という点から見れば、政府との関係は、譲歩的な融資や国が仲介する国際的な契約（たとえば中国政府が仲介する、政府高官や海外政府との接触）のような自分たちが得る利益と、政府が介入してくることのコストや共産党の世界観に従わなければならないという圧力との間の「綱渡り」なのだ。

中国が企業のネットワークに（安い）資金へのアクセスや国家からの保証を与えたり、外国政府の窓口（彼ら自身が自国の資源分野では中心的なプレイヤーとなっている）との優先的なアクセスを与える戦略というのは、中国の開発面での課題を舵取《かじと》りする助けになっているように見える。そしてこのアプローチは、北京政府と共産党の指揮・支配的なアプローチにとってうまく機能しているために、これが近い将来のうちに変更されるような見込みはない。もし変更されるとしても、二〇一二年にある経済学者が予測していたような中国の経済成長に急ブレーキをかける「ハード・ランディング」に直面すれば、中国政府の介入は増大する可能性が高い。

　多くの親中派の人々にとって、中国政府は遍在的かつ全能的な存在である。ところがある中国のビジネスマンが皮肉ったように、政府の影響力というのは、自分が何を許可されており、公的資金をどれだけ受け取っているか、そして最高経営責任者、取締役会メンバー、もしくは最高財務責任者といったような自分にとって重要な人物が誰であるのか（しかもこれは誰がそういった人物を選ぶのかという点にも関わってくる）という点によっても左右されるのだ。これはつまり、あからさまに「何をすべきか」「どこに投資すべきか」「誰を雇うべきか」などを明確に言われること（許可、金、人々を受け入れている場合）と、何をすべきでないのか――たとえば明示されている分野以外には会社として投資しないこと（ただ許可を得ようとする場合）を教えられることとの違いである。天然資源のあらゆる分野において交わされる契約にまつわる融資や取引において浮かび上がるパターンは、中国の莫大な国内インフラ建設と長期的な経済発展計画という重要課題にぴったりと合致するのだ。これは（政界と産業界が癒着した）「中国株式会社」（the China Inc.）であり、まさに「一人はみんなのために、みんなは一人のために」を実行しているのだ。[5]

1 二〇一〇年のペルーの一人当たりの年収は約九〇〇〇ドルであり、それにたいしてアメリカは約四万五〇〇〇ドルであった。

2 "China's Peaceful Rise: Speeches of Zheng Bijian 1997-2004," http://www.brookings.edu/fp/events/20050616bijianlunch.pdf.

3 中国では、許認可を行う機関は、企業や個人が国内でどのようにビジネスを行うのかをコントロールする国有機関である。企業や個人が中国でビジネスを行おうとする場合、政府から多数の許可を個別に得なければならない。たとえばビジネスを登記するためには、国家工商行政管理総局から「営業許可証」を得なければならない。また、法人が社印を作るには警察（公安部）から許可を得なければならず、国家品質技術監督局が発行している事業登録番号証明書も必要である。

4 同様に、二〇〇〇年代半ばに発生した鳥インフルエンザの初期の段階で、中国は拡散を阻止するために、数日間で二〇〇〇万羽の鳥を殺処分したと考えられている。

5 ここで興味深いのは、中国企業が海外で生産した石油のかなりの量が、中国本土に送られていないという事実だ。実際のところ、いくつかの中国企業は中国が石油不足に陥るという恐怖を利用して北京政府から安い資金を得て、自分たちの国際的な活動にたいしてさらなる国家的・政治的サポートを獲得しようとしている。

第I部 資源をめぐる中国の猛攻

第1章 世界の商品需要をつき動かす存在

第2章 資源国の現状：土地と水

第3章 資源国の現状：石油、ガス、鉱物

第4章　家宝からの借金

第Ⅱ部 中国の資源獲得への動きは世界にとってどのような意味を持つのか？

第5章 「商品」価格の概要

第8章 すべては地政学にあり

※本書では原書が書かれた時間を考慮し、1元＝12円で計算しています。

第I部

資源をめぐる中国の猛攻

第1章

世界の商品需要をつき動かす存在

次の五〇年間のものごとの流れを理解するためには、まず真っ先に環境面における欠乏状態、すなわち「先細りする天然資源」について理解せねばならない。これについてはロバート・カプランが一九九四年に「カミング・アナーキー：欠乏、犯罪、人口過密、部族主義、そして疫病が地球の社会的な結びつきをいかに急速に破壊しつつあるのか」というタイトルの論文で記している。カプランは未来について背筋の凍るような展望を示し、グローバルな資源不足がいかに世界の人口、環境、そして社会面での圧力の一因となるかを、生々しくかつ綿密な筆致で詳細に予言している。

このカプランの悲惨な展望を信じるかどうかは別にして、ここで明確になっているのは、中国のグローバルな資源確保へのアプローチを理解するためには、われわれはそのアプローチを、「商品」にたいするグローバルな需要という、より大きな文脈に当てはめて考えなければならないということだ。最終的に言えるのは、グローバルな「商品」の供給はたしかに重要だが（これについては次の二つの章で論述する）、本章ではまず発展しつつある需要のダイナミクスを考慮していく。これはつまり、なぜグローバルな規模でさまざまな「商品」――耕地、水、エネルギー、そして鉱石など――への需要の圧力が増加し、このような需要の要因が今後数十年の間に資源不足をどのように悪化させるのかということだ。

●マルサスの物語

カプランの論文は、資源不足が差し迫ったグローバルな大変動のきっかけになることを指摘した史上初のものというわけではない。すでに一七九八年にはトーマス・マルサスが「人口論」（Essay on the Principle of Population）という論文の中で、「人口というのは一般的に資源豊富な時代と場所では増加するが、人口規模が使用可能である主要な資源に比べて多くなってくると、貧困が生じてくるために止まる」と論じている。つまりマルサスは実質的に、「商品」を入手する可能性の限界によって人口の増加が抑制されると主張しているのだ。一九七二年に発表されたローマ・クラブの報告書「成長の限界」はマルサスの理論をもとにして、限られた（そして激減しつつある）資源の供給にたいして世界の人口増加が与える影響を、モデルを使って述べている。ローマ・クラブの結論は、このような需要と供給の不均衡は経済成長を制約し、グローバル規模で多くの人々を貧困状態にしてしまう可能性がある、というものだった。

それから四〇年たったが、相変わらず「商品」の不均衡は加速し続けている。

世界の人口の爆発的な増加と、それに伴う過去五〇年間のテクノロジーの発展は、あらゆる種類の資源――食料や水（これ自体が食料の原材料となる）からエネルギーと鉱物（たとえば急速に増大するグローバルな人口が必要とする暖房・配管設備の原料としてなど）――の「商品」としての需要に、前例のないほどの圧力を与えたのだ。たった一〇年前には、これほど多くの人々が個人用の携帯電子機器を持っていることは考えられなかったのであり、世界の人口の中で車の所有者の割合がここまで急速に増加するとは誰も思っていなかったのだ。しかし一方でこの二つを作るためには、莫大な量の有限な鉱物資源が必要となるのだ。

もちろん世界経済は、テクノロジーの発展が生み出した生産力の増加や効率性の向上、そして資源のさらなる有効活用によって大きく救済されてきた部分はある。ところがもしそれらの発展によって「最後の審判の日」が先延ばしとなってきたのであれば、それが永遠に続くかどうかは不透明なのだ。

資源供給の進展が行き詰まり、グローバルな「商品」への需要が爆発的に伸びると、恐ろしい絵が見えてくる。それはわれわれが今日頼っている資源――これらの多くは再生不可能なものばかりだ――が枯渇へと向かって減少していたり、もしくは需要と供給のバランスが悪く、決してそのバランスが合致しない可能性もある。だが本章で指摘するように、中国はこの結末にたいして建設的なやり方で継続可能かつ意識して積極的に準備している唯一の国と思われるのであり、世界中に友人をつくってさまざまな「商品」にたいして体系的かつ継続的に投資しているのだ。

●資源の需要を活性化する存在

その他のほぼすべての製品やサービスと同じく、「商品」の価格は需要と供給のメカニズムによって動く。標準的な経済学のモデルが示しているように、この二つが一致したところで「商品」の価格が決定されるのだ。

これ以降の章でも議論するように、土地、水、エネルギー、そして鉱物などの供給を動かす要因というのは、異なる資源の間で相互に関連性があるという事実によって複雑になっている。たとえば穀物や牛肉のような食料の供給は、耕地と水の両方の利用の可能性によって決定的に左右される。そのため、このような資源へのアクセスを獲得することもその対象の「商品」そのものとほぼ同じくらい重要であり、それが最終的には広範囲にわたる食料品の価格や入手可能性を決定するのだ。

それとは対照的に、ソフト（農産物）とハード（鉱物・金属）の両方の「商品」の需要に影響を与える要因というのはほぼ同じだ。基礎的なレベルにおいて影響力を持つ二つの要因とは、人口動態（世界人口の絶対的な規模と増加見込み）と、とくに新興国の急速な経済発展によって促進される富の増加である。当然、このような富の増加が消費パターンにもたらす影響は莫大なものだろう。

●グローバルな人口の増加

たった六〇年の間に世界の人口は爆発的に増えている。一九五〇年には二五億人だったのが、二〇一一年には七〇億人になったのだ。図1-1は、この移り変わりを簡潔に示している。中世やルネサンスの時代には坂がゆるやかに上がっており、スコットランドの科学者アレクサンダー・フレミングが偶然ペニシリンを発見した一九二八年のあたりでその坂が少し上昇し、そこからエベレストのような急な登り坂になっている。

これは、医療技術がより高度で複雑なものとなり、新生児の死亡率が急降下し、平均余命が上昇したからだ。人口学者たちが現在予測しているのは、世界の人口には次の二〇年間でさらに一二億人が追加され、二〇五〇年までには一〇〇億人もの人々が地球で生活することになるという。これ

図1-1　激増する世界の人口

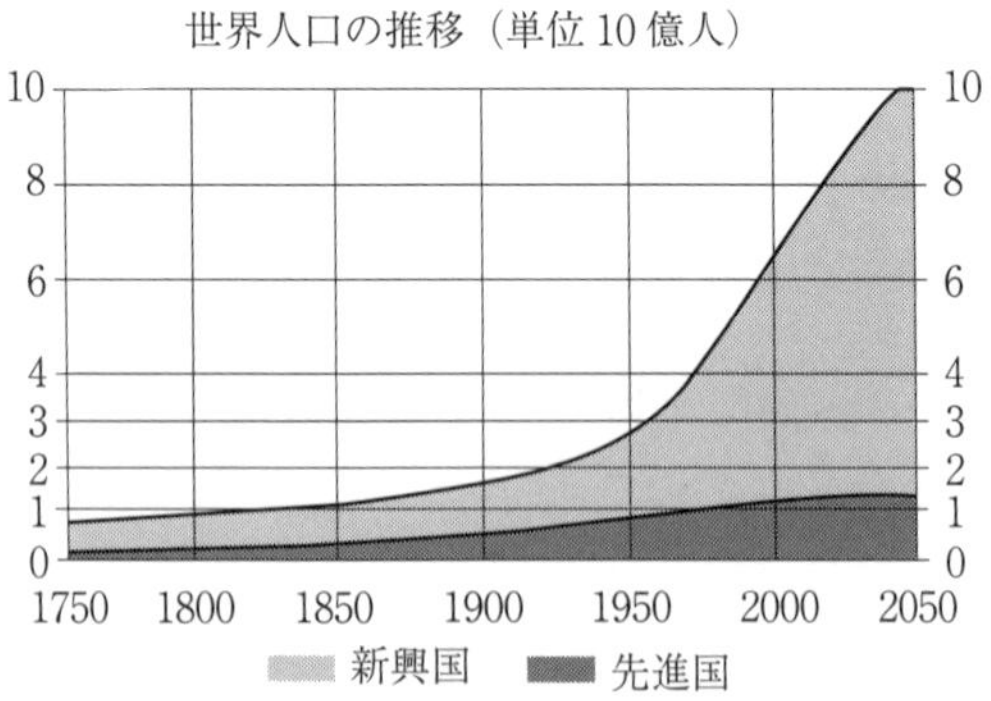

出典：Philippe Rekacewicz, “World Population Development” UNEP/ GRID- Arendal, http://www. grida. no/ graphicslib/ detail/ world-population-Development_29db\.

はたった四〇年の間に世界の人口が四〇パーセントも増えるということだ。

良い知らせは、世界の人口増加のペースが徐々に減少することであり、これによって「商品」の需要増加にも若干の猶予が与えられるということになる。国連の予測によれば、二一世紀の中頃までには世界中の女性が産む子供の数は現在よりも少なくなるという。現在の世界平均では、女性一人当たり二・六人の子供を産んでおり、これは一九七〇年代の四・三人から減っている。二〇五〇年にはこの数がたった二人にまで下がると見られている。ところが悪い知らせは、世界の人口が一〇〇億人に近づくと見込まれており、グローバルな資源にたいする圧力が短期的には懸念されるということだ。[1]

さらにものごとを複雑にしているのは――そしてグラフもこれを示しているが――人口増加率が最大になると見込まれている地域は、富が急速に増加し、それにともなって資源の需要が増大する可能性が最も高い地域なのだ。米国国家情報会議（the US National Intelligence Council）の発行した「グローバルトレンド二〇二五：変貌《へんぼう》する世界」によれば、次の二〇年間における人口増加のほぼすべてはアフリカ、アジア、そしてラテンアメリカで起こるのであり、先進国の西洋諸国は三パーセント以下だという。アメリカのような先進国でもまだ人口増加は起こるのだが、その割合は緩やかである。たとえば、アメリカ国勢調査局によると、二〇一〇年四月から二〇一一年七月までの期間のアメリカの人口増加は約二八〇万人であり、これは移民と出生増加の両方によるものだ。

だが単に地球の人口が増えるということだけが問題なのではない。世界の人類は全体として豊かになっているのであり、実際に資源への需要に圧力をかけ、最終的にさまざまな資源の需要と供給のバランスを崩すことになりうるのは、この新しく増えた富なのだ。

●豊かになった世界の人々

二〇〇一年にゴールドマン・サックスのエコノミストたちは、驚くべき経済成長の可能性を持つと自分たちが見込んだ主要な新興国、つまりブラジル、ロシア、インド、そして中国のことを、まとめて「ＢＲＩＣｓ」という名で呼ぶようになった。いまや有名になったこのＢＲＩＣｓ諸国についての彼らの予測では、ＢＲＩＣｓ諸国が二〇五〇年までに世界における五大経済国のうちの四つの座を占めるとしている。

翌年の二〇〇二年にゴールドマン・サックスが計算したところによれば、中国のドルベースによる国内総生産（ＧＤＰ）の増加は、実質的にインドを新しく二つ、イタリアを新しく一つ、そしてフランスかイギリスを新しく作ったのと同じ経済規模ということだ。ゴールドマン・サックスのエコノミストたちはＢＲＩＣｓ諸国が当初の見込みよりも短期間でさらなる成長を達成したことから、その予測を上方修正している。たとえば中国のＧＤＰは、二〇〇〇年から二〇一〇年までの間にほぼ四兆ドル拡大しており、これは二〇〇一年当時における経済規模のインドを七つ、イタリアを約三つ、そしてフランスを二つ以上作ったのと同じだということだ。端的にいえば、経済成長が伸びるということは、さらなる富が生まれるということであり、それは「商品」の需要が高まることを意味する。

過去二〇年間において中国は世界最速の経済成長国であり、二〇一〇年には日本を追い抜いてアメリカに次ぐ世界第二位の座についた。もしこの成長がこのまま続くことになると、二〇二五年には世界最大の経済規模を誇ることになる。もしその途中で多少のつまずきがあったとしても、経済の進歩が基本的に向かうのは、その成長率が低下するにせよ、これまで以上に「商品」への需要が高まるという道だけである。

世界中における驚くべき経済成長とそれが引き起こしたグローバルな富の増加は、グローバルな「商品」への需要について、広範囲かつ次々と明白な効果をあげることになるのだ。世界の人々の富が平均的に高まってくると、よりよい品質の食料、製品、そしてサービスへの需要が増える。そしてこの需要には、さらなる量の資源が必要になるのだ。

ところが今世紀最大の経済成長を果たしたのは、中国だけではない。世界全体の一七パーセントにあたる、一二億人あまりの人口をかかえるインドも、絶えることのない経済成長の躍進によって中国の背後にぴたりと迫っているのだ。控え目な見積もりでも、インド亜大陸は過去数十年間で年平均五パーセント近くの成長をしていると見られている。これは中国の平均七・五パーセントという数字よりは低いのだが、それでも十分驚くペースであり、しかも著しく安定しているのだ。全体としてみれば、ＢＲＩＣｓ諸国のＧＤＰの合計は二〇〇〇年初頭の二五〇〇億ドルから、二〇一〇年に九兆ドル近くまで増えたと見込まれている。参考だが、アメリカは同じ時期に、GDPを四兆五〇〇〇億ドル増やしていた。新興国におけるこのような持続する経済成長——これはBRICs諸国だけに限らないのだが——のおかげで、二〇三〇年までには少なくとも新たに二〇億人が世界の中産階級に加わるだろうと見られている。別のいいかたをすれば、われわれは二〇年もたたないうちに、現在のアフリカ、北米、そしてヨーロッパの総人口と同じ規模の、中流階級の人口の増加を目撃することになる。

一つの見方からすれば、これはグローバル規模で驚くべき数の人々が成功した物語としてとらえることができる。二〇二〇年代半ばまでにはBRICs諸国の二億人以上の人々が年収一万五〇〇〇ドル以上を稼ぐようになる可能性があるからだ。先進国に住んでいる人々にとって、この額はそれほど大きなものではない——たとえばアメリカでは一人当たりの平均年収が四万七〇〇〇ドルだ——だろうが、多くの新興国にいる人々の三〇年前の平均年収はほぼ一〇〇〇ドルだったのを考えれば、このような予測は本当に驚くべきことなのだ。[2]

ところが世界中で起こっているこの目覚ましい経済発展は、実際のところは単純に喜べるものでもない。世界の人々が平均的に豊かになると、より良い製品やサービスを要求するのは確実であり、これらはすべてさらなる資源を必要とするのだ。あらゆる「商品」への旺盛な欲求がいかに拡大していくかについてのわずかな例、たとえばグローバルな食料と水の需要を見ても、二〇三〇年までに、それぞれ五〇パーセントと三〇パーセント増加すると予測されている。

●飛行機、鉄道、そして自動車

ミクロのデータを見ると、経済の富が急激に増加するという現象は、単なるマクロ経済での出来事だけではないことがわかる。たとえば二〇〇八年末の時点で、中国はイギリスよりも多くの億万長者の数を記録している。中国には一〇〇万ドル以上の資産を持っている人が三六万四〇〇〇人いるのにたいして、イギリスは三六万二〇〇〇人である。多くの西側諸国からはまだ貧しい国だとみなされているインドでさえ、海外の民間資金が五〇〇〇億ドルあると見られているのだ。四億五〇〇〇万人にものぼる世界最大の中流階級を誇ることのほかにも、インドには現地生まれのビリオネア（億万長者：一〇億ドル以上の資産を持つ人のこと）が少なくとも五〇人はいる。

五〇年もたたないうちに、中国はたった一国だけで三億人もの人々の生活状態を改善できたのであり、赤貧（きわめて貧しい状態）から西洋諸国の生活水準と肩を並べるところまできたのだ。これは世界史の中でも前例のない「離れ業」である。インドの総貧困率（これは一日一・二五ドル未満で生活している人々の数の割合と定義される）は、一九八一年の六〇パーセントから二〇〇五年には四〇パーセントちょっとまで落ちてきている。同じ時期の中国の貧困についての統計は、八五パーセントから一六パーセントまで下落している（同じ時期における これと最も近いアメリカの統計は、一五パーセント前後で推移していた）[3]。

中印両国は国民の生活水準の改善において驚くべき偉業を達成したが、このような富と経済力の莫大な増加というのは、必然的にほぼあらゆる分野での需要の増加を伴うものなのである。収入が増えると、肉や鶏肉のようなたんぱく質をもとにした食料への需要が高まる（小麦やジャガイモのような野菜をもとにした安価な食料の代わりに、たんぱく質の豊富な肉を食べるというパターンが見られる＝代替効果）[4]のであり、室内暖房、水、配管などが整ったよりよい住宅、そして車や電話のような、より効率的な交通手段や通信手段が求められるようになる。

急成長する新興経済国は、二〇一〇年までの時点ですでに毎年二桁《けた》の国内需要の伸び——中国では一五パーセント、インドとブラジルは一〇パーセント——を示しており、この大部分は新しく登場しつつある旺盛な消費者の需要の圧力によって押し上げられたものだ。そして中国一国だけで携帯電話と車の需要は世界一位となっており、電力の消費は第二位になっている。

これらの生活を快適にする製品には、「商品」、たとえばコンピュータの筐体《きょうたい》、バッテリーや回路基板、あるいは携帯電話を生産するのに用いられる銅、金、鉛、ニッケル、パラジウム、そしてアルミニウムといった金属が必要だ。この需要の背景を考えてみると、二〇一〇年現在に世界中で五三億台の携帯電話が使われており、これは世界の総人口の七七パーセントに当たり、しかもその数は地球上のすべての男性、女性、そして子供がそれぞれ一台所有するのと同じ割合に急速に近づいているのだ。

「商品」や資源にとって、これは何を意味するのだろうか？　この点については二〇〇六年七月に米国地質調査局が発表した「携帯電話のリサイクル‥貴金属の宝庫」という文書がとても参考になる。ここでは当時アメリカで使われていた一億八〇〇〇万台の携帯電話や、その年に破棄されると見込まれていた一億三〇〇〇万台、そして使われなくなって引き出しや押し入れに眠っていて廃棄されるのを待っている五億台などについて、それぞれ詳細が述べられている。以下の表でも示されているように、全体的にみればこれらの八億一〇〇〇万台の携帯電話には一万三〇〇〇トン以上の金属が含まれており、その正味の価値の合計は五億ドルにものぼる。もっとわかりやすく言えば、二〇〇五年の時点にアメリカ国内で使用中、使用済み、そして古くなって眠っている携帯電話の総数は、ボーイング747型のジャンボジェットの五〇機分と同じ量の金属を含んでいるのだ。[5] そしてこれはアメリカだけの話であり、しかも携帯電話がまだそれほど普及しきっていなかった時代のたった一年間だけを調査したものなのだ。

ある調査によれば、三億二七〇〇万台以上の携帯電話が

表1-1　2005年のアメリカの携帯電話機中の金属の重量と価値

（使用中、もしくは使用済みの8億1000万台の携帯電話に）

金属名	含まれる金属の量（トン）	左の金属の価値（米ドル）
銅	12,900.0	2780万ドル
銀	288.1	4990万ドル
金	27.1	3億2300万ドル
パラジウム	12.1	1億17万ドル
プラチナ	0.28	63万ドル
合計	13,227.58	5億87万ドル

出典：Adapted from: US Geological Survey (USGS), "Rceycled Cell Phones -A Treasure Trove of Valuable Metals," July 2006, http://Pubs.usgs.gov/fs/2006/3097/fs2006-3097.pdf

アメリカ一国だけで使われており、これはアメリカ人全員が一人一台以上持っていることになる。世界で最も急速に経済発展している国である中国とインドは、すでにこの二国だけで二〇億台の携帯電話を使っており、しかもこの数は中国の一国だけで一〇億台に近づいている。この二国がアメリカと同じか、それ以上の携帯電話の普及率になるのは時間の問題だと見込まれている。それに加えて急速に増加するそれ以外の携帯電子機器――iPadやキンドル、ラップトップパソコンなど――によって高まる需要の圧力からも容易にわかるように、銅、金、そしてパラジウムのような金属への需要の高まりは、この先の数十年間にはさらに高まり続けるはずだ。

それと同時に、車、軽トラック、そして自動車産業全体も、莫大な量の金属を使用している。たとえば典型的な車には、ダッシュボードやカップホルダーに必要なプラスチック、シート用の皮革、窓用のガラス、そしてタイヤ用のゴムだけでなく、数多くの金属や鉱石も必要になるのだ。世界鉄鋼協会（the World Steel Association）の統計によれば、車の重量の五五パーセントは鉄鋼によるものだという。つまり標準的な自動車のうちの約一トン、SUVや軽トラックでは約一・四トンが鉄鋼なのだ。金属のうちで二番目に使われているのがアルミニウムだが、これも北米の一般的な車で一台につき一三六キロも使われている。これに加えて、銅（ロンドン金属取引所によればその消費全体の七パーセントが運輸業界に関係しているという）、プラチナ（その六〇パーセントは自動車産業に使用される）、パラジウム、ロジウム、鉛（主にバッテリーに使用される）、錫《すず》（金属部品のハンダづけに使われる）、コバルト（エアバッグに入れる）、そして亜鉛（金属のメッキ加工や車の防錆に使われる）があり、こうなると車というのは、工業製品であるとともに鉱物からの生産品のように思えてくる。

実際のところ、自動車というのは加工処理された「商品」の集合——つまり資源の減少につながる——であり、自動車マーケットは全般的に下降気味でありながら、最も急速に拡大している国々のマーケットでは莫大な需要を保っている。二〇〇四年以降の中国における車の販売台数は年率平均二〇パーセントで増えている。中国の首都である北京では、毎日約二万台も車が増えているのだ。全体的に、中国は近い未来にＢＲＩＣｓ諸国のうちの車の販売台数のおよそ六〇パーセントを占めることになると見られているのだが、ロシア、インド、そしてブラジルでの販売台数の上昇も活発である。ボストンコンサルティンググループ社の発表した報告書によれば、以上のＢＲＩＣｓ四カ国での新車の購入は、二〇一四年までに全世界のうちの三〇パーセントを占めると見込まれている。

新車の購入は金属や鉱石の減少を悪化させるだけではない。中流階級における需要の高まりも、石油やエネルギーへの要求の圧力の高まりを意味している。二〇一一年にはおよそ一〇億人あまりが飛行機で移動しているのだが、これは一日に五万便が運行されており、一年間に換算すると約一八〇〇万便が飛んでいることになる。この数は民間の航空会社の飛行便に限られており、プライベートジェットや軍事用の航空機の使用は含まれていないのだ。ボーイングの７４７型４００ＥＲを例にしてみると、これを一・六キロ（一マイル）飛ばすのに平均して一九リットトルの燃料が必要であり、数百万もの数の便が飛ぶことによるグローバルな石油の供給にたいするインパクトは莫大であることがおわかりいただけるはずだ。たとえばこのデータを考えてみてほしい。民間航空会社が運営している最長の路線であるシンガポールからニュージャージー州のニューアークに至るフライトだが、これは約一万六〇〇〇キロ（一万マイル）をほぼ一九時間かけて飛ぶことになる。一・六キロ飛ばすのに一九リットル必要なので、このフライトでは片道だけで一八万九〇〇〇リットルの燃料が必要になる。世界の資源に対する需要が増えるのもこれでおわかりいただけるはずだ。

われわれは本書を通じて、それ以外の資源（土地、水、エネルギー）がいかにわれわれの日常生活で使われているのかを見ていくが、ここでとりあえず銘記しておくべきなのは、「人口と富のダイナミクスのおかげで、世界中の天然資源への需要は引き続き劇的な上昇を続ける」ということである。

●都市化の波

収入の増加は、都市化を促すことによって「商品」へも間接的に影響を与えている。相対的に都市部が栄えてくると、農村部から次々に人が流入することになる。この大きな要因となるのが、雇用の機会が豊富にあること（土地を耕す自給自足の農業生産とは違って、都会には製造業や建築業などがある）であり、生活水準も高いこと（屋内の配管設備や衛生面での充実、テレビ、洗濯機、そして電力）などだ。「商品」の需要の連鎖反応は明白だ。さらなる消費者向けの製品と生活水準の向上は、さらなる資源の需要へと直接つながることになるのだ。

「世界人口白書二〇〇七：拡大する都市の可能性を引き出す」という文書の中で、国連人口基金は二〇〇八年に「世界は、目に見えないが重大な点に到達した。人類史上初めて全人口の半分にあたる三三億人が都市部に住んでいるからだ。二〇三〇年までにはこれが五〇億人に膨れ上がると見られている」と指摘している。

世界で最も貧困の厳しいアフリカやアジアなどの地域（富の総計は上昇しているにもかかわらず、アジア全域では貧困が存在する小さな地域が多数残る）では、都市部の人口は二〇〇〇年から二〇三〇年の間に二倍になると見られている。これはいままでの歴史の全期間におけるこの二つの地域の都市化の拡大の規模と同じであり、しかもこれはたった一世代の間に繰り広げられたのだ！　これを詳しく見ていくと、二〇世紀を通じて世界の都市部の人口は二億二〇〇〇万人から二八億人へと拡大したということであり、これはじつにその規模が一一倍（一〇〇〇パーセント以上の増加）になったということだ。今日ではグローバルな規模で見ると、世界中で都市部の人口が毎月六〇〇〇万人ずつ増えていることになる。

中国のグローバルな「商品」の追求は、経済発展と貧困の減少のために必要とされる多様な資源の需要のおかげでますます拍車がかかっており、まるで底なしのように見える。そして中国という国家の規模の大きさもあって、中国で起こることは資源にたいするグローバルな需要の方向性に大きな影響を及ぼすのだ。

もちろん人口動態と前代未聞の富の増加は中国だけの話ではない（南米、アフリカ、そしてアジアなどの他の国々の経済も世界の中流階級にかなりの数を加えており、したがって「商品」への需要の高まりに貢献している）のだが、中国はその需要や、グローバルな資源を探すことについての周到な計画のスケールの大きさにおいて突出している。にもかかわらず合算的・総計的な統計では、「中国の都市化が他のほとんどの国々と比べて積極的で急速である」という顕著な点が見えにくくなってしまっている。

だが、世界で最も急速に都市部の人口が拡大しているインドと比較すれば一目瞭然である。一九五〇年にインドの人口の一七パーセントは都市部に住んでおり、中国ではそれがわずか一三パーセントだった。ところが一九五〇年から二〇〇五年の間に、中国はインドよりもはるかに急速に都市化したのであり、それぞれ四一パーセントと二九パーセントとなったのだ。しかもこの傾向は今後も続くと見られている。

マッキンゼー・グローバル研究所の将来予測によれば、中国では二〇二五年までに都市部に四億人が加わることになり、こうなると中国の総人口のうちの六四パーセントが都市部に集中することになる。インドではその割合が三八パーセントに上昇し、これは二億一五〇〇万人が都市部に移動する計算になる。また、たった一〇年ほどの間（二〇〇八年から二〇一八年）に新しい都市部の人口数は、中国では少なくとも一億六〇〇〇万人、インドでは一億人、インドネシアでは五〇〇〇万人、そしてブラジルとナイジェリアでは二〇〇〇万人増えると見込まれている。

二〇一〇年の時点で、すでに中国の四〇の都市では人口が一〇〇万人を超えており、二〇二〇年までにはそれぞれ少なくとも一〇〇万人規模の、二二五ほどの完全な機能を持つ新しい都市を加えることを計画しているのだ。これは政府が提供している移住計画の一部であり、これによってさらに多くの中国人が農村部から都市部へはるかに秩序的かつ体系的に動かされることになるという。中国はすでに新しい大規模な交通システムを次の数十年間で一七〇ほど稼働させる計画を持っており、これによって広大な地形を垂直・水平的につなげ、広大なネットワーク上で大規模な人々や物資の動きを可能にしようというのだ。そしてこのような都市インフラに必要となる「商品」の需要は驚くべき規模になる。[6]

●需要から供給へ

中国にはとりわけ高い野望があるのであり、これこそがグローバルな資源への暴走へと彼らを突き動かしている。この課題を達成するために、すでに二〇〇五年から二〇一一年の時点で中国は三五〇件以上の対外直接投資を行っており、この総額は四〇〇〇億ドル以上にのぼり、これらのほとんどが天然資源にたいするものだ。これをわかりやすく言えば、三〇〇週（六年）の期間にわたって、中国は毎週一〇億ドルを使っていたことになる。この戦略を成功させるためには、中国には莫大な耕地、多くの使用可能な水、多くのエネルギー、そして多くの鉱石などが必要になる。

このような需要の動向はたしかに重要なのだが、それだけを単独で取り出しても、全体の計算のたった半分にしかならない。本当のリスクは、「商品」が供給できる以上の速度で需要が拡大する可能性が高いというところにある。その当然の結果として現れてくるのは、主要物資の欠乏の再発であり、この欠乏がグローバルな紛争を煽《あお》る可能性があるのだ。もし資源全体のグローバルな供給が需要増加の見込みに付いていくことが可能になれば、それほど心配する必要はなくなる。ところがもし「商品」の供給が需要を満たすことができないとなると、この不均衡はグローバル経済全体を危うい方向に向かわせることになる。そうなると世界の天然資源の供給事情はどうなるのだろうか？

すでに述べたように、「商品」の需要を動かしている要因というのは、ある意味で国境を超えたものであり、土地、水、エネルギー、そして鉱物などのすべての「商品」にインパクトを与えるものだ。ところがこれらの資源には独自の性質——たとえばその資源を移動させることができるものかどうか、取引しやすいものか、そして使用しやすいものかどうかなど——があるために、それらの供給の動向は必然的にそれぞれ独特なものになる。したがって、各資源を規定している問題というのは、本質的には独立したものなのだ。

ところがこれから見ていくように、世界で最も重要な「商品」は一つの重要な点で共通している。

地球の（限られた）天然資源の供給は、高まりつつある需要にうまく追いついていないため、段々とその量が不足しつつあるということだ。中国は世界の限られた資源に法外な需要をつきつけたり、すべての種類の「商品」流通へのアクセスを獲得するという点で、中心的な役割を果たし続けることになる。中国のアプローチの背景を考えるために、次の二つの章では、土地、水、そして石油、ガス、さらには鉱物の供給に影響を与える特別な要因に正確に焦点を当てて、それぞれの資源のグローバルな供給状態について見ていこう。

1　もちろん驚くべき規模の人口動態（世界全体の人口規模であると同時に富の増加）が動植物への資源への圧力が加わると、資源への要求（とくに耕地と水へのもの）はさらに厳しいものになる。

2　一人当たりのＧＤＰについての統計というのは誤解につながりやすい。これらは貧困の削減という難題を覆い隠してしまう。なぜなら一人当たりの所得は人口規模に左右されるからであり、たとえば二つの国が同じ所得レベルだったとしても、人口が多い国のほうが一人当たりの所得が減るからだ。したがって、人口が多い国は、少ない国よりも所得の少ない貧乏な国だということになる。

3　「ジニ係数」は経済学で人口における所得格差を計るために使われる指標だ。この係数の数値が〇になると完全な平等状態であり、一〇〇では完全な格差状態になる。ＣＩＡの「ザ・ワールド・ファクトブック」（The World Factboook）の「世帯所得の分布：ジニ係数」https://www.cia.gov/library/

publications/the-world-factbook/rankorder/2172rank.html という二〇一一年の一〇月に発表された資料によれば、二〇〇七年の中国のジニ係数は四一・五であり、同年のアメリカのそれは四五・〇だった。

4　「代替効果」といい、所得の変化にともなう製品の質と量における需要の変化のことをいう。

5　これについては以下のような計算ができる。最低四〇〇人を乗せることができるボーイング７４７-４００型は、ゼロ燃料重量――これはつまり、機体の重量とその内容量の合計から搭載している燃料の重さを引いたもの――が二五万一七四〇キロである。つまり約二五一トンである。もし携帯電話に用いられている金属の重さの合計がおよそ一万三〇〇〇トン（第1章における二〇〇五年の統計）とすれば、これはジャンボジェットの五〇機分とほぼ同じ量になる。

6　中国の「商品」への需要は莫大だ。都市部のインフラに毎年一人当たり一一六ドル分の資本投資を行っている。

第2章 資源国の現状：土地と水

二〇一一年二月に、中国の環境保護部の部長である周生賢《しゅうせいけん》は「資源の減少、劣化、枯渇、そして環境の悪化は、経済と社会の発展を妨げる深刻な障害になっている」と公式に認めた。

この周部長の懸念は、耕地、水、エネルギー、そして鉱石のような最も重要な資源の世界的な供給についての徹底的な評価を踏まえたものとして捉えることになるのは確実だろう。彼の判断を理解するためには、それと同じようなグローバルな規模の現状調査が決定的に重要となる。前章では「商品」の需要のグローバルな動向を分析したことを受けて、本章ではグローバルな資源の供給の現状を理解するための最初の一歩を踏み出すことになる。

さらに具体的にいえば、耕地と水について焦点を当てる本章と、エネルギーと鉱石について論じる次章では、世界の資源供給についての概略を示し、最も重要な資源がどこにあり、どれだけの量があるのかについて詳しく説明する。もちろんグローバルな資源の状況というのは自然（逓減効果）や人間の介入（採掘、耕作、採取など）の両方のおかげでつねに流動的で変化しつつあり、かつ動的《ダイナミック》だ。それにもかかわらず、本章および次章の作業は、世界が直面している資源供給の圧力をまさに「現在の状況」に当てはめて考えさせるものであり、のちに論述するように、グローバルな「商品」を確保しようとする中国のきわめて入念かつ体系的なアプローチを明確にするであろう。では地球上の土地という資源について論じるところから始めよう。

●大地

地球の表面の二九パーセントは陸地によって構成されており、それ以外の七一パーセントは水の下にある。土地は一三〇億ヘクタール、すなわちアメリカの約一六倍の広さがある。そのうちのたった一一パーセント（一四億ヘクタール）が耕地、つまり作物に適した土地であるということになる。それ以外の八九パーセント——これには山や砂漠が含まれる——というのは、食料の生産が非常に困難であることが多い。

ジャレド・ダイアモンド（生物学者、『銃・病源菌・鉄』の著者）のような地理決定論者たちは、ある国の富というのは環境と地形——これは実質的に「土地」という意味だ——に左右されると論じてきた。ある環境のほうが他の環境よりも手を入れやすいという事実、また比較的簡単に植物や動物を栽培可能にしたり家畜化できた社会のほうが富を蓄えやすかったという事実によって、土地には固有の価値が与えられる。ある国の気候、位置、植物相、動物相、そして地形などのすべては、そこに住む人々の消費や維持のために食料を供給する能力に影響を与えるのであり、そしてこれが最終的には国の経済成長にインパクトを与えるのだ。

では現在使用可能な土地は、今後も世界の人口を十分に支えていけるのだろうか？　この問題を考える場合、人口密度――これは一定の広さの土地に住む人の数のことだ――よりも、耕地にたいする人口の密度についての数値のほうが有益である。[1]　たとえば、現在の世界の人口はおよそ七〇億人であるから、耕地が一四億ヘクタールであるということは、もしその土地が均等に分配されれば、五人で一ヘクタール（一万平方メートル）を共有することになる。これはアメリカン・フットボール用の競技場のおよそ二面分ということになる。多くの予測にしたがって二〇五〇年までに世界の人口は九〇億人になるとすると、これは一ヘクタールを六人で共有することになる。このままではどこかの時点で限界がくるのは明らかだ。

もちろん現実にはこのようにスムーズにことが進まない。まず世界の人口は平均して散らばっているわけではない。食料生産のための耕地を多く持っている国もある一方で、比較的耕地が少ない国もある。中国は世界最大の人口を抱えているのに、自国内にはたった一二パーセントほどの耕地しかなく、インドはほぼ中国と同じ人口を持っていながらも五〇パーセント以上が耕地なのだ。

もちろん人口密度にたいする耕地の比率というのは、国家が国民を食べさせることができる能力を決定する唯一の要因というわけではない。土地の使い方や耕地の土壌の質も重要な役割を果たしているのだ。しかし、中国では食料生産のための耕地使用というのは、人民と政府が家や都市を建築するために使用する土地と直接的に競合する。

中国の耕作可能な土地は、一九九七年から二〇〇八年までの間に一二三一万ヘクタールも減少しており、これは毎年約一〇〇万ヘクタールずつ減っている計算になる。そしてこのほとんどは、都市部の拡大が原因となっているのだ。他の研究では、中国の六分の一もの耕地が重金属で汚染されたり、あるいは浸食されている一方で、砂漠化によって四〇パーセント以上の土地が使いものにならなくなっていると報告されている。いずれにせよ、これらは喜ばしい光景ではない。使用可能な土地が減るということは国内での食料生産が減るということであり、これは莫大な食料の需要の圧力が高まるということに等しい。中国が海外、とくにアフリカや南米の地味の豊かな土地を求めて積極的な土地の購入や借用に走っているのは、まさにこのような理由があるからだ。

表2-1と2-2は、グローバルに存在する耕地の偏りを示している。たしかにアジアとヨーロッパには耕地が最も多くあるのだが、人口密度も高く、それぞれ一・六キロ（一マイル）四方に二〇〇人と一三〇人が住んでいる。比較してみてみると、この二つの地域というのは、たとえばアフリカのようなおよそ八パーセントが耕地で比較的人口密度の低い（六〇人）場所と比べて、耕作可能になる土地や牧畜などに使用できる土地が少ないのだ。南米では約七パーセントが耕地で人口密度は七〇人、北米では耕地が一一パーセントで三〇人、そしてオセアニア（オーストラリアとニュージーランド）は耕地が六パーセントで人口密度はたった一〇人である。

これらの統計が示しているのは、中国が自国の食料需要を満たす一策として、自国とブラジルの耕地を合わせたほどの広さの耕地を持つ北米、とくにアメリカを頼りにしなければならないということであり、ある意味では、現状はまさにこのような状態になりつつあると言えるのだ。

二〇一〇年に、中国はアメリカの食物・農産物の輸出先としてはカナダを抜いて世界一になっており、大豆だけで中国向けの農産物輸出総額である約一八〇億ドルのじつに半分以上を占めている。それに次ぐのは、綿、飼料、そして皮革である。だが中国は食料の維持でアメリカに依存したいとは思っていな

表２-１　地域ごとの耕地

地域	耕地の広さ（単位：1000ヘクタール）	土地全体に占める割合	１マイル四方に住む人口数
アジア	473,206	15.3	200
ヨーロッパ	277,971	12.6	130
アフリカ	224,418	7.6	60
北米	207,855	11.1	30
ラテンアメリカおよびカリブ海諸国	149,602	7.4	70
オセアニア	48,154	5.7	10

出典：FAOSTAT Land Use Database, http://faostat.fao.org.

表２-２　耕地の広い上位10カ国

国名	耕地の広さ（単位：1000ヘクタール）	国土全体に占める割合
1. アメリカ	162,751	17.8
2. インド	157,923	53.1
3. ロシア	121,750	7.4
4. 中国	109,999	11.8
5. ブラジル	61,200	7.2
6. オーストラリア	47,161	6.1
7. カナダ	45,100	5.0
8. ナイジェリア	34,000	37.3
9. ウクライナ	32,478	56.1
10. アルゼンチン	31,000	11.3

出典：FAOSTAT Land Use Database, http://faostat.fao.org.

いし、北京政府のリーダーたちは輸入だけで食料需要を満たすことができるとは考えていないのだ。中国は自国民用の穀物を育てるために海外の土地を求めているのであり、北米やアメリカは、土地の所有権や財産権が関係してくると問題になってくる。

財産権というのは、政府、企業、そして個人にたいして、その資源をどのように活用するかの決定について独占的な権利を与えるものだ。この延長で、土地についての権利は、土地の使用の仕方に関係するものである。二〇一一年版の国際民間財産権指標（International Property Rights Index）によれば、南米とアフリカの両地域における財産権および土地についての権利の存在は著しく低く、下位の二〇パーセントに入っている国の六〇パーセントがアフリカまたは南米の国であり、アメリカが世界のトップ二〇パーセントに入っているのとは対照的だ。

もっとわかりやすくいえば、アメリカのような経済先進国の土地というのは、すでに民間のアクセスや所有権が認められている。ところがアフリカや南米のようなあまり開発が進んでいない場所では、土地の所有権の大部分は国家の手に集中したままなのだ。このような場所では、国家は土地の配分やアクセスの権限を与える点で中心的な役割を果たしており、多くの場合は貸借権（土地の「所有権」が特定の期間認められ、その期間が終われば所有者――この場合は政府だが――に戻される）の形をとり、その土地を使いたいと考える人々に自由保有権（その権利の保有者にたいして、自由で第三者による権利の設定がない土地の所有権を許可する）は与えられない。もちろん貧しい国にも民間が保有している牧場などはあるが、一人当たりの所得レベルが比較的低いということは、土地の所有権が富める少数の人々に集中していることを意味する。これらのことを考慮すると、中国――そしてそれ以外の国々――にとって、大規模な耕地へのアクセスへの条件（期間、投資額など）を交渉する際には、多数の小規模・個人所有者がいる国よりは、（ホスト国の政府という形で）支配力の強い投資の受け入れ主体がいるほうがはるかに話が早いということになる。

まだほかにもある。二〇〇九年に発表された経済協力開発機構（ＯＥＣＤ）と国連食糧農業機関（ＵＮＦＡＯ）の共同報告書によれば、世界の耕地のたった三二・五パーセントが実際に生産に使われているだけで、それ以外のほとんどが休閑地になっているという。[2] 中国でも耕地とすることが可能な土地のうち、たった四八パーセントしか活用されていないのだ。アメリカは意識的に食料が自給できるようにした国なのだが、それでも耕地にすることが可能な土地のうちのたった五三パーセントしか実際には使用されていない。ところが米中両国のこのような未使用の土地は、実質的には都市化のような耕地以外の目的に使用されていることが多いのだ。ここで本当に狙われているのは、最も貧弱なインフラしかなく、所有権が最も整備されていない大陸のアフリカであり、ここは地球上の未使用の耕地のじつに三分の一が存在するのだ。

論理的に考えれば、北京政府がアフリカのことを「中国人民を食わせるための一種の補助的な食料倉庫として期待している」と思うのが妥当なのかもしれない。そして中国が多くのアフリカ諸国――コンゴ共和国からモザンビーク、タンザニア、ザンビア、そしてジンバブエまで――とこれまでに交わした土地の使用に関する契約により、ある意味でこれが実現しつつあると言える。だが全体的な動きをとらえるためには、土地の獲得が中国だけの専売特許というわけではないことを強調しておくべきであろう。

ドイツのシュピーゲル誌は、「新しい植民地主義：海外投資家によるアフリカの農地の獲得競争」という記事の中で、比較的豊かな国々が貧しい国々で発展しつつある権利を確保しようとしている数多くの例を紹介している。たとえばスーダン政府は、一五〇万ヘクタールの最高級の農地をペルシャ湾岸諸国やエジプト、そして韓国などにたいして九九年間貸すという契約を交わしている。

エジプトはウガンダで八四万ヘクタールの土地を使って小麦とトウモロコシを栽培する計画を立てている。アフリカに限らないが、クウェートに至っては、カンボジアにある一三万ヘクタールの稲作用の水田を借りている。同じような形で、韓国の大宇《デーウ》財閥はアフリカ東岸沖合にある島国のマダガスカルの政府と、ベルギーの半分のサイズの広さの未開発の土地への完全なアクセスと、九九年間の貸与を受ける契約を交わしていた。その計画によれば、大宇はその広大な土地の七五パーセントをトウモロコシ栽培に使い、残りはヤシを育てて油を採取するつもりだったが、その後の政情不安のおかげで結局のところ計画は立ち消えになってしまった。二〇〇七年の世界的な食糧危機の最中に、中国はフィリピンの二五〇万エーカーの土地を借りて自国向けの農作物を作ろうとしていた。もちろんこれも地元の政治的な圧力のために立ち消えになったが、それでも彼らの土地確保への追求は続いている。

●土地の登記

　土地の貸借契約というのは、単に二つの政府の間で交わされるものだけに限らない。企業、民間の個人、そして世界中のあらゆるタイプの投資ファンドなどが、土地へのアクセスを求め、権利を主張しているのだ。莫大な未使用の耕地があることから、中国、韓国、日本、カタール、サウジアラビア、そしてクウェートなどの国の政府は、アフリカ大陸全体へ投資しており、その大陸全体の土地へのアクセスを求めており、彼ら全員はこの価値ある資産を獲得しようとしているのだ。金融投資家やファンドもこの動きに参入しており、グローバルな食料への圧力が、何十億もの人々を食べさせ、需要を十分に満足させるために必要となる土地や穀物、それにその他の「ソフト商品」などの価格を押し上げることに賭けているのだ。

　またグローバルな土地の獲得競争は、単なる食糧の安全保障についての問題だけではない。実際のところ、大部分の土地の取引には、穀物を食料以外に使用することも含まれている。石油の代替品になるバイオ燃料やエタノール製品の生産を行うために土地の貸借を交渉するケースも増えている。こうなると、食料とエネルギーの生産が直接競合してしまうことになる。なぜなら二五ガロン（九五リットル）の燃料タンクを満たすエタノールを抽出するのに必要な穀物の量は、一人の人間を一年間食べさせることができるからだ。

世界銀行の総裁ロバート・ゼーリックは、「多くの人はガソリンを満タンにすることを心配するが、世界には腹を満たすことに懸命な人々も多い。そしてこれを実現するのは段々と難しくなりつつある」と述べている。富める国での燃料への需要は、いまや貧しい国々が求めている食糧への需要と直接ぶつかってしまうのだ。このトレードオフの関係は、短期的にはグローバルな食糧供給の状況を悪化させることになり、長期的にも食料不足を悪化させ、さらなる飢餓や食料価格の高騰につながる。しかし農業経営者たち——とくに貧しい国で生活を潤したいと模索する農業経営者たち——が食料からバイオ燃料へと生産を切り替えることによってより多くの儲《もう》けを得ることができる以上、彼らはその通りに生産を切り替えることになる。そしてこの傾向が続くかぎり、グローバルな食料の供給源は、拡大する世界の人口と比べて縮小し続けることになるのだ。

世界の耕地の広さには限界があるために、食料生産の障害になるものは、食料価格について必然的に一つの方向を指し示すことになる。すなわち、価格の上昇である。ここまで耕地というグローバルな資源について十分に論じてきたので、われわれは次に同じようなやり方でもう一つの「商品」である水の世界的な供給についての情報を見ていこう。ここで覚えておいていただきたいのは、これから見ていくように、水についての問題というのは中国の資源に関する苦悩の中心にあるということだ。

●すっからかん：水についての将来の見通し

土地と水は互いに切り離せない存在だ。ところがそれは違うという意見もある。もし前者が正しい場合――つまり耕地が豊富で、また穀物を栽培し、家畜へ水を与え、電力を供給して生産を順調に進めるのに十分な量があれば（水は現代社会でじつに多くの用途がある）、人生は上々であるということになる。

ところが耕地が不足している場合、政府は自国以外で食料を買い求めなければならなくなる。これは農産物の輸入や国内の農業のために使う海外の集約地の確保が必要になる。そして水が不足している場合、事態はさらに深刻になる。なぜなら食料とは違って、水というのはそう簡単に運べるものではないにもかかわらず、生命の維持のためには欠かせないものだからだ。

理論上では、水というのは決して不足することのないものだ。水は地球の表面のおよそ七一パーセントを覆っている。だが、そのうちの九七パーセントは塩分が多すぎて生産的なことには使えない。二・五パーセントが使用可能な淡水であり、その七〇パーセントは氷床で、それ以外のほとんどは地面の下にある。こうなると地球にある水のたった〇・〇〇〇七パーセントが容易に使用可能な淡水という形になっているのであり、しかも耕地と同じように、淡水というのは均等に分布しているわけではないのだ。

表２-３、２-４は、水の分布を地域や国ごとに表したものである。

　この表を一見したところでは、中国は「国内」でまかなえるだけの十分な量の再生可能な水を持っているように見えるが、実際のところはその多くが汚染されていて、人間にとって安全に使用できるものではない。[3] したがって、中国の資源確保のための動きは、その大部分が国内に安全な水を確保することに関係していると言えるのだ。これから見ていくように、これには最先端の技術（淡水化など）への投資だけでなく、川全体の経路を変更するなど、さらに積極的な戦略も含まれてくる。

表2-3　地域ごとの水の分布

地域	再生可能な水の総量（単位：年間10億立方メートル）
ラテンアメリカおよびカリブ海諸国	24,039
アジア	15,202
ヨーロッパ	7,572
北米	6,428
アフリカ	5,557
オセアニア	892

出典：Aquastat Database Query, http://www.fao.org/nr/water/aquastat/data/query/index.html.

表2-4　上位10カ国の水の分布

国名	再生可能な水の総量（単位：年間10億立方メートル）
1. ブラジル	8,233
2. ロシア	4,508
3. アメリカ	3,069
4. カナダ	2,902
5. 中国	2,840
6. コロンビア	2,132
7. インドネシア	2,019
8. ペルー	1,913
9. インド	1,911
10. コンゴ民主共和国	1,283

出典：Aquastat Database Query, http://www.fao.org/nr/water/aquastat/data/query/index.html.

中国は莫大な数の人口を抱えており、その大部分の国民が容易かつ均等に水へアクセスできるわけではない。これはつまり、中国の水問題というのは、それほど必要とされない場所に水が多く存在し、本当に必要とする場所には水が不足しているという事実によってさらに悪化していることを意味する。彼らにとっては、水が北から東に向かって流れるのが理想的なのだが、中国で最も重要な水系の多くは、その流れが東に行かずに南に流れており（メコン川など）、多くの重要な貯水池は、人口が集中している東側よりもはるか西側にあるのだ。たとえば三峡ダムは（ある統計によれば上海と北京に次ぐ第三の人口規模を誇る）重慶や、長江沿いにある重慶以外の大都市に近いのだが、人口の集中している中国東端の上海からはかなり離れて位置している。

これらの問題から言えるのは、中国の水問題は深刻な状態にあり、しかもその悲惨な先行きは、中国の淡水の量が今世紀初めから一三パーセントも減少しているという事実によって、さらに悪化している。さらにいえば、耕地の場合と同じく、有用なのは「一人当たりに使用可能な水の量」で計測することであり、この計測に従えば、中国は厳しい未来に直面する可能性があることになる。

水というのは公式的に「再生可能な資源」――雨水、雪解け水、そして農作などで使われたものからの〝再生〟水など――であるが、実際のところ、既存の使用可能な淡水の供給量はほぼ一定しているにもかかわらず、グローバルな水の需要は全人口の拡大と正比例して上昇しているのだ。これをもう一度わかりやすくするために、アフリカのナイル川を例にとってみよう。この川は毎日平均して三億立法メートル（三〇〇〇億リットル）の水を排出している。そしてナイル川が一〇〇〇万、一〇〇〇〇万、もしくは五〇〇〇〇万人に水を提供しようとも、この水の量は変わらないのだ。ところが一人当たりに使える量というのは、それを使う人口が増えて水の需要が時間の経過とともに変化すれば、それにつれて劇的に変化することになる。

いくつかの将来の予測によれば、あと四〇年でグローバルな水の需要は使用可能な水を枯渇させてしまう可能性があるという。警鐘を鳴らすに値するような兆候がすでにある。たとえば一九九〇年の時点で、すでに二八カ国の合計三億三五〇〇万人が慢性的な水不足に悩まされている。これは運搬可能な水への需要が供給を上回る状況だ。極端な場合には、水不足は旱魃《かんばつ》や病気の蔓延《まんえん》につながり、しかも人間（そして動植物も）が生命維持のための必要最小限の水分を確保できないと、まさに死に至るのである。このような状

図2-1　誰が水を持っているのか、いないのか

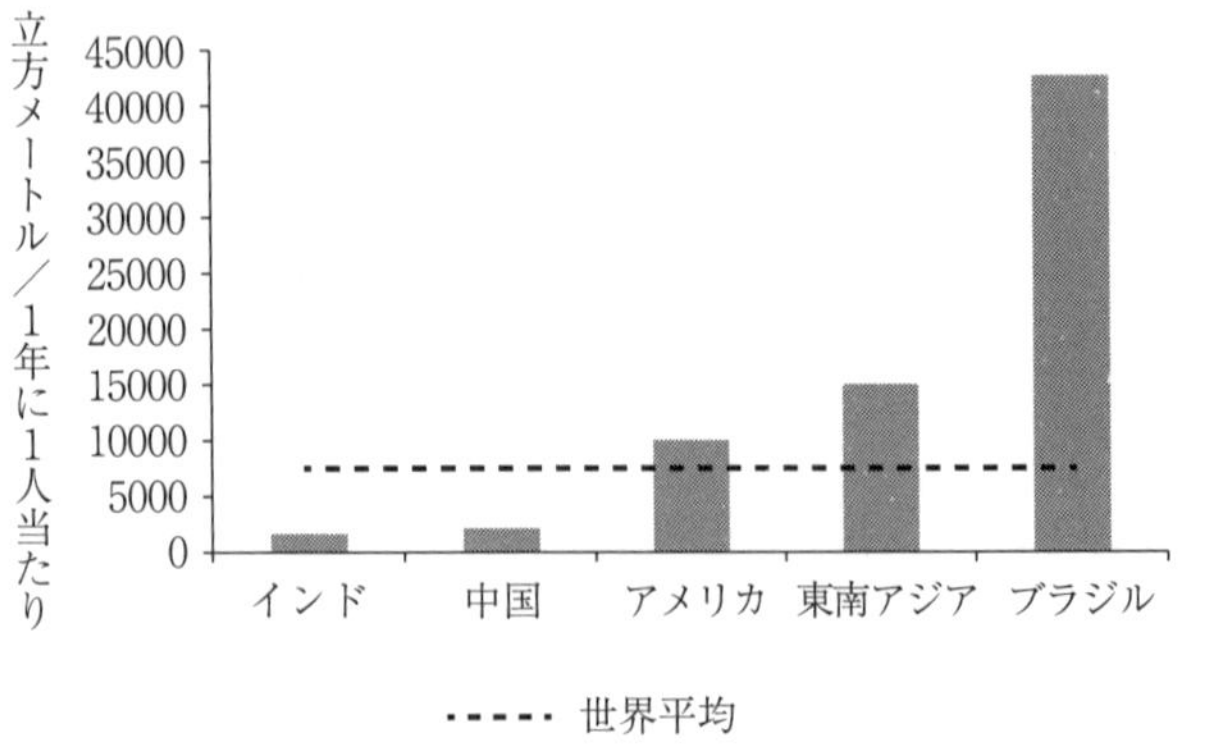

出典：Aquastat, http://www.fao.org/nr/water/aquastat/main/index.stm. Chart design after Agora Financial 2009.

態は発展途上国ではそれほど珍しいことではなく、人々は汚染された水をとらなければならないことも多い。これこそが、治療を受けないと死に至る可能性があるコレラや住血吸虫のような、水を媒介とする伝染病の原因となっているのだ。二〇二五年までには五二カ国の三〇億人、もしくは世界の予想人口の四〇パーセントが水不足に直面すると予測されている。総合科学誌である「ネイチャー」誌によれば、二〇一〇年の時点ですでに世界人口の八〇パーセントの人々が水不足のおそれのある地域に住んでいるという。

また、気候変動は水の供給にとって予測不能のインパクトを与える。たしかに、地球の平均気温が上がれば水の蒸発量や降水量が増えるし、とくにこれは川、湖、そして海などの水の近くの地域において顕著になる。ところが温暖化する地球は水から遠く離れた場所には正反対のインパクトを与え、干魃や砂漠化、そして長期的な貯水量の減少などの原因になる可能性が高い。これらはすべて、ますます増大し続ける水の需要とともに、増え続ける世界の人々にとっては有害なものとなる。

水の供給は、それが国境をまたいでいることが頻繁で、有限（かつ縮小しつつある）な資源を多国間で共有するはめになるという事実によって、さらに複雑になる。水の供給というのはナイル川沿いでも不足することが予測されており、エジプト、スーダン、そしてエチオピアに直接影響を与えることになる。これはイラク、シリア、そしてトルコの水源であるユーフラテス川流域とまったく同じような状況である。同様に、ヨルダン川に頼っている、イスラエル、ヨルダン、そしてシリアのような国々も存在する（ヨルダンとイエメンは、すでに毎年回復できる量よりも三〇パーセント多い量の水を水源から採取しているという報告もある）。

これらはすべて、水をめぐる将来の紛争において二つ以上の国が競争相手となり、それゆえ解決不能ではないとしても、政治的にはかなり大きな問題になる可能性を高めている。そして長期の地域的な敵対関係というのは、水をめぐる衝突を悪化させ、問題を効果的に管理しようとする努力を妨害するのがほぼ確実だ。そのため、たとえばすでに長期間続いているインドとパキスタンの厄介な関係は、インダス川の水へのアクセスをめぐり間違いなく影響を与える。すでに水の共用に関する協定が存在する地域でも、問題は水不足が本当に深刻になったときに協定の条件を実行し、かつ尊重できるかどうかにかかってくるのだ。

水の供給を強力に動かす、さらに別の要因が存在する。それは水の使われ方だ。木の実やベリー系の果実、それに狩猟の獲物で暮らし、暖をとるのに木を燃やすような、どちらかといえば未発達な文化を持つ地域では、生活を維持するため以上の水を必要とはしない。ところがそれ以上の生活を求める社会は必然的に多くの水を使うものであり、この点において、中国は経済面で先進国の生活水準へと急速に発展しているため、一人当たりの水の供給量が限られてくるのだ。

世界的に見れば、およそ七〇パーセントの水が農業用として使われているのだが、この割合は経済的に貧しい地域でははるかに高くなる。たとえばアフリカは農業に使う水の割合は約八六パーセントであり、アジアでは約八一パーセントだ。世界的には二〇パーセントの水が工業用に使われており、この割合はヨーロッパ（五三パーセント）と北米（四八パーセント）ではきわめて高くなる。それ以外の残りの一〇パーセントの水は、家庭向けおよび主に公衆衛生といった都市用に使われる。

水は食物、製造業、そしてエネルギーと関係があり、とくに発電や原発では中心的な役割を果たしている。実際のところ、水というのは生命維持に直接使われるのみならず、さらにほぼすべての「商品」の材料として広く用いられている。

たとえばパンやステーキを口にするとき、われわれは間接的に莫大な量の水を消費していることになる。実際、食料の生産量を上げると、それ以外の目的に使われる水の量は減るのだ。ディヴィッド・ピメンテル、ローラ・ウェステラ、そしてリード・ノスの三人は、「生態学の統一性：環境、保全、そして健康を統合する」という論文の中で、さまざまな食料を生産するのにどれだけの量の水が必要となるのかについて、次のようなリストを作成している。

ジャガイモ：一キロ当たり五四七リットル
小麦：一キロ当たり九八六リットル
トウモロコシ：一キロ当たり一五三四リットル
米：一キロ当たり二〇九一リットル
大豆：一キロ当たり二一九一リットル

牛肉：一キロ当たり一〇万九六七一リットル

典型的なアメリカの家庭の食事、たとえば朝食を考えてみよう。卵を二個（卵一つで二三七リットル）とパンを二切れ（一枚四〇リットル）を食べて、牛乳を二四〇ミリ（一八二リットル）ほど飲んだとすると、これだけで七三八リットルの水を使ったことになる。昼には一一〇グラムのビーフバーガー（二三三〇リットル）に二八グラムのチーズ（二一一リットル）をつけて、オレンジジュースを一杯（一カップ一八六リットル）飲んだら、これで二七三〇リットルを使ったことになる。そして夕食に五六グラムのパスタを食べたとすると、これだけで一三二リットルの水を使ったことになり、食事による一日の水の消費量の合計（これには飲用や風呂用、トイレ、そして洗濯に使う水は含まれていない）は三六〇〇リットルになる。しかもこれは、たった一人がたった一日に使う量なのだ。

一人が一年間で使う水の量として国連で推奨されているのは一万八〇〇〇リットルから三万七八五〇リットルである。右で示したような典型的な家庭の基本的な食料の消費量から考えれば、国連による一人当たりの一年間における最低使用量とされた水を、一人のアメリカ人がたった五日間ほど——一週間未満——で使ってしまうことになる（一万八〇〇〇リットルを三六〇〇リットルで割れば五日になる）。さらにいえば、ほんの一カ月ちょっと（約三五日）で一人が国連によって一年間に割り当てられた最大の量の水を消費してしまう。食物というのは「見えないところ」で水を使用しているものの一つにすぎない。発電はそれとは別に使われるものである。

では発電にはどれだけの量の水が必要なのだろうか？　米政府の機関であるヴァージニア水資源研究センターが二〇〇八年に発表した研究結果によると、アメリカの一つの家庭が一カ月間使うエネルギーを生産するのに必要となる水の量の詳細は、表２‐５のようになる。

この分析によれば、一家庭に一カ月間電気を供給する、つまり一〇〇〇キロワット時の電気を発電するのに十分な天然ガスを採取して作るためには、三八リットルの水が必要になるという。同じ量のエネルギーを石炭によって得ようとすると、最低でも五三〇リットルの水が必要になり、石油関連の資源を使えば三万一二〇〇リットルほど消費することになる。

アメリカで使われるバイオディーゼルはそのほと

表２‐５　アメリカの一家庭が１カ月必要とする水の総量

燃料の種類	効率性（1000キロワット／時間に必要なリットル数）
天然ガス	38
合成燃料（石炭のガス化）	144－340
タールサンド	190－490
シェールオイル	260－640
合成燃料（フィッシャー・トロプシュ法）	530－775
石炭	530－2,100
水素	1,850－3,100
液化天然ガス	1,875
原油／石油－電気	15,500－31,200
燃料エタノール	32,400－375,900
バイオディーゼル	180,000－969,000

出典：Willie D. Jones, “How Much Water Does It Take to Make Electricity?” IEEE Spectrum, April 2008, http://spectrum ieee org/energy/enviroment/how-much-water-does-it-take-to-make-electricity

んどを大豆の油から採るのだが、これはパワーを発生させる方法としては、持続可能でクリーンであり、そして効率の良いものであると賞賛されることが多い。だが大豆を栽培し、その耕地に水を引き、それをバイオディーゼル燃料に変換させるためには、少なくとも一八万リットルの水が必要になり、これはアメリカの一家庭が一カ月間使う電力を作るのに十分な量だ。時間の経過とともに世界は水不足やエネルギー源の供給減少に直面するため、平均的な消費者たちはこういった目に見えないところで使われる水の高いコストを背負わされる可能性が高く、このコストはガソリンスタンドでの価格や電気代に組み込まれることになる。

どのエネルギー源を使うか、またどのような食物を選択するかに関係なく、中国にとっての現実は、生活水準と水の使用量がほぼ同時に上昇するということなのだ。現代中国の奇跡的な経済発展は、確実に生活水準の高まりには貢献できるだろう。しかしながら、水の使用量の増加というのは、かなりの困難を伴う問題である。

●結局のところはすべて中国の話

二〇三〇年に中国の水の需要は八一七兆リットルに達すると見られているが、現在の供給量は六一七兆リットルを少し越えている程度だ。この数値はあまりに大きくてわれわれには実感がわかないが、需要と供給の間の不均衡はかなり厳しい。中国環境保護部部長である周生賢が述べたように、水の不足やその獲得のために慢性的に発生するストレスより、農業生産を拡大して人口増加に対応すること、および中国経済を維持することについては、まだ困難な状態が続くだろう。

中国の水をめぐる状況は、旱魃や水位の減少という要因によってさらに悪化している。これには環境的および人為的な原因の両方がある。たとえば黄河と長江、そしてその主な支流の下流付近では、一年のほとんどの期間を通じて水が干上がってしまっている。一九九七年の旱魃のときには、黄河――長江に次いで二番目に長い中国の川――が内陸部で六〇〇キロの長さにわたって二二六日間も干上がったことがある。この干上がった部分の距離は黄河全体のたった一一パーセント分の長さしかないのだが、それでもこれはこの川を生活の糧《かて》にしている何千何万もの農家にとっては壊滅的なものであった。しかもこのような旱魃はたった一度だけの現象というわけではなく、水不足はさらにいっそう構造的な形で発生しつつあるのだ。

たとえば一八五〇年から一九八〇年の間に、中国の中規模から大規模の五四三の湖（これは中国にあるとされる湖の合計のおよそ三分の一）が灌漑《かんがい》計画のために消滅している。二〇〇五年には中国にある六六九の都市の六〇パーセントが水不足に苦しんでおり、地下水の汲み上げ過ぎや使用のし過ぎ（水の出が入りを上回ること）に直面している都市は二五パーセント以上にのぼっていて、この割合は上昇を続けているのだ。地下水の汲み上げ過ぎにより、地下水面、すなわち地下の一番上の地層に貯えられている水の層は、その水位が一年当たり一メートル以上の割合で下がりつつあって、これがさらなる使用可能な水の量を減らすことにつながっている。このような水の減少率は壊滅的な結果をもたらす可能性があり、農家が水をそれほど必要としない作物の栽培に切り替えることを迫られたり、次第に乾燥していく土地が結局は休耕地のまま放置されることにもつながりかねない。水の採取し過ぎや、水を比較的豊富な地域から乾いた地域に流す計画によって、中国の水問題はさらに悪化してきた。

また、中国での水の用いられ方も、すでに悪い状態をさらに悪化させている。水の消費量をGDP一単位で比較した場合（たとえば一トンの大豆や一ブッシェル／三五・二四リットルのトウモロコシを生産するために必要となる水の量）、中国は多くの国々と比べてその量が多く、世界平均の五倍、アメリカと比べても八倍の水を使っている。これはつまり農業、工業、そしてサービスなどの幅広い分野で、水の使われ方の効率が悪いということを表している。

●テクノロジーで問題解決？

二〇〇八年の北京オリンピックの準備にあたって北京の「人工影響天気弁公室」という部局は、二機の飛行機と砲兵隊、それにロケット発射場を使って、ヨウ化銀やドライアイスを向かってくる雲に向かって打ち出して雨を降らせようとした。その狙いは、主な競技場やその近辺でオリンピックの競技期間中に雨が降らないようにすることであった。これをどうにかくぐり抜けて会場に近づいてきた雨雲には、水滴を収縮させる化学物質が打ち込まれた。その一方で、他の場所では雨は降るまま放置された。

もちろんこのようなテクノロジーの使用はまだ初期段階にあるわけだが、農業用地に水を降らせるツールとして使われ始めているのは明らかだ。[4] テクノロジーには限界はあるが、水需要に関するストレスを軽減する一助とすることができるし、実際に軽減に役立っているケースもある。水の再生や補充、淡水化に関するテクノロジーや水の効率性を向上させるツールなどはすべて正しい施策であり、中国はその実験において主導的な役割を担っている。北京の南東部の天津にある最新式の北疆《ほくきょう》発電所・淡水化工場は海水を淡水化できるが、これはそのような一例だ。

三二〇億円をかけて建設されたこの北疆淡水化工場は、国家的な淡水化事業を次の五年間で確立するための大規模な努力の一環である。より一般的にいえば、北京政府は国内およびおそらくは世界全体にも淡水を供給することを狙っているのだ。そしてそのためには、中国は淡水の生産を二〇一一年の六八万立方メートルから、二〇二〇年までにその四倍にあたる三〇〇万立法メートルという途方もない量にまで上げる必要がある。

科学およびテクノロジーのイノベーション――肥料、遺伝子組み換え作物、機械化農業による灌漑計画――などは、作物の生産高を上げるのに役立ったし、そのおかげで食料不足も減らせた。しかし長期的には農産物の産出は減少している。たとえば一九六〇年代には西洋諸国における主要作物の生産高は年に三パーセントから六パーセントの割合で増加していたが、近年はそれが一パーセントから二パーセントに落ちている。そして貧困国全域での生産高の増加はほぼゼロになっている。グローバルな食料への要求を満たすためには、単に農産物の生産高を上昇させるだけでなく、これが実質的なインパクトを持つためには、作物の生産高上昇を人口増加の拡大よりも上回らせなければならないのだ。だが現在の人口増加は作物の生産高をはるかに上回るペースで拡大しており、これが問題となる。

人口増加にともなうプレッシャーや貧困の統計からもわかるように、中国は自国民に食べさせ、適切な水の供給を確保するために、多大なストレスに直面している。雨を降らせるのも一つの方法だが、とりわけ耕地や水のように有限な資源で、かつ明らかな代替品がないものに対処するためには、中国は広範囲にわたるテクノロジーを使った解決法（淡水化や灌漑など）に頼る必要が出てくるのは確実だろう。

ところが中国はこれを自分たちの力だけではできない。他国（とくに先進国）も、このような問題の対処を優先させる必要がある。結局のところ、中国はまだ低所得国（ＧＤＰで見れば世界第二位ではあるが、一人当たりの所得で見ると一〇〇位前後である）なのだ。これはつまり、中国にはまだ最先端の革命的な技術的解決法を生み出すことのできる技術開発（Ｒ＆Ｄ）の基礎となる文化、高度な学問、そしてインフラを築くまでには長い道のりが必要なのだ。

●ダブルパンチ

世界は急増する人口と、それにともなう（耕地や水などの）資源不足に駆り立てられた食料と浄水への需要の増加という「ダブルパンチ」がもたらす、前例のない大惨事に直面しつつある。たとえば英国は現在自国の食料の六〇パーセントを生産しているが、二〇〇九年に発表された政府の報告書では、たった二〇年のうちに英国の平均的な食料事情は第二次大戦当時、つまり肉からパン、砂糖、紅茶、チーズ、卵、牛乳、そして料理用油脂にいたるまですべてが配給だった状況と似たようなものになると予測されており、これは供給面での障害がその原因になるとされている。世界最大の人口を抱え、経済成長の計画を考慮すると、中国には多くのやるべき仕事が残っている。しかもさらに都合の悪いのは、中国（そして世界）の人々の暮らしに脅威を及ぼすのは、土地と水の不足だけではないということだ。急速に減少し、枯渇し続けている石油や鉱石などの資源も、その警鐘の原因になっている。再生不能である資源の不足は、その資源の供給が上限に達しているために悪化しており、現在存続している資源は急速に枯渇している。これは土地や水だけの話ではなく、エネルギー源や鉱石についても言える。大局的に見れば、これはグローバルな石油や鉱石の供給とともに、いかに中国がこの需要と供給という問題に順応できるのかにかかってくる。この話題は次章で目を向けてみよう。

1　国連食糧農業機関（ＵＮＦＡＯ）によれば、耕地とは「一定期間に生育する農作物（多毛作の地域は一度だけ勘定に入れる）を栽培する土地、草刈りや放牧のために一定期間使われる牧草地、市場や自宅の農作物用の土地、そして一時的な休耕地（五年以下）のこと」である。（国連食糧農業機関統計部２０１１）。

2　ＦＡＯの目的は、「栄養水準を高め、農業生産性を向上させ、農村に生活する人々の生活条件を改善し、世界経済の成長へ寄与すること」にあり、「すべての人々の食糧安全保障を達成すること、すなわち人々が健全で活発な生活をおくるために十分な高品質の食料への定常的アクセスを確保すること」である。

3　ＦＡＯによれば、再生可能な水資源の実際の総量は「国内で再生可能な水資源と国外で現実に再生可能な水資源の合計であり、ある国が一定の期間において実際に使用可能な理論上の年間最大量に相当する」。

4　実際のところ、一九四六年に実験室で雨を作りだし、降雨を調節するという決定的な成果を達成したのはアメリカの科学者である。

第3章
資源国の現状：石油、ガス、鉱物

一九五六年にアメリカの地質学者M・キング・ハバートは、アメリカの石油生産が一九六五年から一九七〇年の間のいずれかの時期にピークを迎えることを的確に予測した理論モデルを発展した。彼の予測は一般的に「ピークオイル理論」と呼ばれるもので、一九七〇年代初期までにアメリカの石油生産がハバートのいう「ピーク」に到達したのであれば、その予測は当たったことになる。実際にその頃のアメリカの石油生産量は一日一〇二〇万バレルであり、それ以来減少し続けているからだ。

●石油におけるピーク

ハバートの成功のおかげで、いくつもの派生型のモデルが生み出された。たとえば世界中の油田の生産の上昇と、危機的となる生産の減少を予測するためのモデルなどだ。アメリカのケースと同じように、それらの狙いは地球にある石油の供給が世界のエネルギーの需要に応えられなくなる時期を、なるべく正確に予測することだった。

石油の需要が一九六〇年の一日二〇〇〇万バレルから徐々に上昇して、二〇一〇年の一日八五〇〇万バレル（これは年間約三〇〇億バレルと同じ）に達している間にも、石油の生産はそれに追随した上昇を見せており、一九三〇年代の年間二〇億バレルから二〇一〇年の三〇〇億バレルまで増えているのだ。このようにグローバルでの石油の供給は需要とほぼ見合っているのだが、一方では需要と供給の間に存在する問題のおかげで、われわれは急激な価格の上昇を経験している。たとえば、一九七三年一〇月の第四次中東戦争（Yom Kippur War）でアメリカがイスラエルを支持したことへの報復として行われたアラブ諸国による石油の禁輸措置は、ガソリンの価格をたった数カ月間で四倍に押し上げた。二〇〇八年の金融危機に至るまで、一バレル当たりの石油価格はそれまでの四〇年間の平均であるおよそ二〇ドル

図3-1　1866年から2011年までの原油価格の推移

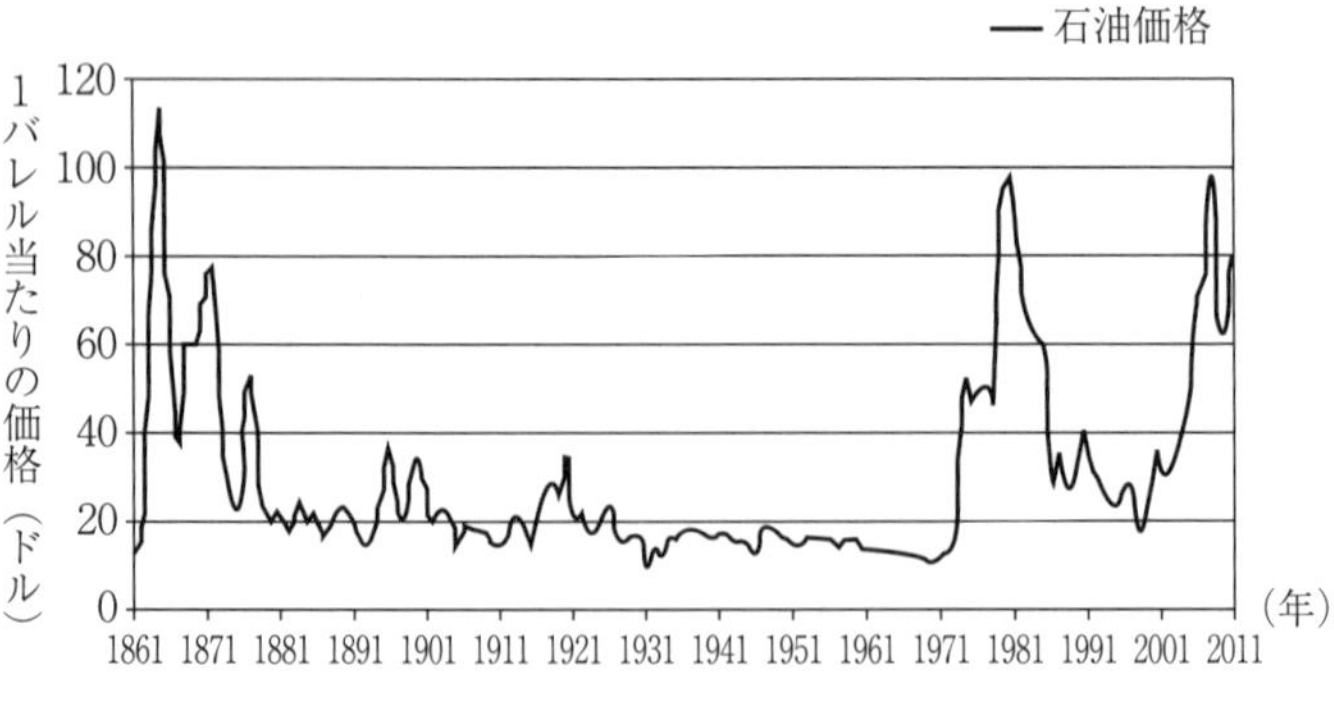

出典：BP Statistical Review 2006, Platts.

という価格の数倍となる一四五ドル前後まで上昇した。そして二〇一二年の冬からは、イランとの緊張の高まりと世界規模での石油不足というリスクへの懸念で、石油価格がふたたび一バレル一〇〇ドルを突破している。

世界規模の需要の増加は、価格上昇の重要な要因であり、そのことはグローバルなエネルギーの供給問題にとって大きな挑戦となっている。将来のエネルギーをめぐる情勢を考えると、とくに供給の情勢に不安があることから、世界規模で上昇する需要と有限な供給の間の差が開いていき、さらに危険な状態になるにつれ、ますます不安定になるだろう。

二〇一一年の世界二大産油国はロシアとサウジアラビアであり、この二国だけで世界の総需要である一日八五〇〇万バレルのうちの、約二〇〇〇万バレルを産出している。ところがこの二国の生産高は、アメリカたった一国の需要（一日およそ一九〇〇万バレル）をようやく満たすくらいなのだ（実際のところ、アメリカは一日に八五〇万バレル生産し、残りの一一〇〇万バレルを輸入している）。

アメリカの一九〇〇万バレルの需要のほかに、その次の食欲旺盛な九つの石油消費大国（二〇一〇年の統計の順番では中国、日本、ロシア、インド、ドイツ、ブラジル、サウジアラビア、カナダ、そして韓国）が必要とする量を加えると、一日三〇〇〇万バレルの需要が別に必要となり、こうなると石油の需要と供給の情勢はたちまち危ういものに見えはじめてくる。今日では、世界のたった五パーセントを超える程度の人口を持つ国々が世界の石油生産のおよそ六〇パーセントを消費しているのだ。この偏りは「持つ国」と「持たざる国」との間の分裂を作り上げることによって、世界的な資源への圧力を増加させている。

本書は中国のグローバルな資源獲得の動きをテーマにしているため、中国のエネルギー供給をめぐる動向を理解することが肝要になる。だが前章でも行ったように、中国のエネルギーの必要性やエネルギーへの欲求を考えるためには、現在および予測される将来におけるグローバルな供給の情勢という、より大局的な文脈から見るようにつとめなければならない。

●前兆となる未来

二〇〇八年に国際エネルギー機関（IEA）[1]は警告を発していた。これによれば、二〇二〇年までにはいままでの手段による石油生産高は五〇パーセント落ち込み、二〇一五年までには需要と供給の間に大きな不均衡が発生するというものだ。

IEAの「世界エネルギー展望二〇〇八」（World Energy Outlook 2008）では、二〇三〇年の世界における石油の需要見込みに備えるためには「二〇〇七年から二〇三〇年の間に、合計一日六四〇〇万バレル分の石油——これはサウジアラビアが現在一日に産出している量のほぼ六倍——の生産を上乗せする必要がある」としている。それに加えてIEAは、現在の石油の生産量を維持して、かつ二〇三〇年までに総産出量を一日一億四〇〇万バレルにするためには、少なくとも年に四五〇〇億ドルの支出が必要だとしている。

このような石油の需要の見込みは、世界の主要な石油生産者たちにさらなるプレッシャーを与えている。この予測される石油の需要を満たすためには、石油輸出国機構（ＯＰＥＣ）は二〇三〇年までに現在の量よりも八〇パーセント近く生産量を上げなければならないだろう。英国エネルギー研究協議会（the UK Energy Research Council）のある報告によると、既存の採掘法を使った世界中の石油は、二〇二〇年よりも前に「ピーク」を迎えて減少に向かい始める可能性があり、グローバルな石油生産量が次の一〇年間で下がり始めるという「重大なリスク」が存在すると指摘している。

●ピークモデルからの予測

新たなピークモデルの分析は短期的な猶予――石油が影響をもたらす時期は予測されていたよりも遅くなるだろうというわずかな希望――をわれわれに与えてくれるのだが、それでも世界は石油供給能力ギリギリのところで動いているため、グローバルな石油の供給はこれからも厳しくなるはずだ。石油関連エネルギーは、現在の経済（タービンによる発電、自動車、航空産業、コンピュータなどで動力の供給を受けている）の中心にあるために、石油価格の上昇は必然的に経済全体に広がっていくのだ。通勤車が使うガソリンスタンドや、農業作物や鉱石の農場や鉱山から加工工場や精製所へ、そして最終的には近所のスーパーマーケットまで移動させなければならない「商品」やサービスなど、その影響はあらゆる分野にわたることになる。石油製品も、肥料や殺虫剤などを作るための材料として農業でも重要な役割を果たしており、これはさまざまな「商品」の間で相互依存的な関係が存在することを示している。そして、これらのコストが上がると、それが最終的に個人や家族が買うものの値段に反映されることになる。

ところがこれもまだミクロのレベルの話だ。マクロのレベルでは石油を生産して輸出する国々(たとえば中東全域の国々など)が莫大な収入を得ることになり、国際取引の面でも有利になり、自国の経済も豊かになるのだ。一方でエネルギーの輸入の依存度が高い国々――これにはアメリカやヨーロッパ(約三〇パーセントのガスをロシアから輸入している)を含む――は石油の輸入のための支払い額がさらに増えてしまい、輸出する製品やサービスから得られる額が相対的に目減りしてしまうため、貿易面での立場が弱まることになるのだ。

●供給の危機

まず最初に最悪のニュースを示しておきたい。地球上にある大規模な油田――陸上もしくは海底のいずれであれ――はすでにあらかた発見されているということだ。実際、図3-2が示しているように、最後の大規模油田の発見は一九五〇年代から一九六〇年代にかけてであり、現在のわれわれはこのような昔の発見のおかげで生きているのだ。もちろんこの事実は、最も楽観的な石油探検者たちに地上での石油探索を諦めさせるには至っていない。なぜなら最新式の高度なテクノロジーがあるからだ。

図３-２　石油生産と油田発見の間で広がる差

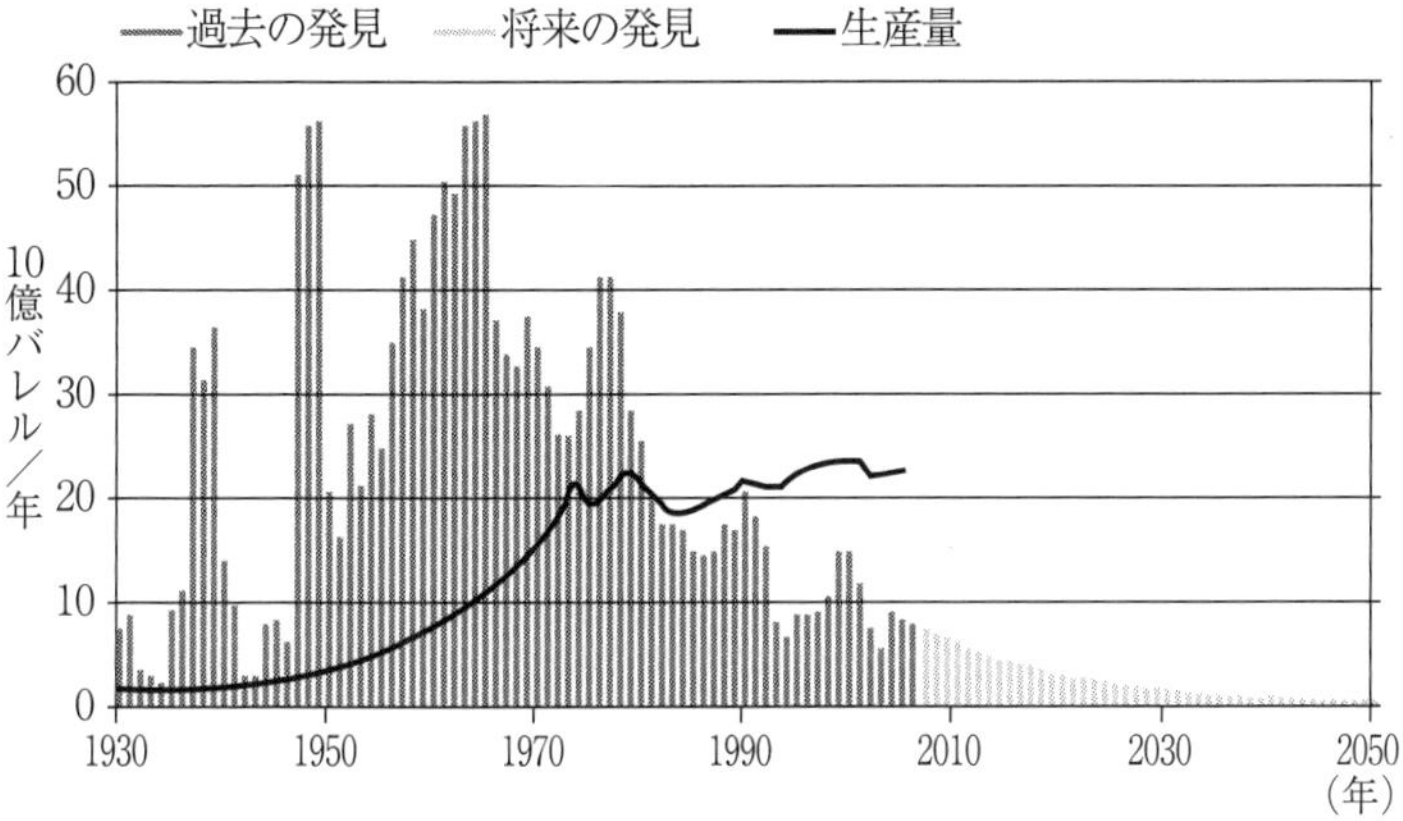

出典：Colin J. Campbell, ***An Atlas of Oil and Gas Depletion*** (Huddersfield, West Yorkshire, UK Jeremy Mills Publishers, 2009)

表３-１　将来の油田トップ10

油田名	地域	原油の埋蔵量（単位：10億バレル）	世界の全消費量をカバーできる期間
Khuzestan	イラン	100	3年分
North Slope	アラスカ	40	1.3年分
Ghawar	サウジアラビア	30	1年分
Khurais	サウジアラビア	27	10カ月分
West Qurna	イラク	21	8カ月分
Rumaila	イラク	17	7カ月分
Carabobo	ベネズエラ	15	6カ月分
Majoon	イラク	13	5カ月分
Kashagan	カザフスタン	9	3.5カ月分
Tupi	ブラジル	8	3カ月分

出典：Christopher Helman, "The World's Biggest Oil Reserves," ***Forbes***, January 21, 2010, http://www.forbes.com/2010/01/21/biggest-oil-fields-business-energy-oil-fields.html.

実際のところ、二〇五〇年に向けての予測によれば、大規模な油田の発見は先細りになっており、そのペースも下がってきている。現状の予測では、一年間におよそ五〇億バレルという現在の油田発見のペースは、二〇五〇年までには年に二〇億バレルまで次第に下がり、これは一九三〇年代の発見や生産レベルにまで落ち込むということだ。一九八〇年代初期から新しい油田発見の合計量は、年間の生産量以下にまで一定のペースで段々と減少してきているのだ。石油生産の減少が単に油田発見の減少から遅れているのであれば、われわれは石油の供給がすぐに減少し始めると予測できる。

さらに事態を悪くしているのは、新しい巨大（もしくは怪物《モンスター》）油田――これは世界の消費が大きく依存している――の発見が一九七〇年代から少なくなっているという点だ。今日では世界の油田の約一パーセント（およそ五〇〇カ所）が巨大油田に分類されており、そのうちで一日に一〇万バレル以上産出できる数はさらに少なく、一一六カ所だけである。これらの五〇〇カ所ほどの巨大油田には、合計で五億バレルの原油があり、これは世界の供給量の約六〇パーセントに相当する。そのうちのトップの二〇カ所が、世界の生産量のおよそ二五パーセントを産出していることになる。

将来的にも、この依存過剰な状態は続くものと見られている。将来の油田のトップ一〇位（すでに開発中であるが生産は始まっていないものもある）のほとんどは中東に位置すると見込まれており、すでに中東がエネルギー生産で得ている支配的な位置をさらに固めることになる。たとえば現在のグローバルな石油消費率（一日八五〇〇万バレル、年間だとおよそ三〇〇億バレル）から考えると、一〇〇〇億バレルを抱えるイランの油田一つだけで世界中の消費量を三年間まかなえるのだ。

最大級の油田の多くは、産出開始からすでに五〇年以上たっており、そのため供給能力は減少していて、すでにピークを越えたために急速に減産が進んでいる。実際のところ、世界最大の油田には、すでにピークを割り込んでいて、たった数十年間に産出量が谷底、つまり低い産出レベルで下げ止まりしてしまっているものもある。

たとえば、アラスカのプルードー湾油田は一九八〇年代半ばに一日およそ二〇〇万バレルを産出していたが、二〇〇〇年には約五〇万バレルに下がってきている。同じような時期にロシアのサモトロール油田も一日およそ三〇〇万バレルから約五〇万バレルに下がっている。そしてテキサス州のスローターにある油田も、ピーク時の一日およそ一四万バレルから二〇〇〇年には約五万バレルまで産出量が急激に下がってきてしまっている。最後に、ロシアのロマシュキノ油田の産出量は一九七〇年の一日一五〇万バレルというピークから二〇〇〇年の五〇万バレルまで下がっているのだ。これらの低下する石油の産出量は、グローバルな供給の状況が悪化していることを示している。

新油田の発見数の低下や巨大油田の先細りを考慮しなかったとしても、油田のエネルギー供給全般における産出量の低下の影響には驚くべきものがある。エンジニアリング企業であるシュルンベルジェ社の予測では、二〇三〇年までに現在すでに産出されている油田からの石油の生産量は四・三パーセント減ると見込まれており、もし何も起こらなかったとすれば、既存の油田からの産出量の自然な減少は、二〇一〇年現在の一日八五〇〇万バレルから、二〇三〇年には一日三〇〇〇万バレルに低下するという。何度も言うが、このような産出量の低下は、自然な油田の能力の低下のみから生じるのだ。

迫りつつある供給の状況は、石油の埋蔵量の減少や少数の大規模油田に過剰依存しているという問題だけでなく、石油・ガス分野への投資を制限してしまい、最終的には供給を制限させてしまうような莫大なコストも、その障害になっている。

石油関連の事業には膨大な資金がかかる。調査、リグ、タンカー、浮体式生産貯蔵積出設備のコストだけで数十億ドルの金が必要だ。つまりエネルギービジネスには莫大な量の資金が要求されるのだ。しかもこれには事業の途中でケガや死亡が発生するリスクに付随するコストは入っていない。その支払いのために必要となる保険料も、このコストの一部である。もちろん他の産業でも事業の開始やオペレーション面でのコストは非常にかかるものだが、エネルギービジネスに参入（たとえそれが比較的小規模なものであったとしても）するためには数十億ドルかかることは珍しくなく、その成功率が信じられないほど低く、およそ一〇〇回に一度の割合である。

●石油、自由、そして汚職

国家の政府が石油産業を主導しているのはまさにこのコスト構造のおかげであることが非常に多いのであり、だからこそキャッシュを豊富に持つ中国のような国が強い立場で関わってくることができるのだ。国家の政府、とくに新興経済国の政府が資源分野に関わると、それが汚職の温床になる傾向が強く、中国の資源分野における冒険は、資源国の汚職に暗黙のうちに貢献しているという（正当ではないとしても）事実上の（不当な）非難を受けている。

政府高官が気軽に石油の収入を個人目的に利用し、流用しているという事実は、世界で最も石油を豊富に持っている国が、同時に最も汚職の盛んな国としても認識されている理由を説明している。二〇一一年のトランスペアレンシー・インターナショナルによる腐敗認識指数によれば、主な石油産出国であるナイジェリア、インドネシア、アンゴラ、そしてイラクなどが、世界で最も汚職の激しい国としてランクインしている。この証拠は、いわゆる「レントシーキング」（経済学の用語で腐敗や収賄のこと）の多くが、石油の代金という「レント」によって動かされるものだという事実をまさに反映しているのだ。

汚職のリスクにつきものの巨大な否定的側面のほかに、さらに根本的な問題としてあるのは、政府が石油事業に関与しているという点だ。世界中の多くの国々が二〇〇八年の金融危機ののちに経験したように、公的資金が広範囲に投入されて予算が逼迫《ひっぱく》したり、あるいは競合するプロジェクトが優先されたりすると、資源業界はそれが民間、または国営の石油会社という形による政府部門の行為かに関係なく、深刻な投資不足に陥ってしまうことがある。結果として、石油の供給は時の経過とともに劇的に減少することになる。

経済学者、トレーダー、それにオピニオンリーダーたちによって形成されている学派には、世界にはまだ最大三兆バレルの石油が残っており、これらは現在よりも優れた技術やシェールオイル、ガス田、さらには縮小する氷の下にある石油が採掘可能になるため、石油がなくなることはないと主張している者もある。

実務レベルでは、このシナリオには完全に無理があると思われる。結局のところ、ガソリンスタンドにおけるガソリン価格の上昇や、エネルギーを確保するために戦争を用いなければならないことにおける無数の（人的）コストというのは、もし本当にそのような莫大なエネルギー源が存在したとしても、あまりにも高額な負担なのだ。ところがこの「三兆バレル」の見方をする人々というのは、われわれが直面する構造的な問題は、この分野にたいする投資不足だと言うのだ。彼らの主張によれば、投資の不足というのは、石油を採取するために必要な資金の流入に制約をかけ、そのコストを高くしてしまい、そしてそれが低収益、投資の不足、そして最終的には石油の生産と供給の減少につながるという。

これを論証するために、彼らは一つの重要な事実を指摘している。それは世界の石油生産の能力――これにはタンカーの使用量、精製所の使用量、それにドリル用のリグの使用を含む――がほぼ一〇〇パーセントの状態、つまり持てる最大限の量を使っているというのである。供給マーケットと供給能力における逼迫のおかげで各国政府は実質的な行動を起こさなければならなくなったのであり、中国の悪名高い国営石油企業（ＮＯＣ）や政府主導の会社が、二〇一一年から二〇二〇年の間に精製能力の拡大の九〇パーセントに関与していると見られている。

当然ながら、石油の生産能力というのは、極端な天候の変動とそれに付随する需要の高まりによって定期的に妨害されることになる。たとえば非常に寒い時期には家の暖房のために燃料への需要が高まるのであり、暑い時期には（エアコンなどによって）部屋の温度を下げるためにエネルギーの需要が高まるのだ。このような時期には、高まったエネルギーの需要にたいして供給を行うため、インフラが限界まで使用されることが多い。ところがさらに根本的な問題として挙げられるのは、世界経済の年間平均成長率が五パーセントに上昇し、それにともなうエネルギーの需要が生産能力に深刻な制約を及ぼしていることだ。とくに投資が遅れた場合はなおさらだ。エネルギービジネスに従事する石油エンジニアのようなスキルのある人材の不足や、鉄鋼のようなその他の原材料の買い入れのためのコストなどは、すべてコスト価格上昇によるインフレにつながり、ますます投資を抑止させる要因となっている。この分野におけるコスト増加についての懸念はデータにも表れている。

二〇〇八年の金融危機が本格的に始まる前の四年間に、石油業界の運営コストおよび資本コストは二倍になっており、一九九九年から二〇〇九年の一〇年間には毎年一八パーセントほどの割合で上昇している。この二つのコスト上昇は、この分野にたいするそれ以前の二〇年間における投資不足に原因がある。石油生産のコスト――調査、探索、抽出、開発――というのは収益性と連動しており、その結果として石油の供給に連動しているのだ。[2]

●利益を得るための代償

石油生産者にとって抽出にかかるコストとは、一〇パーセントの利益率を達成する石油価格がどのくらいでなければならないのかを決める、大きな要因である。中東のＯＰＥＣ諸国のように、石油が簡単にアクセスしやすく、地表近くに大規模に集中して溜まっているおかげで石油生産のコストが比較的低い国々では、投資家は原油価格がたった一バレル二〇ドルでも一〇パーセントの利益を得ることができる。最近の一バレル一〇〇ドル付近という高い価格での取引――中東は判明している世界の原油の埋蔵量の四〇パーセントと天然ガスの埋蔵量の二三パーセントを占めている――のおかげで、中東の国々は莫大な富を得てきた。（他の）従来のエネルギー源を考慮すると、投資家が一〇パーセントの利益を確保するためには、原油価格は一バレル二五ドル付近である必要があるのだ。

ところが海底にある石油の採掘で一〇パーセントの利益を得るためには四〇ドル前後である必要があり、さらに深海における採掘では平均六〇ドルでないと利益は出ない。超重質原油や北極海の石油などから一〇パーセントの利益を得るためには一バレル八〇ドルで取引される必要があり、最近話題のシェールオイルの場合は、最も高い一二〇ドル（これについてはのちほど詳しく論じる）という価格が必要になってくるのだ。

より一般的な話をすれば、ほとんどのマーケットで原油取引を成立させるためには一バレル五〇ドルが必要であり、五〇ドル以下だと多くの企業は生き残りをかけて戦うことになり、深刻な利益損失や破産にすらつながることもあるのだ。この業界ではビジネスを維持するためには石油価格が一バレル五〇ドルを大きく上回る必要がある。実際、五〇ドルを切るとほとんどの非OPEC地域で進められている計画は採算がとれなくなり、計画の遅延や中止、資金調達の困難、それに最終的にはマクロレベルにおける石油の供給不足につながるのだ。つまりここには負の循環（スパイラル）が存在する。簡単には到達できない場所からの石油の採掘が段々困難になると、コスト上昇のリスクはたった一つの方向、つまり高いほうに向かうのである。結果として、これはグローバルな供給を制限することになる。しかも需要が確実に上がると見込まれているときに起こるのだ。

●石油政治

石油に関する政治は、グローバルなエネルギー供給の情勢をさらに複雑化させている。ノルウェーを除くほとんどの先進国は、石油を輸入している。また、ほとんどの石油は（ふたたびノルウェーを除くが）、パワフルで驚くほど金持ちで、専制支配的な一族、もしくは閉鎖的な政治カルテルによってコントロールされているのだ。したがって、工業化社会の多くは、どのような形であるにせよ、独裁的で危険ですらある、さまざまな産油国の恩恵を受けているのだ。

ところが国家の政府というのは、従来のエネルギーに代わるエネルギーを求めるために独裁的な政権と石油についての交渉をまとめることを好む、という事実がある。このような現状を維持するために、他のすべての点では人々の自由を推進しているような国家の政府でさえも、人権を無視しようとしたり、もしくは少なくとも民主的な原則を優先させないようにしている。このような取引は、短期的には売る側と買う側の間に均衡状態をつくり、それが長期的に意味することをほぼ完全に無視させてしまうのだ。

それでもリベラルな民主制度という理想が与える影響を無視すべきではない。世界で最も影響力があり、経済的に強力な国家が、地球上で最も腐敗した非民主的な政権と（彼らが石油を持っているかぎりは）積極的に貿易を行おうとしているという事実は、究極的にはこのような国々から自由で公平な民主制度が出てくる動きを妨げていることになる。なぜならその国民は、政府の行動について政府に説明責任を負わせることができないからだ。さらにいえば、資源のコントロールは一部に集中しているために（世界の人口のたった二パーセントが五二パーセントの石油をコントロールしており、三パーセントの人口が五四パーセントのガスをコントロールしている）[3]、このようなエネルギーを輸入する経済国は、実質的に輸入元の国の政治体制や政権の人質状態になっているとも言えるのだ。

ほかにもある。このような石油輸出国が現金の流入を「保証している」ということは、ぬれ手に粟的な石油の利益が、政府による（大きくいえば）納税者からの税収入への依存に取って代わるということを意味しているのだ。したがって、この政府は国内の国民の望みについてはそれほど気を使わなくなる。莫大な石油の収入は、実質的に国民と政府の関係を切り離すものであり、これによって国民と政府の間にある（暗黙上の）民主的な契約についての誠実さと尊厳を貶《おとし》めてしまうのだ。

作家でジャーナリストのトーマス・フリードマンは、自らが「石油政治の第一の法則」と呼ぶ法則を「石油の価格と自由の拡大は反比例の関係にある」と説明しているが、これは納得できるものだ。これは石油の価格が上がる（したがって石油を売った側の現金収入が増える）と、その政府の自由の度合いが下がるということであり、その反対も同じだということだ。自由が欠けている環境につねに存在するリスクというのは、政情不安である。サウジアラビアとロシア（世界最大の産油国である）は、この点にはあまり関係がないと思われているが、この二国も例外ではない。

これとは反対の視点は、莫大な石油の利益がむしろ政治の安定性につながるというものがある。この主張によれば、産油国の政治エリートたちは自国民にたいして金を使ったり賄賂を渡したりするための手段と資金が豊富になり、これによって国民は幸せかつ従順な状態にしておけるという。このような状況では国内に自由がたとえ欠如していても、政情不安や国民感情の悪化はあまり見られない。サウジアラビアを例として挙げてみよう。この君主国は教育や医療のような社会事業に――とくに二〇一一年の「アラブの春」のときに――膨大な金を使って、反対派や国民の不満を抑えていると考えられている。

真実は、この二つの議論の真ん中のどこかにある。政府の態度というのは可変的であり、たとえば比較的平和なときに政府というのは自国民にたいしてあまり関心を寄せないものであり、その代わりに海外の買い手からどれだけの金を儲けることができるのかを考えるものである。そして国内が不穏で政治的に不安定になった時期には、国家の指導層は内向きになり、国民に広まった反発を鎮めるために、支払われた現金や贈り物を国民に広く行きわたらせることを選ぶのだ。いずれにせよ、支配層の究極の目的はそのほとんどが現状維持なのであり、石油の富へ自由にアクセスを確保することなのだ。中国の資源獲得計画が展開されているのは、このような状況下においてであることを忘れてはならない。

●ロケーションがすべて

すでに存在が判明している世界の石油の埋蔵量の約八〇パーセントは、政治的に不安定、または争いが進行中の地域に存在している。アメリカのような国が地球上で最も政治的に疑わしく不安定な国々からエネルギーの輸入を頼り続けている理由はここにある。ところが石油が存在する場所というのは、グローバルな供給の考慮に直接関わってくるものでもあり、中国の資源確保のための戦略にも関係してくる。実質的に、石油の存在する地域や国の政治環境が難しいものになると、石油供給へ継続的かつ確実にアクセスするのも困難になる。これが必ず原油価格の高騰につながるのであり、最悪の場合は紛争に発展することもある。そしてこの流れが加速することは確実なのだ。

ナイジェリアはこの点について参考になるケースだ。二〇一〇年九月の時点でアメリカは原油の一五パーセントをナイジェリアから輸入していた。これにアンゴラ、ガボン、赤道ギニア、コンゴ共和国――これらはすべて政治的に悪名高い国ばかりだが――そしてサハラ以南のアフリカ諸国を加えると、アメリカが毎日輸入している石油の約二〇パーセントを構成することになる。

このような独裁的で不安定なことも多い国々に依存するというのは、単にダブルスタンダード（二重規範）という不都合な真実を露呈することを上回る危険がある。ナイジェリアで続いている政治問題は、物理的な石油供給の流れが頻繁に妨害されるというリスクや、これによってエネルギー価格が上昇する可能性があることを表している。止むことのない権力争いや政治の駆け引き、そしてナイル河口のデルタ地帯における散発的な暴力の発生などの組み合わせによって、実際に一日八〇万から一〇〇万バレルも油田が一時的に閉鎖されたことがある。一時的な閉鎖というのは産出量が生産見込みに達しない状態、つまり石油が世界の需要にたいして供給できる状態にありながら、それに見合った生産がなされていない場合（これは機器のメンテナンスのために会社が命じることもあるし、政情不安によって石油の生産が危険になった場合もある）に起こる。

たとえばナイジェリアのケースで考えると、一日一〇〇万バレルの一時的な閉鎖が発生した場合、ナイジェリアの生産量は本来の能力よりも三〇パーセント減ることになるのだ。

たしかにアメリカはこういった状況にたいする限定的な代替策しか持ち合わせていない。このため中国のアフリカの石油獲得の動きを抑え切れていない。アフリカは中国が輸入する石油の三分の一を供給しており、約五〇パーセントを供給する中東（しかもイランが主な輸入元）に次ぐ規模を誇っている。二〇一〇年四月の時点で中国は二〇パーセントの原油をアンゴラから、そして五パーセントをスーダンから輸入している。スーダンは中国にとってアフリカの原油の輸入元の第二位の規模を誇っている。また中国はサウジアラビアにとっても魅力的な石油の輸出先となっており、これはアメリカが中心に行ってきた従来の「石油と引き換えに安全保障を得る戦略」から離れるための、小さな一歩なのかもしれない。だがサウジアラビアは将来の蓄えのために、現在の石油の生産量を減らしたいと考えている。結果として、石油の供給が不安定かつ予測不可能な現在の状況が示しているのは、中国がエネルギー需要を満たすためにつねに購入者側にまわることによる石油価格の上昇なのだ。

うがった見方をすれば、多くの産油国は、グローバルな石油の供給を減少させ、石油価格を（人為的に）上げて石油からの収入を上昇させ、これによって支配層を富ませるだけでなく、国内のニーズに対応したいと望んでいると言える。たとえば中東では石油が安価で抽出できるにもかかわらず、サウジアラビアにとっては教育やインフラ計画への大規模な投資を考えると、財政安定のためには原油価格が七〇ドル付近にあるのが望ましいのだ。

そしてこのような動機を持っているのはサウジアラビアだけではない。多くの（貧しい）産油国は、人口の多くが二五歳以下（サウジアラビアでは六五パーセント、イラン五〇パーセント、サハラ以南のアフリカ全域では六〇パーセント）であり、そして極貧層（ナイジェリアの七〇パーセントは貧困基準以下）として暮らしているのだ。高価格の石油による歳入は、若者の失業や国内の治安維持、それに国内の政情不安に付随する国家安全保障に関するリスクを軽減するのに役立つであろう。だが、ここでもまたこれら多くの国で汚職がはびこっている様子がうかがえる。ナイジェリアの原油輸出による黒字――これは石油を基にした政府系ファンドのようなものである――は、たった三年の間にどんどん枯渇しており、二〇〇億ドルから二〇一〇年には一〇億ドルまで下がっている。その原因が間違った投資のみにあるというのは疑わしい。

さらに一般的な観点から言えば、ＯＰＥＣのカルテルは石油の生産高を調整するために定期的に会合を開いており、そのために（暗黙のうちに）石油価格の底値に影響を与えている、もしくはそれを維持している。グローバルなマーケットに供給している一日八五〇〇万バレルの石油のうち、ほぼ三五〇〇万バレルがこのＯＰＥＣ一二カ国のものだと言われている。

世界中で展開されている権力政治もグローバルな石油の供給に影響を与えている。インドネシアやベネズエラ――この二国は歴史的に政治紛争が激しいことで名高いが――、または西側諸国との関係が新たに冷え込んでいるイランであれ、石油と政治というのは密接に絡み合っており、世界の石油生産全体や、最終的にはガソリンスタンドでの価格に悪影響を与えることも多いのだ。

イラン——二〇一〇年の見積りによれば世界第四位の埋蔵量を持つ産油国——の政治における頑さというのは、一日四〇〇万バレルの生産量にたびたび疑いを持たせるような形になっている。さらにイランが国連の査察官の受け入れを拒否してウラン貯蔵庫や核拡散計画に関する懸念を生んだせいで、戦略的な位置にあるホルムズ海峡——イランが国境を接していて、ペルシャ湾の石油を外洋に向けて運ぶための唯一の海上航路——の安全や、さらには湾岸諸国のエネルギーの供給についての新たな不安につながっている。

世界は石油をめぐる政治、つまり国内紛争を引き起こしたり、利権を支配するために強い国が弱い国を侵攻するという国際的な衝突を煽ったりすることに慣れてきた。上昇する価格や油田の枯渇、そして石油政治などの情勢は、ますます悲観的な見通しになってきている。また、これは「石油エネルギーに代わるものは何なのか」という問題も提起している。

●炭化水素の時代はまだ続く

業界分析についてのいかなるビジネス用の教科書であっても、コスト負担が大きく利益が出なくなったときに、その業界はどのように、そしてどのような理由から、さまざまな種類の代替品を得るのかについては記載されているはずだ。石油業界のようにコストが急騰し資産の価値が下がる世界では、代替エネルギーという考えは例外ではなく、すでにその追求が始まってからある程度の時間も経過している。たとえば中国は風力発電の開発において世界一になっている。

中国はどの国よりも風力発電の能力を有しており、世界の風力による総発電量二三万八〇〇〇メガワットのうち、約六万二〇〇〇メガワットを発電する能力を持っている。さらに北京の温水の大部分は太陽光温水器によって供給されており、このおかげで中国は太陽エネルギー面でも世界をリードしていることになる。しかし実際は代替・再生可能エネルギー源などは（a）普及と採用面でまだ時期尚早であり、（b）多くの用途でまだ従来のエネルギー源と直接的に相互運用できないのだ。コストや石油の枯渇への流れ、そして政治的な動きや環境の懸念のような有害な影響さえあるにもかかわらず、世界が化石燃料から離れることは困難なのだ。これはグローバル経済が、石油をはじめとする炭化水素に大きく依存する状態が当分続くことを意味している。図3‐3はその依存度がどれくらいなのかを示している。IEAによれば、世界が一日の需要を満たすために必要とする石油の量は八五〇〇万バレルである。石油、石炭、そして天然ガスを合わせて考えると、炭化水素は、世界全体のエネルギー源の八〇パーセント以上を占めている。エネルギー源の種類は図3‐3で示した通りだ。

また、このグラフはグローバルなエネルギーの三本柱の二つ目である石炭の存在を際立たせている。石炭は世界の主なエネルギーの供給の約二七パーセントを提供するものである。世界では毎日およそ二三〇万石油換算バレルの石炭が使われている。現在の生産率のままでいけば、世界にある八四七〇億トンの石炭は一〇〇年以上（約一一九年）もつ計算になる。それと比べると、確認された分の石油とガスの埋蔵量（確認可採埋蔵量）は、現在の生産レベルでいけば、それぞれたった四六年と六三年分しか残っていないことになる。このような統計のため、評論家の中には石炭のことを「忘れられた燃料」と呼ぶ人もいるほどだ。

たしかに産炭地は世界のほとんどの国々に分散して存在していると考えられているが、そのうちの七〇カ国ほどだけが可採（もしくは確認）――これはつまり石炭が技術的にも経済的にも採掘可能――であるとされている。石油の場合と同じく、世界的に最も重要な石炭の埋蔵地はよく知られており、最大の産炭地はアメリカ、インド、そして本書の論述

図3-3　世界における主なエネルギーへの依存度（%）

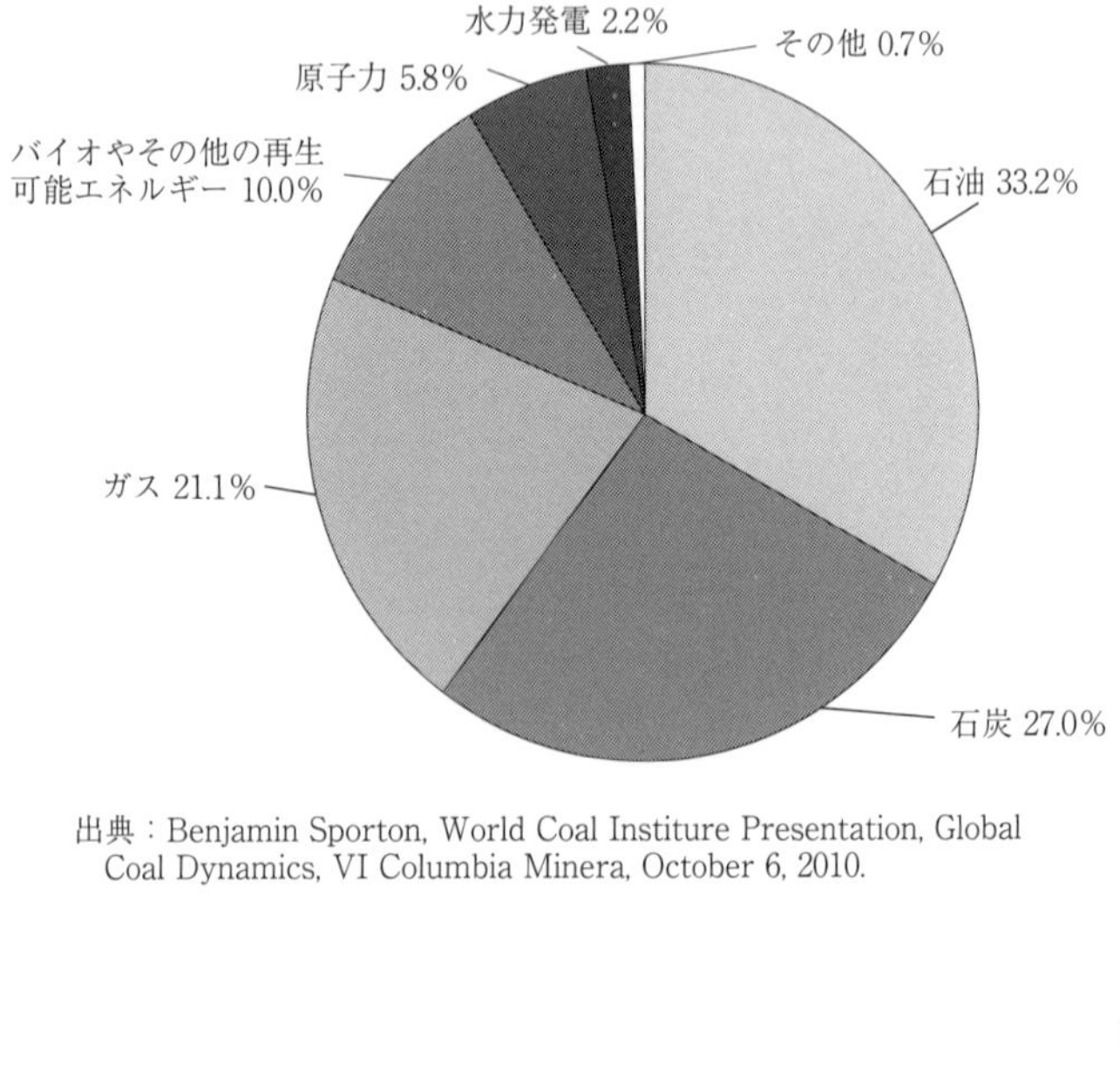

出典：Benjamin Sporton, World Coal Institiure Presentation, Global Coal Dynamics, VI Columbia Minera, October 6, 2010.

にとってきわめて重要となる中国にあるのだ。[4]

実際のところ、図3-4が示しているように、中国のエネルギー消費はかなり石炭に偏っている。中国は毎年およそ三〇〇〇億トンの石炭を採掘・消費しており、中国のエネルギー消費の原材料という意味で石炭は他の何よりも大きな存在である。

それと比べて、アメリカは年間およそ一〇億トンの石油を消費しており、これは中国が一五年前に使っていた量とほぼ同じだ。中国は一〇〇年以上もつ大規模な石炭の埋蔵量を持っていると見られている（ちなみにアメリカには約二〇〇年分ある）ことから、中国による石炭の集中的

図3-4　中国における各エネルギー消費の割合（%）

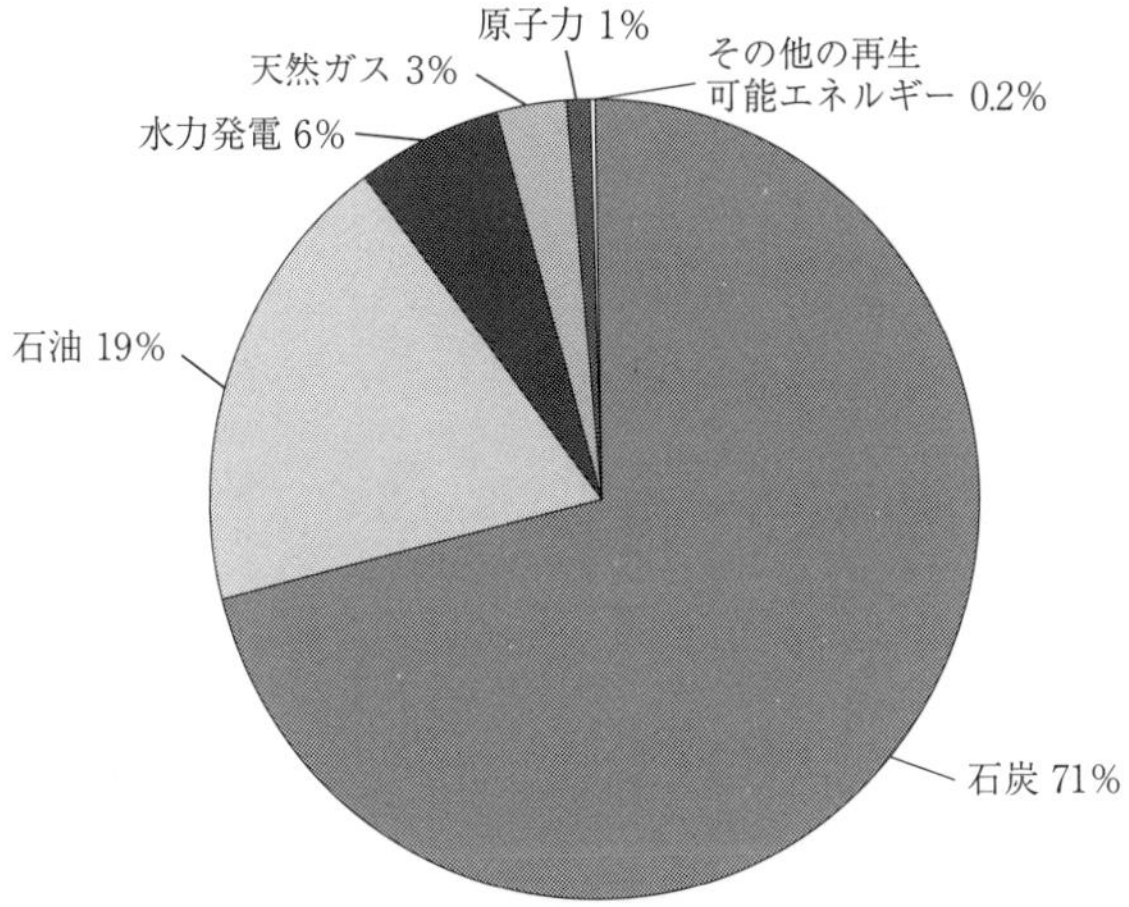

出典：Milton Catelin, Rock of Ages:The Past, Present and Future of Coal, Chief Executive World Coal Association, Seventh Clean Coal Forum, March 24-25, 2011.

な消費傾向がすぐに変化するとは思えない。

　これが石炭の良い面だ。ところがその反面、このような率で消費を続けると、中国は環境、歴史、そしておそらく地球の運命にとって、ネガティブな存在になってしまうだろう。二〇〇九年に中国は世界最大の温暖化ガスの排出国になったのだが、これはとくにこの石炭の使用のためであり、これがエネルギー源として石炭が抱える根本的な問題――環境面での莫大なコスト――を明らかにしてしまったのだ。

　石炭というのは、まずは採掘される時点で炭層やその周辺の岩盤からメタンガスを発生させる。実際のところ、石炭の採掘は人間活動による世界のメタンガス排出量の、じつに一〇パーセント近くにのぼると見られている。使用される時点――これにはより大きな問題となる危険性をともなうのだが――でもエネルギーを得るために石炭を燃焼させると、二酸化炭素が排出され、これを捕捉して貯蔵できなければ、世界の平均気温を二度以上も上げる可能性があると言われている。環境保護主義の人々は、これによって世界の気温が上昇し、気候変動が危険で後戻りできなくなる「分岐点」を超えてしまうと主張している。

　ところがあまり議論されていないのは、石炭を燃料とする火力発電所で用いられる莫大な量の水だ。ある推測によると、典型的な五〇〇メガワット規模の石炭を燃料とする発電所は年間七五七億リットル（二〇〇億ガロン）の水を使い、タービンを回す蒸気を作り出すために、近くの水源――湖、川、もしくは海――から水を採取している。

今日のアメリカでは使用されている電気の半分、インドでは六六パーセント、そして中国では七五パーセント以上が、石炭によって作られているのだ。ＩＥＡは次の二〇年間で、中国やインドのような国々が経済成長して、自国の石炭の鉱床を使うために、石炭の需要が六六パーセント以上増えると見ている。[5]

●ガスの輝かしい未来

エネルギーの三番目の柱である天然ガスに目を向けてみよう。二〇一〇年一一月にアメリカのエネルギー情報局[6]は、国内の確認済みの天然ガスの埋蔵量が大幅に増加したという大ニュースを発表している。具体的には、天然ガスの埋蔵量が一一パーセント、つまり合計で八兆立法メートル（二八四兆立方フィート）になったのだ。この推測は、一九七一年以降では最高レベルにある。

米エネルギー情報局は、この天然ガス（と新たな米国の原油）についての上方修正した数値により「国内の天然ガスと原油の役割は、現在と将来に予測されているアメリカのエネルギー需要に応えるために拡大するという可能性が示された」としている。天然ガスほどグローバルなエネルギー情勢の変化を期待させるものはない。ところがこのニュースは本当にターニングポイントとなったり、エネルギー不安を一時的に救うものになるのだろうか？　これについて反対意見を示す人はいる。

二〇一〇年に発表されたいくつかの推測によれば、二〇三〇年までに世界の既存のガス田からの生産量は、年間五・三五パーセント減少すると見込まれている。さらに既存のガス田の生産の自然減によって、二〇一〇年に一日約五五〇〇万石油換算バレルである天然ガスの生産が、二〇三〇年までに一日二〇〇〇万石油換算バレルになると見られている。「供給ギャップ分析」でシュルンベルジェは、同じ期間における石油とガスの需要がそれぞれ一パーセントと一・八パーセント上昇すると予想しており、これは二〇三〇年までには一日の需要見込みの合計がほぼ一億八〇〇〇万バレルまで近づき、少なくとも一日三〇〇〇万バレルの石油が不足するとしている。[7]

ところがこれとはまた別の、エネルギーへの圧力やエネルギー不足の予兆も存在する。

●代替の難しさ

石油に代わると見られている次のエネルギー源の供給の先行きも、それほどわれわれに安心感を与えてくれるわけではないし、もしそうだとしても、ほとんどのエネルギー源は互いに完全に補い合えるような関係にはないという事実は残る。

石油には主に三つの用途――七〇パーセントは輸送（自動車、飛行機、電車、船）、二〇パーセントは化学（石油化学製品など）、そして一〇パーセントはその他（ボイラーの燃料、アスファルト、発電の燃料）――があるのだが、天然ガスには基本的に二つの用途しかなく、熱源（直接燃やす場合と、発電用の燃料）と化学原料（化合物の生産のために使われる原材料）だけなの料である。石炭は発電に使えるし、鋼業やセメントの生産、そしてその他の産業活動には欠かせない燃料だ。[8]

もし化石燃料から離れるのが直近の選択肢ではなく、またエネルギー源の生産が莫大なコストによってかなり危ういもの――そしてもし実際にエネルギー源が完全には代替できないもの――であるとすれば、われわれにはほかにどのような選択肢が残されているのだろうか？　エネルギー効率の向上はたしかに改善策の一つだが、ここ一〇年間における事態の経過は失望的なものだ。

たしかにエネルギーの効率は一九七〇年代から八〇年代にかけて毎年約二パーセントの割合で向上しているのだが、一九九〇年代にはこれが一パーセント台に落ちている。もしさらなるテクノロジー面での進化が起こらなければ、二〇三〇年のエネルギーの需要は、近年のエネルギー効率向上のペースがそのまま続いたとしても、およそ三五パーセント高くなるのだ。

●テクノロジーは救世主か

二〇一一年一月に、メディアではブラジルの石油埋蔵量（究極埋蔵量）が一二三〇億バレルという途方もない数字になるだろうということが報じられた。これは現在の全世界の石油消費のおよそ四年分にあたる量である。

この世紀の大発見がもたらす高揚感の中では、この「一見すると良いニュース」が持っている大きな注意点を見逃したとしても仕方ないのかもしれない。ブラジルの石油が埋蔵されている場所は、大西洋の海面から三二〇〇メートル下の岩塩層から、さらに三〇〇〇～五〇〇〇メートル下にあるのだ。控えめな推測でも、この油田にアクセスするためには数十億ドルのコストがかかるとされている。ブラジルの石油大手であるペトロブラス社は、本書を執筆中の時点で一六〇億バレルの確認埋蔵量の油田を抱えており、次の五年間に二〇〇〇億ドルを投資する計画を立てていた。ところが無制限の資金があったとしても、岩塩層を掘り進むのにはテクノロジー面での相当な進歩が必要になってくるのだ。石油の専門家たちによれば、このブラジルの海底油田の存在はじつはかなり昔から知られていた。今回の話は「テクノロジーが発展すれば、かなりのコストはかかるが、採掘のチャンスが出てくる」というだけの話なのだ。

テクノロジーは、石油の分野における需要と供給の不均衡を是正するのを助けてきたし、これからも助け続けるはずだ。もし需要の制限が選択肢――どれほどそれを意図し、かつ目的にしたとしても、当然ながら石油の消費に重税をかけないかぎりは無理である――にならないならば、採掘戦略の進化やエネルギーの代替品の発明または発見などを通じてテクノロジーを発展させなければならないだろう。

そしてこれはまったく不可能なわけではない。新しいテクノロジーのイノベーションは、一九五〇年代と六〇年代の新たな油田の発見の多くにつながったのであり、テクノロジーは過去二〇年間の世界の石油とガスの両方の埋蔵量の増加に貢献した。

「BPエネルギー統計」によれば、これまでの石油とガスの埋蔵量の増加は、そのほぼすべてがテクノロジーに関係した埋蔵量の増加に原因があると言えるのであり、これはすでに知られていた油田からの採収率（特定の盆地から採取できるエネルギーの量）を改善できたことによって起こったものだ。世界全体の平均採収率は、その前の一〇年間の約二〇パーセントのレベルから約三二パーセントにまで上昇したのである。

グローバルなコンサルティング会社であるマッキンゼー社は、エネルギーの生産性を拡大する費用効率の良い方法へ年間一七〇〇億ドルの投資を行えば、エネルギー需要の増加を半分に減らすことができるし、温暖化ガスを削減できると主張している。エネルギー需要の増加と「商品」価格の上昇は、この分野にさらなる投資を集め、新たなテクノロジー、材料、そしてプロセスの開発を促す一助となりうるという。そうした開発によって資源会社が新たな埋蔵地を探し、いままでアクセス不可能だと思われていた埋蔵地を手中に収めることも可能になるのだ。

アメリカのガス生産におけるテクノロジーのブレイクスルーは、新しいガスをめぐる経済の状況を大きく改善してきた。実際のところ、このようなグローバルなガスの貯蔵や液化施設の能力面でのテクノロジーの急激な発展には、グローバル規模で天然ガスの余剰設備を作ってしまったという現実のリスクが存在するのだ。ガスの発見がもたらす全体的なインパクトがどのようになるのかは判断をするにはまだ早すぎるが、それがどうであれ、テクノロジーというのはすべてのエネルギーの障害にたいする特効薬ではないことはたしかである。

たとえば新しい採取方法がさらなる天然ガスの供給源を生み出すことができるとしても、投入したエネルギーにたいして得られるエネルギーは、従来のガス源よりもはるかに低い。そして、これは必然的に天然ガスの消費者には高い費用となって跳ね返ってくる。さらに加えて、テクノロジーは人口や環境面からの圧力を完全に跳ね返すことはできず、いくつかの国や地域では単純に代替テクノロジーにかかる高い費用を払うことができない。これ以外にも、たとえば「水圧破砕法」（フラッキングと呼ばれる）のような新しく期待の持てる代替技術も、環境面では抵抗を受けるのであり、その技術から得られる利益というのも期待された結果からはほど遠いのだ。

石油というのは再生可能なエネルギー源ではないために、将来のいずれかの時点で枯渇する。したがって、石油を長期的な問題の解決策としてあてにすべきではない。ところが納得のいく効率性の改善、テクノロジーの革命的な進歩、そして信頼のおける代替エネルギー源の発見がなければ、世界が二〇三〇年までの需要に対応するため頼り続けられるのは従来のエネルギー源だけであり、この先の二〇年間は中国がエネルギーの消費を最も激しく加速させることになる。

●手札の集中

中国特有のエネルギーの需要をこの文脈に合わせて考えてみるために、まずは世界の二大経済大国をＧＤＰについて比較してみよう。中国には約一三億人が住んでいて、これは世界の総人口の約二〇パーセントに当たる。アメリカはおよそ三億一〇〇〇万人で、現在の世界の総人口の七〇億人のうちの五パーセント以下の数だ。ところがアメリカ人は今日の世界の石油の二五パーセントを消費し、同時に世界のGDPのおよそ二〇パーセントに寄与している。これから見ると、アメリカは一日二〇〇〇万バレル、一人当たり年間二五バレルを消費していることになる。

それにたいして中国は全世界の石油のたった九パーセントしか消費しておらず、これは一日の消費量が九〇〇万バレル、一人当たりが一年間で二・二バレルになる（ついでに比較すると、インドの一一億人は一日三〇〇万バレル、一人当たり一年間に一バレル消費することになる）。

ところがもし中国（そしてもちろんその他の新興諸国）が石油の消費量を上げてしまった場合にはどうなるだろうか？　一〇億人の中国人が三億人のアメリカ人たちと同じような生活ができるのに十分なエネルギーがあるだろうか？　たとえば石油消費の五〇パーセント以上を占める交通手段について考えてみよう。一〇〇〇人に三五台の車を持っている中国の石油の需要が、一〇〇〇人に八〇〇台あるアメリカのレベルまで上がった場合の影響を想像してほしい。[9]

すでに二〇〇〇年から二〇〇九年の間に中国の石油消費量は五〇パーセント上がっており、中東では三〇パーセント、インドでは一二パーセント、南米では一一パーセント、そしてアフリカ全体では八パーセント上昇しているのだ（その他のアジアの地域では約一パーセントの伸びだ）。国際エネルギー機関の予測によれば、世界の石油の需要は二〇三〇年までに四五パーセント増加し、一日の消費量は八五〇〇万バレルからほぼ一億二〇〇〇万バレルまで増えるという。しかもこの増加が弱まる兆候はまったくない。土地、水、そして（石油やガスという形の）エネルギーの供給は、すでに世界中の人口の変化による需要増加という厳しい圧力を受けているのだ。これは金属や鉱石でも同じであり、これについては次に論じることとする。

●上方向へ動くもの

中国の驚異的な経済発展は国内所得にも目覚ましいインパクトを与えており、所得はあらゆる種類の製品やサービスの消費に劇的な効果を持っている。本書でもすでに論じたように、銅、コバルト、プラチナ、そして鉄のような金属や鉱石などは、すべて自動車、携帯電話、そしてビル建築のための原材料となり、これらの最終製品への需要が時間の経過とともに上昇するにしたがって、金属や鉱石への需要も高まったのだ。

投資銀行であるＵＢＳ社によれば、ある国の一人当たりの年間所得が一万三〇〇〇ドルを超えると、その国の消費は劇的に増加するという。すでに都会化している中国では一四〇〇万人が平均所得で年間一万ドルとなっており、上海のような都市部の一人当たりのＧＤＰは一九九七年の韓国のレベルまで上がっている。当時の韓国では、あらゆる製品やサービスの消費が激増していた。

消費というのはある国の中の製品やサービスの価値の総和を計測したものであり、ＧＤＰの最大の構成要素になることが多い。ところが中国はＧＤＰにおいては世界第二位ではあるが、消費ではまだ五位である。ＧＤＰの三五パーセントが消費に向かっており、アメリカの七〇パーセント、ヨーロッパ全体での六〇パーセント、そしてインドの約五〇パーセントと比べても低い。何ごとも成り行き任せにはしない北京政府は、この厄介な問題に焦点を当て、次の数十年間に消費をＧＤＰの五〇パーセントまで引き上げることを考えている。

実際のところ、消費支出を増加させることは、二〇一〇年一〇月に発表された、中国の「国民経済・社会発展のための第一二次五カ年計画」における中心的なテーマとなった。この五カ年計画では、中国の消費を上げるための広範囲にわたる政策を提示している。建築、通信関連機器、自動車産業、海運業、（そして当然のように）あらゆる種類の「白物家電」（冷蔵庫、コンロ、洗濯機、エアコンなど）がすべて含まれていて、まさに金属と鉱石の需要の高まりを予兆させるものとなっている。さらに具体的に言えば、もし中国の計画が達成されて、二〇五〇年までに国内の都市部の割合が七五パーセントになれば（二〇一〇年は四五パーセント）、消費は増加し、鉱石にたいする波及効果は絶大なものになるはずだ。

ところが、すべての鉱石が同じ立場にあるわけではない。その中のいくつかは中国の大躍進にとってより重要な役割を果たすものもあれば、重要性の低いものもある。ここでは二つの質問が「中国にとって重要か」という基準を見分けるのに役立つだろう。一つ目は、その鉱石は中国の「都会化」という物語を推し進めてくれるもの――これはすでに述べたように、建築用資材などを意味する――かどうか、というものだ。二つ目に、中国は構造的に鉱石不足なのか、という質問である。これはつまり、中国の需要は（生産に輸入を加えた）供給を（著《いちじる》しく）上回っているのかどうかということだ。この二つの質問から考えると、両方の基準に当てはまる鉱石はただ一つである。それは銅だ。[10]

銅というのは、ワイヤーやケーブル、それに電子の伝達に使われており、さらに広範囲には配管や暖房システム、エアコン、洗濯機、冷蔵機器、通信ケーブル、電線、半導体、大型機器や器具、機械のモーター、産業用のバルブや付属機器などに使用されている。銅は現代の生活のあらゆる面に行き渡っているのだ。

二〇〇六年の中国の世界における精錬銅の消費の割合は二三パーセントだったが、これは五四パーセントを占める経済協力開発機構（ＯＥＣＤ）の国々の合計よりは少なかった。しかしそれ以外の主な新興国全体の需要とは同じだったのである。[11]二〇一〇年末――つまりたった五年ちょっとの間――には、中国の世界における精錬銅の消費のシェアは四一パーセントまで急上昇した。ＯＥＣＤ諸国は三五パーセントまで減少し、それ以外の新興国の割合はほとんど変わっていない。もちろん中国は国内の銅の生産量を輸入で補えるが、本書でのちほど論じるように、世界中で鉱山に直接投資することによって、自分たちがノドから手が出るほど必要としている銅の供給を確実なものに近づけている。それがどのようなものであれ、中国の規模と欲求によって、この上昇カーブは必然的に供給に圧力を及ぼすことになり、状況はより厳しいものとなっていく。

●供給に突きつけられた難問

銅の供給における中・長期的な展望はかなり気がかりなものであり、世界の多くの国々は銅の供給不足から生じる結果には対応ができていない。

すでに触れた石油の話と同じように、世界は以前に発見された銅の鉱床に依存し続けており、しかもその採掘のためにはさらに多くの支出をせざるをえない状況になっている。銅はいまだにチリのエル・テニエンテ鉱山のような世界最大級の鉱床から採掘されているのであり、ここが発見されたのはなんと一九一〇年のことだ。理論上ではまだ残っている資源を活用することには何も問題はないのだが、現場の鉱夫たちは、銅を採掘するためにさらに深いところまで掘り下げなければならないのだ。たとえば一九八〇年には四〇〇万トン以上の銅が発見され、このおかげで銅の入手は簡単になったのだ。ところが二〇〇〇年から二〇一〇年にかけての新たな鉱床の発見の八〇パーセントは「ブラインド」(blind) と呼ばれる地下の深いところへの探査によるものであり、結果として採掘がかなり困難なものばかりとなった。それと同時に、採掘される銅の質も下がり続けている。一九八〇年には「採掘品位（または原鉱品位)」(head grade treated copper) と呼ばれる、採掘された一トンの鉱石から取れる銅の割合は、およそ一・五パーセントであった。ところが専門家によれば、銅の品位は次の一〇年間、つまり二〇二〇年までには、この割合が一パーセント前後まで落ちると予測されている。純度の低い銅で作られた製品は、その性能も劣るのだ。

鉱山会社は次第にリスクの高い場所で銅を採掘しなければならなくなっている。表3-2で示されているように、二〇〇〇年に六二パーセントの銅はリスクの低い場所、三六パーセントは中程度のリスク、そしてたった二パーセントがリスクの高い場所から採掘されたと推定されている。ところが二〇二〇年になると、一〇パーセントの銅がリスクの高い場所から採掘されると見込まれている（リスクの低い場所は四四パーセント、中程度の場所が四七パーセント）。

その間にも、現在稼働中の鉱床は長年にわたる過少投資によっての操業面での問題に直面している。この過少投資は、一九八〇年代から二〇〇〇年代初期までの多くの時期で銅の価格が低かったことに原因がある。二〇一〇年に起きたチリのコピアポ鉱山の事故は、鉱山業界の多くの人々に過少投資の結果として起こったと受け取られている。なぜなら、すでに採掘用器機の多くが使いものにならないものであったり、あまりにも古くなっていたと見られていたからだ。このような背景のため、銅の供給は毎年ほぼ一貫して期待を裏切り続けているのは驚くべきことではない。しかもこの傾向は過去一〇年間においてはとくに強まっている。

他の鉱石と同様に、銅というのはその時々でつねに方針の変わる政策作りの餌食となりやすく、これがグローバルの供給に害を及ぼすのだ。

首尾一貫せずに方針が変わるというのは、政府が以前合意に至った政策を、時間がたつと尊重または実行しないということだ。鉱山業界におけるこのような方針の変更――そしてこれは「商品」一般について交わされた契約にも言えるのだが――は頻繁に行われており、業界にとっては厳しいものとなっている。

　たとえば二〇一〇年にオーストラリアでは鉱山業に関する税率が引き上げられて多くの鉱山会社を驚かせたが、これは政府の政策の首尾一貫性のなさを教える最近起こった一つの例だ。鉱山業界からさらなる税収を得ようとしたオーストラリア政府は、石炭と鉄鉱石の採掘について四〇パーセントの税率を設定したのだが、鉱山会社からの異議に直面したのちにこれを三〇パーセントに引き下げている。このときに問題だったのは税額の規模ではなく、むしろこれが鉱山会社側にほとんど知らされないまま突然決定された点にある。なぜならこうされると会社側はコストの見通しを立てるのがほぼ不可能となってしまうからだ。

　ところがこのような朝令暮改を行うのはオーストラリア政府だけに限った話ではない。世界中の国の政府が――たいていの場合は公共事業に関する財政問題によって――法律を破棄して書き換えるのだ。

表3-2　世界の銅の採掘場所のリスクレベル別割合（%）

地域のリスクレベル	2000年	2020年（予測）
低い	62	44
中位	36	47
高い	2	10

出典：Brook Hunt, a Wood Mackenzie Company, "Metals Market Service-Monthly Update: Copper September 2010," "Metals Market Service-Long Team Outlook, Copper September 2010"

●中国の消費vs.世界の生産

二〇一〇年九月に発表されたブルックハントという「商品」調査会社の報告書によれば、世界の銅の生産は二〇一〇年から二〇二五年の間に毎年一・二パーセントずつ減少していき、ピークである二〇一三年の一八・八トンから二〇二五年には一三・三トンまで落ちるという。しかもこれは基本的なシナリオであり、前述したような採掘に生じる混乱などは計算に入れていない。しかし同じ期間にはさらなる鉱物生産への需要によって、二〇一一年には年間約〇・五トンの生産（これには混乱が生じたときの引き当ても含めている）が不足すると暗に示されており、これは二〇二五年までに年間一三・八トンあたりまで低下するという。

ところが中国の銅の需要は、二〇〇九年から二〇二五年までの間に毎年六パーセントずつ増えると見込まれており、二〇〇九年末の約六・五トンから二〇二五年の一六・五トンまで増加するという。およそ一〇トンという中国の精錬銅消費の増加は、世界の精錬銅の消費におけるシェアが、二〇〇九年末の時点での三八パーセントから、二〇二五年にはなんと五五パーセントまで伸びるというわけだ。しかもこれは需要側の状況であって、本当の問題は供給側にあるのだ。

世界の銅の埋蔵量のおよそ六パーセントは中国国内に存在するのだが、これは中国の旺盛な欲求をほとんど満たしていない。たとえば世界の電気銅（陰極析出という電気分解によって精製された銅）の年平均成長率（constant annual growth rate: CAGR）は、一九八〇年から二〇二〇年の間にＯＥＣＤ諸国の中で〇・六パーセント落ちると見込まれており、それ以外の国々では二・七パーセント上昇し、中国では九・一パーセント上がると見られている。もし中国人の所得がアメリカのレベルまで上がり続けるとすれば、この率はそれに従って膨張するはずであり、しかもそれを明らかに相殺するような銅の供給の増加はないのだ。

本書でのちほど詳細に触れるエネルギーに関する話と同じように、世界の銅の供給の危うい情勢は、最大の銅の埋蔵地の位置関係によってさらに悪化する。世界の上位二〇位の銅の生産地は、インドネシア、ロシア、カザフスタン、コンゴ民主共和国、そしてイランのような、政治的に不安定だったり、市場の完全な透明さを欠く経済体制の国々にあるのだ。そのような国々が世界の銅の供給の二五パーセント以上を占めており、したがって約一・一トンの銅の生産高――これは六・五トンの需要にはるかに不足している――しかない中国には、これらの国々に銅の供給を頼る以外の選択肢はほとんど残されていないのだ。

●需要の圧力および供給不足の軽減

もし何の対策もしなければ、世界の銅の需要の高まりと供給の制約は、次の数十年間でさらに悪化するだろう。ところが銅以外の分野でも大規模なテクノロジー革命が起こらないかぎり、世界は耕地、水、エネルギー、そして他の鉱石などのすべての範囲にわたる「商品」で、克服不可能に思えるほどの制約に直面するのは目に見えている。さらにいえば、中国の積極的な資源獲得の動きによって「商品」の欠乏や制約がさらに厳しさを増すため、多くの国は不意打ちにあう可能性が高い。中国は間近に迫った世界の資源の災難を予期して、この危機を避けるために最大限の取り組みを行っているが、中国以外の国々は「商品」の大惨事への備えはまったくできていないのだ。

ここまでの章で、耕地、水、エネルギー、そして鉱物などの資源の、供給不足の脅威の高まりについての概況を説明してきたが、次章からは中国が「商品」の分野で何をしているのか、どのようにやっているのか、そしてこれがグローバルな「商品」のマーケットと地政学全体にとって何を意味しているのかについて分析していく。

1　国際エネルギー機関（the International Energy Agency：IEA）というのは、二八カ国の参加国を中心に構成される、信頼でき、安価で、クリーンなエネルギーの確保を目的とする独立機関である。この機関のウェブサイト（http://www.IEA.org/about/index.asp）によれば、その目的は四つあるという。(1) エネルギーの安全保障：あらゆるエネルギー分野での多様性、効率性、柔軟性の推進、(2) 経済発展：ＩＥＡ参加国への安定的なエネルギーの供給の確保、経済発展を促し、エネルギー不足を解消するための自由市場の推進、(3) 環境意識：気候変動へ対処するための選択肢についての国際的な知識の向上、そして (4) 世界中への関与：非参加国、とくに主な生産国と消費国の間で、共有エネルギーや環境面

での問題について解決法を探るために密接な連携を図ること。

2　二〇〇八年の金融危機はエネルギー業界にも重大な難問を突きつけた。たとえば二〇〇九年に世界のGDPが一・七パーセント減少したことによって、石油需要の予測は一日一四〇万バレル下がっており、それについで原油価格も急激に低下している。危機の二年後の原油価格は二〇〇八年のピーク時から五〇パーセントほど下がっており、これによって多くの資源開発計画が収益を出せなくなったり継続不可能になったりした。金融危機は株主資本や負債による資金調達を制限することになり、資金調達のコストを急激に上昇させたのであり、最大五年分の投資やプロジェクト（これらはコストが高くなりすぎた）が控えられたのだ。さらにまずいのは、金融危機の最中に銀行は石油企業の借り入れ能力を見直す必要に迫られ、以前よりも低い原油価格（一バレル四〇～五〇ドル）を基準にして企業のキャッシュフローと収益性を考えなければならなくなったのだ。しかし先に論じたように、五〇ドルというのは、多くの石油生産者にとってビジネスを続けるか否かの分岐点となる価格だ。よって、低い原油価格という前提（これは世界の経済状況が悪化しているという現状を反映したもの）が石油業界全体の借り入れ能力を低下させたのだ。借り入れようとしても市場にその資金がない、つまり銀行が貸してくれないために、企業は自分たちの企業活動に支障をきたすようになったのであり、債務返済の義務を果たせなくなったり、場合によっては債務不履行になったりするケースも出てきた。

3　それにたいして、石炭は五〇パーセントの資源を四二パーセントの人々がコントロールしている。

4　石炭生産の上位一〇カ国は以下のとおり（単位は一〇万トン）：

中国	2,971
アメリカ	919
インド	526
オーストラリア	335
インドネシア	263
南アフリカ	247
ロシア	229
カザフスタン	96
ポーランド	78
コロンビア	73

出典：Benjamin Sporton, World Coal Institute Presentation, Global Coal Dynamics, VI Columbia Minera, October 6, 2010.

5　石炭についてのさらに詳しい情報については“Environmental Impacts of Coal Power: Water Use,” Union of Concerned Scientists, http://www.ucsusa.org/clean_energy/coalvswind/c02b.html. で参照可能。

6　エネルギー情報局（The US Energy Information Administration: EIA）はアメリカのエネルギー省の一機関であり、エネルギー市場についての統計情報を収集・分析・分配するための機関。

7　シュルンベルジェの「供給ギャップ分析」ではさらなる説明がなされている。二〇三〇年に予測されている一日三〇〇〇万バレルの生産量を考えてみよう。これ以外に、二〇三〇年に予測された一日約二〇〇〇万石油換算バレルのガス生産量（エネルギー源としてガスについては本章後半でさらに詳しく説明する）を足すと、一日およそ五〇〇〇万石油換算バレルが化石燃料（石油とガス）から得られる。そこに、二〇〇八年から二〇一五年の間に稼働を開始するプロジェクトから出てくると見込まれている能力（テクノロジーの改善によるものなど）を加えるのだ。このために、現在の推定では各年とも一日約五五〇〇万石油換算バレルとなっており、これに二〇一六年から二〇三〇年の間に現在の投資の割合に基づく生産能力（一年に八〇〇〇万石油換算バレル）が付け加えられることになれば、合計で一日およそ一三〇〇万バレルの石油とガスが生産されることになる。

8　とはいえ、ここで銘記しておくべきなのは、天然ガスは火力発電所で使われる場合には電気を発生させるための重要なエネルギー源になるという点だ。

9　さらに大きく見れば、新興経済国の影響（中国とインドが主導）というのは、五四億人が一日三五二〇万バレルの石油を消費しているため、これを工業化した先進国の一二億人の一日四九三〇万バレルの消費レベルに合わせると、それがいかに莫大な量になるかがわかる。

10　「レア・アース」として知られている一七種類の鉱物にたいする世界の需要についての注目が高まっている。これらの鉱物にはさまざまな用途があり、たとえば携帯電話やＸ線・ＭＲＩなどの走査システム、カメラや望遠鏡のレンズ、車の触媒変換器、飛行機のエンジン、コンピュータやテレビなどの原材料に使われる。アメリカの地質調査局によれば、中国はレアアースの主要産出国であり、二〇一一年にレアアースの酸化物を一三万トン生産している。これは世界の生産高のうちの九七パーセントを占める。また、世界の備蓄の約五〇パーセントにあたる五五〇〇万トンの埋蔵量が中国にはあるとされている。さらに中国はレアアースに輸出制限をかけ、アメリカのような経済大国を驚かせたことがある。これは二〇一二年三月のＥＵとアメリカによる世界貿易機関（ＷＴＯ）での中国の輸出制限についての提訴につながった。

11
三四カ国によって構成される経済協力開発機構（the Organization for Economic Cooperation and Development: ＯＥＣＤ）は、社会・経済の発展を世界で推進する政策を進言する諮問機関である。

第４章
家宝からの借金

二〇一〇年六月一三日のニューヨーク・タイムズ紙の見出しは「アメリカ、アフガニスタンに莫大な鉱石の埋蔵量を確認」という驚くべきものだった。この発見――鉄、銅、コバルト、金、そしてリチウムのような工業用として重要な金属の鉱脈が含まれている――では、少なくとも一兆ドルもの価値がある宝の存在が明らかになったのだ。

石油の場合と同じように、これらの莫大な量の鉱石を採掘するには大量の資金が必要になる。採取には、資源採掘に必要となるインフラがほとんど存在しない地域に資本投資を行わなければならない。この点において、中国の潤沢な資金は大きな武器であり、他の国々が探す余裕のない「商品」にアクセスすることが可能になるのだ。そしてアメリカが鉱石を発見したというニュースが新聞の一面を飾ったときに、中国が少なくともその一年前の時点で、すでにアフガニスタンとローガル州のアイナック銅山を含む資源取引の契約を取り交わしていたことはまったく驚くべきことではないのだ。

中国の「商品」を求める大々的な動きにはさまざまな側面がある。そこには、中国が資源を確保するためには何をすればいいのか、中国がグローバルな「商品」の保有やアクセス（複雑な戦略の網を使用して）をどのように確保するのか、そして中国の資源への突進のまさにその規模が世界にとってどのような意味を持つのかという問題が含まれている。中国の資源への動きはアフガニスタンだけでは終わらない。これはグローバルな規模で行われているのであり、しかもその終わりはないように見えるのだ。

●手段、動機、チャンス――中国がしていること

中国の国際資源マーケットへの進出には三つの柱の包括的なアプローチがとられている。それは（資金援助や商業貸し付けのいずれであれ）、資金の移転を通じたもの、貿易を通じたもの、そして投資という手段によるものだ。

資金の移転に関していえば、米国債の購入によるアメリカ政府への融資、アフリカの国々への援助、もしくは南米諸国への資金貸与などがあるが、いずれの場合も中国は相手からの好意を引き出し、世界中と取引を行うことができるのだ。援助戦略は大部分が最貧困国のためのものであり、それゆえ主なターゲットはアフリカになる。ところがこの支援には直接的な資金の移転が含まれているにもかかわらず、これから見ていくように、中国の資源へのアプローチは、アフリカにおいてさえ単に小切手を切ること以上のものとなっているのだ。二〇〇二年に中国はアフリカ

諸国に開発支援援助資金として一八億ドルを与えており、これには一万五〇〇〇人のアフリカ人を専門家として養成すること、三〇の病院と農村に一〇〇校の学校を建築すること、そして中国政府によるアフリカの学生の奨学金の数を増やすことなどの約束が含まれていた。その二年前の二〇〇〇年に、中国はアフリカの一二億ドルの借金を帳消しにしている。二〇〇三年にはふたたび七億五〇〇〇万ドルの債務を免除しているのだ。

それ以外の国々や地域も中国の大盤ぶるまいの恩恵にあずかっており、これにはアメリカも含まれている。たとえば二〇一一年、中国は米国債の最大の保有者であり、外国によって保有されている財務省証券の二六パーセントを占めている（これはアメリカの公債の約八パーセントにあたる）。二〇〇九年に中国は国際通貨基金（ＩＭＦ）に五〇〇億ドルを貸与している。同じ年に貿易相手国にたいして投資の元手資金を与える手段として、中国人民銀行を通じて韓国、香港、マレーシア、インドネシア、ベラルーシ、アルゼンチンの六つの国の中央銀行と六五〇〇億元規模の二国間協定にサインしており、これらの国々のマーケットにおける必須のプレイヤーとして中国の立場を確保している。中国による資金の貸与と友好国の形成というアプローチは、資源の分野での取引という中国の大きな戦略の枠組みの中にしっかりと当てはまっているのだ。

そして、貿易である。

貿易は中国の対外投資政策である「走出去」（going-out）戦略の中核を成すものだが、中国の貿易相手国の中にはこれが争いのもととなっているところもある。アメリカは、ここ数年間に溜まった莫大な貿易赤字について、中国側を非難している。それにもかかわらず、中国が世界における主要な輸出国の一国として台頭したことは、教育を満足に受けていない莫大な数の人々に雇用をもたらし、自国の数千万人の生活水準を上げる一助となった。そして当然のように、世界中の多くの消費者（その中でもとくにアメリカ人）は、自国の製造業の市場を犠牲にしながらも、中国の格安な製品のおかげで多大な利益を手にしてきたのだ。

二〇〇七年に中国はカナダを追い越し、アメリカの最大の製品輸入相手国となっている。二〇一一年にはアメリカにおける中国からの（製品）輸入の額は三九九三億ドルにのぼり、これは二〇〇九年の二九六四億ドルから上昇している。

また、中国は二〇一〇年の中旬に、ブラジルとチリの両国――この二国は南米大陸における最も重要な経済国である――にとっての最大の貿易相手国となっている。中国はアフリカにとって一国としては最大の貿易相手国となっており、二〇〇九年に八六〇億ドルの貿易を行っているアメリカを追い越している。『アフリカにおける中国』という本の著者であるクリス・アルデンによれば、中国とアフリカの双方向貿易は二〇〇〇年の一〇〇億ドルから、二〇〇六年には五五〇億ドル、そして二〇〇九年には九〇〇億ドルにまで拡大している。

もちろん中国が主要貿易相手国として台頭してきたことについて批判がないわけではない。中国の議論を呼ぶ為替相場制度[1]――世界の輸出マーケットで人為的に中国の競争力を高めるもの――に加えて、自分たちが狙う消費マーケットに中国製品を購入する資金を融通させるために、次第に大規模な額の資金を貸与するようになっている。たとえば一九九五年にアメリカ輸出入銀行は、世界中の国々にたいして同じような目的のために二〇〇億ドルの融資枠を設定している。このときの中国のある輸出銀行は、四〇億ドルの貸し付けを行っていた。今日のアメリカもまだ二〇〇億ドルの融資枠を供与しているが、現在の中国は輸出入のための金融機関を五つも持っており、二〇〇九年に合計二五〇〇億ドルの貸し付けを行っているのだ。これは一五年間で六〇倍もの増加だ。

このような輸出貸付機関は、他国への（この場合では中国による輸出）売り上げにたいして、信用保証や輸出信用保険、そして直接借款などを与えることで資金の融通を行っている。もちろん貿易による結びつきから生まれた米中間の赤字の存在も、この関係を特徴づけるものだ。それが公平かどうかという問題はおいておくとしても、この貿易戦略が実際に効果を発揮してきたことは事実なのだ。

最後に、投資という手段だ。

中国の支援と貿易戦略だけでも国際的には強力なプレゼンスとなるのだが、その投資戦略――そしてこれがそれ以外の二つの要因と絡み合って支えている様子――は、アジアのこの成金国家に別格の地位を与えているのだ。

中国の資源マーケットへの投資は国際的な勢力構造を転換させてきており、とりわけそれはそのハードとソフトの両方の「商品」への投資がかなりの規模になっているからだ。過剰な資金を中国が抱えているということは、原材料やインフラ、それにロジスティクス（設備と輸送手段）に投資可能であり、その結果として天然資源を利用しながら、軍資金のない国家にはアクセスできない「商品」へのアクセス権を中国に与えることを意味するのだ。

アメリカのヘリテージ財団は「中国グローバル投資追跡調査」（the China Global Investment Tracker）という分析を開始し、これを「米国債以外の分野において、中国が全世界で展開する投資・契約についての公的に入手可能な唯一のデータ」であるとしている（もちろん中国政府は対外投資についての統計を発表しているが、このデータはつねに集計されているわけではないし、解析するのも困難である）。この調査では、中国が行った二五〇件もの投資――失敗／成功した両方の案件――が説明されており、エネルギーや鉱業、それに運送業や銀行のような主要な業界が行った投資の合計額は、二〇〇五年以降のもので一億ドル以上にのぼるのだ。[2]

「中国株式会社」（china Inc.）は、中国の企業であるレノボがＩＢＭのパソコン事業を買収した二〇〇五年に、海外投資において独り立ちしている。この買収はその絶対的な額である一二億五〇〇〇万ドルや売り手の象徴的な地位だけではなく、二〇〇五年まで中国が行ってきたすべての国際的な契約の合計額の半分以上にのぼっていたからだ。二〇〇四年までの中国の海外投資の合計は二〇億ドルであった。さらにいえば、レノボの買収は二〇〇五年における一二〇億ドルの海外投資の一部である。二〇〇五年は中国の対外投資にとって決定的な年であり、新たな「外向き」な投資戦略に取り組むための自信と名声を与えた年になったのだ。

●グローバルな拡大

ヘリテージ財団のデータベースによると、中国の投資活動は、莫大――五年間に合計四〇〇〇億ドル近く――でありながら、グローバルでもある。二〇〇五年から二〇一二年の間にオーストラリアは非債券投資先として最も大きい額四二五億ドルを中国から受け取っており、アメリカはそれに次ぐ二八〇億ドルであった。同じ時期に西半球の国々は中国の投資の最大の分け前――総額八八〇億ドル――を受け取っており、これは中国の東アジアにおける「伝統的」なパートナーたちへの投資よりも多かった。それ以外の地域のほぼすべて――北米、アフリカ、ヨーロッパ、東アジア、西アジア（イラン、カザフスタン、そしてロシア連邦）――とアラブ世界はそれぞれ五〇〇億ドルずつを得ている。

さらに細かく見てみよう。中国の商務部が二〇〇七年に発表した「中国の対外直接投資に関する統計広報」(2007 Statistical Bulletin of China's Outward Foreign Direct Investment)というデータによれば、中国の対外直接投資を受けたアフリカの上位の国々(南アフリカ、ナイジェリア、スーダン、ザンビア、アルジェリア、ニジェール、エジプト、モーリシャス、エチオピア、コンゴ民主共和国、そしてアンゴラ）には四〇億ドル、つまり世界の対外投資の合計のたった四パーセントしか投資されていないという。二〇〇六年の中国・アフリカ間の対外直接投資の流れのほとんどは、鉱業関連（四〇・七四パーセント)、ビジネスサービス（二一・五八パーセント)、金融（一六

・四パーセント）、交通と通信分野（六・五七パーセント）、卸売・小売関連の貿易（六・五七パーセント）、製品（四・三三パーセント）に集中しており、農業、林業、そして漁業は、そのうちの一パーセントに満たないのだ。

二〇一〇年に中国はすでにブラジルの最大の貿易相手国になっていたが、この年にアメリカを抜いてブラジルへの最大の投資国にもなっている。これはたった六カ月間で達成されており、二〇〇九年の時点では世界からのブラジルへの投資額では中国はまだ二九位であった。中国は製鉄工場や自動車工場の建設のほかにも、通信インフラや農業（四万ヘクタールを使った大豆の栽培）への投資を計画しており、さらにはブラジルの持つ豊富な沖合の油田調査・採掘への支援も行おうとしている。この後者の目的のために、中国は二五〇〇億ドルの投資を決定している。

投資に加えて、中国の国家開発銀行（the China Development Bank）は石油の供給を確保するためにブラジルの国営石油企業であるペトロブラス社に一〇〇億ドルを融資する予定だ。ブラジルの新たな貿易相手国である中国は、ブラジルへの輸出が二〇一〇年の前半だけで前年比五七・七パーセントという驚くべき上昇で一〇七六億ドルにも達しており、同時期のブラジルによる中国からの輸入は、前年に比べると年率一七・九パーセント上昇して、一三四億七〇〇〇万ドルになっている。したがって、貿易、支援、そして投資はすべて連動しており、これはブラジル、アフリカ、そしてそれ以外の地域でも同じ傾向にあるのだ。

●タテ・ヨコの連携

二〇〇八年に中国はギリシャ政府と、ピレウス港の二つの桟橋とコンテナ用ターミナルの管理権についての契約を交わしている。ピレウス港はギリシャの主要港であり、ヨーロッパ最大の港、そして世界でも第三位の規模を誇る。中国国営の海運会社である中国遠洋運輸集団（コスコ・パシフィック）は、四三億ユーロ（五六億ドル）を使って、港の取り扱い量を三五年間で二五〇パーセント増加させると宣言している。

この取引、そして前述したことからもわかるように、中国の戦略は、単にいろいろな国からあらゆる種類の「商品」を獲得することだけではない。中国は、資源が採取されたのちに中国へ最も迅速かつ確実に運搬するための基盤となるインフラにも積極的に関与している。この目的のために、中国は港への投資を行い、海運資産や輸送手段を購入して、資源を自国へスムーズに運べるようにしているのだ。

その証拠に、中国は世界の運輸業や国際的な海運業において発言力を高めている。二〇一一年に上海はシンガポールを抜いて世界最大のコンテナ港になっている。すでに世界のコンテナ港のランキングの一〇位のうちの半分以上が中国の港であり、次の一〇年間に寧波、深圳、広州などもシンガポールを抜くことがありうるだろう。船は需要が流れていくところに集まるものであり、コンテナ輸送、ばら積み貨物輸送、それにタンカー輸送という世界の主要な三つの輸送部門がこれを裏づけている。

完成した製品を運ぶのに使われるコンテナ輸送は、中国の品物が外国に輸出される量を計測するのに引き続き重要な指標となっており、中国経済全体の強さを測る際の信頼性の高い物差しとなる（二〇〇七〜二〇〇八年の金融危機の直前までコンテナ輸送は二桁の伸びを示していた）。世界最大の粗鋼の生産国であり、最大の鉄鉱石の輸入国でもある中国は、こういった原料や石炭のような主な「商品」を運搬するばら積み貨物の輸送のビジネスにおいても、中心的な存在である。そして、世界第二のエネルギー輸入国として、タンカー輸送――原油と精製品の海上輸送に使われる――における中国の重要性はますます高まっている。

また、中国の船舶の数は海上輸送の拡大を反映しており、二〇〇一年から二〇一一年の一〇年間に一三六七隻から三一二七隻に増えている。今日では、中国の持つ五〇パーセントの艦船はコスコのような国営企業によって中国国内でも建造されている。これらの船の中ではばら積み貨物船が商船の大部分を占めており、これは中国がいかに「商品」にたいして、いかに旺盛な欲求を持っているのかを反映している。

このような統合的な戦略を採用しているのは中国だけではない。二〇一〇年にブラジルの巨大鉱山企業であるヴァーレ社（コンパーニャ・ヴァレ・ド・リオ・ドーチェ）は、中国に鉄鉱石を運ぶのに使用する四〇万トン鉄鉱石運搬船を、自前で用意する決定をしている（この計画の一端として、同社は二〇一一年夏に三六隻の巨大な鉱石運搬船のうち最初の一隻について引き渡しを受けることも宣言している）。上海に本社を置くゾディアック社は中国の大規模な国営製鉄所の上位二〇カ所に鉄鉱石を運ぶ契約を持っているが、同社のＣＥＯであるイアン・シュリーフ氏は、船の規模と数のおかげで運送費は次の一〇年間で下がり、おそらく用船料が一九七七年当時のレベルである一日一万ドルから一万二〇〇〇ドルくらいになるだろうと述べている。輸送費が下がるということは、グローバルに資源確保し、そのうえ自らのインフラを使って「商品」を運搬するという中国のさらなる統合的なアプローチが、さらに価格競争力を持ち、それと同時に確実性が増すことを意味するのだ。

中国の「商品」獲得への動きは、パキスタン、ミャンマー、そしてスリランカでの港やパイプラインだけでなく、エチオピア、アルゼンチン、そしてウクライナの道路や鉄道への投資につながっている。中国がパナマ運河のライバルとなる交通ルートをコロンビアと交渉中（中国・コロンビア間の貿易は一九八〇年の一〇〇〇万ドルから二〇一〇年の五〇億ドル以上にまで拡大しており、これが刺激になっている）であれ、アメリカの港へのアクセスを遠回しに求めている（コスコは一九九九年にロングビーチの港を貸借しようとしたが、米議会によって阻止されたことがある）のであれ、明らかなことが一つある。それは中国の資源戦略が、単に海上輸送路を使用して貿易ルートを開拓することではなく、その土台となるインフラも保有しようとしているということだ。

●中国のさまざまなやり方

中国が資源獲得の動きを分析するのはかなり骨が折れる作業だ。中国側の購入者（北京政府、個人、企業）とさまざまな販売者（多くの国々にまたがる政府、企業、個人など）の間で行われている多種多様な取引をそれぞれ照合しようとしても、その組み合わせは無限に広がっているからだ。ところが資源取引がどのように行われるのかだけに焦点を合わせると、三つのやり方が浮かび上がってくる。

第一のやり方が、直接的な購入である。これは「中国株式会社」の一部が、土地や鉱山のような基本的な資産の所有権を獲得するというものだ。本書の冒頭で紹介したペルーのトロモチョ山の鉱石の採掘権の購入は、この典型的な例だ。

第二のやり方は、スワップ取引である。この場合には、まず中国は資産からの「引き取り」を確定させる。すなわち、その資産から生み出されるすべての生産物を購入するのだが、そのもととなる資産を実際に買ったり所有権を購入したりはしないのだ。これには二つの例がある。二〇〇九年二月に中国はロシアの石油企業に二五〇億ドル融資しており、その見返りとしてその企業から今後二〇年間の石油の供給を受けるという取引をしている。また、この両国はロシアの極東にあるアムール川地域から中国の北東部の大慶まで続く四〇〇〇キロの長さのパイプラインの建設を考えている。同様の例として、二〇〇九年五月にはブラジルの鶏肉と牛肉の中国向け輸出を増加させるという契約のほかに、中国はブラジルの国有石油企業であるペトロブラス社に一〇〇億ドルを融資しており、その代わりにシノペック（中国石油化工集団：中国の国営企業）に今後一〇年間にわたって一日二〇万バレルを供給する約束を交わしている。

二〇一一年に発表された「中国国営石油会社による海外投資」という報告書では、ＩＥＡが二〇〇九年一月から二〇一〇年四月まで行われたこのような一二件のスワップ取引をリストアップしている。これらの「長期的な石油とガスの供給を目的とする融資」の総額は、一年三カ月の間に七七〇億ドルになっており、中国の目的が驚くほど広範囲であることを示すものだ。この融資はそのほとんどがインフラやパイプライン、道路、港、そして鉄道の構築や農業プロジェクトをターゲットにしたものだ。ところがここで興味深いのは、先進国の多くが二〇〇八年の金融危機への対処で忙殺されている間に、中国は抵抗を受けることなくこの動きを続けているという事実だ。

第三のやり方は、国際的な資本市場を通じて資源へ間接的にアクセスするというものだ。この一例がいろいろな会社の株を購入するというものであり、これによって大株主となり、その会社の戦略を支配する権利や、その資産の所有権を獲得できるのだ。中国側は国際的なヘッジファンドやプライベート・エクイティ・ファンドやその他の投資家たちに投資することによって、資源への間接的なアクセスを手に入れる。この投資は純粋に投資収益を得るために行われることもあるが、「商品」関連企業の株式持ち分を獲得するために行われるという側面もある。

中国の資源投資に関する戦略はあまりにも広まってきたため、そのいくつかにはニックネームがついているほどだ。金融市場の参加者たちは、資源取引のための政府間のインフラについての「アンゴラ・モード」と、上場企業の株式の購入（これはのちに資源会社の全株式の取得につながる可能性もある）についての「アダックス・モード」という二つの方法を区別して呼ぶことが多い。二〇一一年一一月の中国の国営石油企業であるシノペック社はポルトガルのガルプ・エネルギア社のブラジル法人が持つ株式の三〇パーセントを三五億四〇〇〇万ドルで購入する契約を締結したのだが、これは後者の典型的な例だ。このシノペック・ガルプ間の取引により、シノペック社は二〇一五年に一日二万一〇〇〇石油換算バレルの供給を受けることになっている。

表4-1　2009年1月以降、中国が融資した石油・ガス資金

対象国	日付	借りた側	融資額
アンゴラ	2009年6月19日	アンゴラ政府	10億ドル
ボリビア	2009年4月	ボリビア政府	20億ドル
ブラジル	2009年2月18日	ペトロブラス	100億ドル
ブラジル	2010年4月15日	ペトロブラス	なし
エクアドル	2009年7月	ペトロエクアドル	10億ドル
ガーナ	2010年6月	GNPC	なし
カザフスタン	2009年4月17日	KMG	100億ドル
ロシア	2009年2月17日	ロスネフチ	150億ドル
ロシア	2009年2月17日	トランスネフチ	100億ドル
トルクニメスタン	2009年6月	トルクメンガス	40億ドル
ベネズエラ	2009年2月21日	バンデス（PDVSA）	40億ドル
ベネズエラ	2009年2月21日	バンデス（PDVSA）とベネズエラ政府	100億ドルと700億人民元

出典：IEA,2011.

●その贈り物の中身は何？

二〇〇六年一一月、アフリカ諸国のリーダーの四〇人以上が北京に集まって、最初の中国・アフリカサミット——中国アフリカ協力フォーラム——が行われた。この会議にはサハラ以南のアフリカ諸国のリーダーたちのほとんどが参加しており、アフリカ全土のほぼすべての国から代表者が出席した。この会議にふさわしい環境作りのために、中国は資金を惜しまずに投入している。アフリカの代表者たちをよりリラックスさせるために、お祭り騒ぎの一環として道路にはアフリカの国々の旗が並べられた。このような背景の中で、北京政府は対アフリカ戦略を発表している。

この会議の開幕のあいさつで、胡錦濤《こきんとう》国家主席（当時）は参加者にたいして「中国は長年にわたってアフリカによる自由の獲得と発展の追求を確実に支えてまいりました……中国はアフリカでさまざまな分野の技術者や専門家の育成に取り組んできました。タンザム鉄道やその他のインフラプロジェクトを進め、アフリカに医療チームや平和監視団の派遣を行ってきました」と述べている。そして今後は中国とアフリカの平和的な結びつきを、新たな貿易イニシアチブ、農業での協力、債務免除、文化交流の改善、医療、職業訓練、そして相当額の援助などの形で強化していくというのだ。

世界中で資源獲得へ動く中国の動機というのは、明らかに経済的なものであり、また中国のリーダーたちが明確に述べている貧困の軽減や経済発展という政策にしっかりと合致する。中国は近年の成果を将来の経済活動に反映させるため、食料と燃料をなるべく早く、しかもなるべく多くの量を必要としているのだ。

中国にとって、最も差し迫っている問題というのは、八億人にものぼる悲惨な貧困層を、中流階級の象徴、つまり洗濯機や冷蔵庫や車などを特徴とする現代の生活水準にまで引き上げる最適な方法の追求だ。所得格差が比較的大きく、持てるものと持たざるものの間にある分断が危険な水準にあり、かつそれが増大していることにより、北京政府には待ったなしの状態が迫ってきている。資源を大量に確保するというのはこの問題解決のための一つの方法であり、革命の発生を防ぐための競争なのだ。

ところがアフリカをはじめとする世界中で見られるように、中国は資源獲得戦略をかなり冷静に行っており、「商品」の取引が当事者の双方にとって利益となるようにするために、あらゆる手段を使っているように見える。実際のところ、ホスト国側の動機も複雑ではない。彼らはインフラを必要としており、経済発展を可能にするためのプロジェクトの資金が必要なのだ。これを達成するため、彼らは自分たちの資産に一番高い値をつけてくれる人に資源を売りたいと思っている。中国の戦略が優れているのはこの点だ。つまり、あらゆる国が自分の欲しいものを手に入れられるようにするのだ。

もちろん中国は「商品」へのアクセスを獲得するのだが、ホスト国側は自国のインフラ開発計画に必要となる資金を融資してもらえるのであり、これによって貿易（国民への所得を作り出す）が行えるようになり、最も必要としている雇用の創出をサポートできる投資を得るのだ。二〇一〇年の一年間だけで、中国はアルゼンチンにたいして一二〇億ドルの鉄道の建設を約束している。クリス・アルデンによれば、中国のアフリカへの対外直接投資（ＦＤＩ）の流入は、二〇〇六年には四八〇億ドルであったのが、そのたった二年後には八八〇億ドルにもなっており、これらの多くはインフラ費用に当てられていたのだ。ホスト国にとってはたしかにこの金額そのものも大切なのだが、そこから生まれる副次的な利益も重要である。二〇一〇年八月に発表された国際労働機関の報告書に記されているような悲惨な統計によれば、世界中の一八歳から二五歳までの青年のうち、約八一〇〇万人が無職だというのだ。これは今後の世界の発展にとって、投資と雇用の創出が中心的な課題となるのが確実であることを示している。しかもこの事実はとくに発展途上国――アフリカや中東――に当てはまることであり、これらの国々では人口の六〇パーセント以上が二四歳以下なのだ。

貧しい国（そして豊かな国も）では、政情不安や暴動へとエスカレートする危険のある社会的失望というリスクを取り除くために、雇用の創出が必須である。工場を建設したり、インフラ計画を実行に移したり、鉱山を開山したりすることによって、中国は売るべき資源を持つ国々でそのような仕事の雇用創出を援助しているのだ。また、中国は医療機関や学校を建てることによって、このような国々の友人や賞賛も獲得してきた。世界中の最貧国――適切な医療・教育施設がなく、それにたいする投資のための資金がない国々――は、中国の寛大な好意を喜んで受け入れている。このような資金はホスト国の政府の病院や学校を建てることによって有意義な形で需要を満たすための役に立つのである。疫病の発生・蔓延に苦しめられ、識字率に大幅な改善の余地があるアフリカ諸国では、中国の気前のよい好意は、伝統的な（西側の）援助国からの資金援助にともないがちな威嚇的な態度よりも好まれることが多い。二〇〇五年にアメリカのブッシュ政権は、アフリカ中で行っていたコンドームを配布するための資金面での援助を中止して、その代わりに禁欲を支持、推進するプログラムを決定したのだが、これは多くのアフリカの人々にとって、以前から続いている偽善とパターナリズム（家父長主義）的な傾向の典型的な例にすぎないと受け取られている。

二〇一〇年の時点でアフリカでは二三〇〇万人の人々がＨＩＶ感染者／ＡＩＤＳの患者であると見られており、これは世界の合計の三分の二を占める。そして識字率は三〇パーセントという低い数字となっている（それに比べ先進国ではほぼ九九パーセントである）。これらの国々にとって、中国がインフラや学校や医療機関と引き換えに資源を求めてくるというのは実に明快な取引のように見える。世界の中の、とくに発展途上国にとっては、中国はインフラ不足を相当に意義のある形で埋めてくれるありがたい存在なのだ。この戦術は段々とその規模と大胆さを増しているのだが、そのおかげで中国にたいする批判も必然的に強まってきている。

●単なる航海ではなかった

中国のグローバルな「商品」マーケットにたいする猛攻撃がどれくらい続くのかは誰にも答えることはできない。ところが資金が不足してきたとしても、この動きが弛《ゆる》むことはないだろう。

二〇一一年には中国の外貨準備高――これは世界最大である――は、三兆ドルを超えるまでに増えているのだ。中国の莫大な資産の一部は対前年比一五パーセント拡大しており、一日に一〇億ドル稼いでいたと見られている。二〇一一年の時点における中国の金融資産残高の内訳は以下のようになっている：一兆ドルが米国債（これは中国の対米投資の約九〇パーセントを占める）、それ以外の対米投資に二〇〇〇億ドル、それとは別に一〇〇〇億ドルがアメリカの株式（これによって中国は企業の所有権を確保できる）、そしてそれ以外の残金はアメリカ以外の世界中の国々へ気前よく分散されている。これほどの規模の資金というのは、友人と同時に敵も作るものであり、中国の世界中にたいする資源攻勢は、国際ビジネスに携わる人々、政策立案者、そしてメディアのコメンテーターたちから、その見境のなさと、最も一般的な相場価格よりも不当に高い額を資産にたいして支払っていることから、多くの非難を集めている。

中国の投資追跡調査では成功した契約だけでなく「トラブルのあった投資」――これは、中止になったり、契約内容が大幅に変更されたりしたもの――の記録もつけられている。たとえば二〇〇五年から二〇〇九年の間に、中国の対外投資では総額で一四〇〇億ドルとなる五六件の契約が拒否されている。世界中で進めているにもかかわらず、中国の累積的な動きは全体的にあまりスムーズに進んできているとは言えない。

アメリカの政治家は、二〇〇五年の中国海洋石油総公司（ＣＮＯＯＣ：国営の石油会社）によるユノカルの一八〇億ドルでの買収や、二〇〇八年の華為技術有限公司（中国の情報通信会社）による六億ドルでの３ＣＯＮ（アメリカのデジタル製品製造会社。二〇一〇年にアメリカのヒューレット・パッカード社に買収された）の買収を阻止している。

国際通貨基金（ＩＭＦ）や世界銀行のような国際機関も、中国が関係している多数の取引、とくにアフリカの国々に関するものに介入している。たとえばインフラと引き換えに鉱石を得るという内容の中国進出口銀行とコンゴ民主共和国（ＤＲＣ）の間の三〇億ドルの契約は、これがＤＲＣの全体的な債務レベルにとって有害な影響を与えるとＩＭＦが反対を表明したため、二〇〇九年に破棄されている。何度も交渉を重ねたのち、中国はその反対を受け入れて、ＩＭＦによる再交渉の要求に屈している。当初の総計九〇〇億ドルの投資額を六〇億ドルまで下げている。

また、中国の貿易における問題として、透明性（もしくは不透明性）についてもよく指摘されている。連日のように中国が関係した何百もの非公開の取引が行われている。こういった「店頭取引」もしくは「取引所外取引」（例：公式な取引所では行われない取引）によって、株、債券、「商品」、外国為替、そしてそれらのデリバティブは、当事者間で直接取引できるようになっているのだ。取引が（ほぼ）全員に見える形で行われる先物や株式の取引と比べて、取引所外取引は広い範囲で市場価格やその他の資産価値にインパクトを与えるにもかかわらず、その価格設定が隠されているのだ。価格設定以外にも、透明性に関する問題がある。たとえば中国の交渉にはどれほどの期間がかけられているのか、もしくはどのような条件、そしてなぜそのような条件で交渉が進められているのかという情報が――このような要素はマーケット全体に関わってくるにもかかわらず――ほとんど出てこないのだ。それでもその規模の大きさと、「中国が関わっている」という事実のために、それが表向きには秘密なものであったとしても、中国の「商品」取引についてはつねに明らかにしようとする動きがある。

原則的な意味から言えば、取引所外、つまり秘密の取引というのは、文字どおりに第三者の目がないところで内密に決定されるのだ。実際にはこれらの取り決めも、ホスト国や中国においても監視されたり、規制当局による承認が必要になることが多い。ところが中国のグローバルな「商品」の分野における関与の範囲と規模の大きさのせいで、トレーダーや国際的な政策立案者、地元政府、それに「商品」を豊富に持つ国の市民から、取引の詳細を開示せよという要求が（ほとんどバラバラな形ではあるが）出てくるのだ。

また、中国は「商品」資産にたいして過剰な額――市場が適正と見なすであろう価格よりも高い額――を払っていると非難もされている。過剰な支払いと莫大な割増料金のおかげで、中国以外の国々にとってはこの資源が手の届かないものとなり、中国はどれほど費用がかかろうとも成果を確保できるのだ。前述した中国とロシアの間における石油スワップ取引では、中国はまだロシアの地下に埋まっている原油にたいして一バレル当たり三五ドル支払ったとされているのだが、その当時の市場価格は一〇ドル前後であった（採掘された原油の価格は六五ドルに近づいていた）。

大きな観点から、そして自国の歴史も踏まえてみれば最も皮肉だと言えるのかもしれないが、中国は新たな植民地主義——これは昔の植民地獲得競争よりも単に悪辣《あくらつ》さが少ない戦略の実行——を行っていると非難もされている。ところが過去の植民地獲得競争では搾取される側の地元民が得する利益は少なかったのだが、中国のアプローチは売り手側にとって利益になるものが含まれている点で異なる。

二〇一〇年三月に行われた「中国企業の国際的な展開」というプレゼンで、中国進出口銀行の会長で頭取である李若谷《りじゃくやつ》は、自国の資源獲得競争が過去の列強たちの国際的な進出に似ていることを認めつつも、そこには大きな違いがあること指摘している。一九世紀の植民地国は投資よりも貿易を優先していたが、彼の主張によれば、中国は平等と相互利益という原則に則って発展途上の国々と協力しており、資源獲得の際には市場のルールに従っているというのだ。彼が強調したのは、とくにアフリカにおける中国の市場参入は、資源探査や国際的な資源の価格設定にたいする西洋諸国の長年にわたる支配を崩し、これによってアフリカ諸国が歴史上初めて自国の持つエネルギーを市場価格で販売することができるようになったという点だ。李会長のコメントは腰の低いものではあったが、弁解めいたものからはほど遠いものであった。要するに彼は、中国はグローバルな「商品」、貿易、そして経済面での野心を、最も適切な方法で達成する計画を持っており、その成功のためには多額の資金をつぎ込む用意がある、と述べたのだ。

中国の資源獲得競争は全体的に見れば良いものであると判断できそうだが、われわれは中国の動機（非民主的な政権を支えることを含む）を、わざわざ指摘する必要はない。世界中の何億人もの人々は、まさに中国が喜んで提供するもの（非常に必要とされている投資、雇用創出、もしくは貿易など）を切実に欲しがっているからだ。

●彼らはわれわれが知らないことを知っている？

西洋で教育を受けた銀行家が、グローバルな「商品」に関する国際会議で中国の代表を非難した。彼は中国が資源購入および貿易を行う際の法外な価格設定を続けていることについて、聴衆の面前で質問した。彼は中国の代表にたいして中国が取引価格を適正レベルへと十分に正そうとしないことについて注意し、これらの不適切な価格設定によって中国が将来の取引で過払いする危険があり、このことが「商品」マーケット全般に悪影響を与えるだろうとたしなめたのだ。続けて市場に基づいた適切な割引率を使ってキャッシュフローを算出する、詳細かつ複雑な西側諸国の理論モデルを示し、いかなる資産についてもそのモデルが計算する、最も正確な市場価格の予想を怒ったように述べた。中国の代表は、憮然《ぶぜん》たる面持ちで座って聞いていた。

トレーダーやその他の国際マーケットの参加者たちに共有されているのは、中国側が「やっぱりわかってない」ということだ。露骨な価格設定と受け取られるような行動を、彼らの世間知らずや無知、さらには常識感覚の欠如のせいにさえするような見方である。

中国の戦略を無作法なものであるとして否定的な態度をとる人々にとっては「彼らの考え方をリバースエンジニアリングする」というのがより望ましいアプローチとなる。つまり中国の価格設定のやり方を野蛮であると考えるのではなく、中国の莫大な「商品」獲得の動きにおける価格設定を適切なものとするには何が必要となるのかを問うようにするのだ。別の言い方をすれば、もし彼らの価格設定が実際に賢明なものであったとすれば、本当に正しいやり方というのはどのようなものでなければならないのだろうか？　このカギの一つは、経済における政府の役割が認められているかどうかである。

したがって、ここでは二つの大きく異なる視点が出てくる。中国が採用しているのは、国家が大規模で計画経済的な役割を果たすべきという理論だ。この見解にしたがって、国家によって主導される政府の部局が党の経済目標を達成するためにビジネスをコントロールし、生産のために必要なもの――資本と労働――を配分するのだ。このやり方は、アメリカや西欧の大部分で好まれるより自由放任な資本主義的なアプローチ、つまり大部分においては個人が金の使い方や労働の配分を決めて、これが商取引全体の情勢を決定するようなやり方とは大きく異なる。もちろんこれは程度の問題である。中国にも民間の会社はあるし、アメリカ政府も特定の分野ではビジネスの所有を決定する際に大きな役割を果たしている。では実際のところ、どちらが正しいのであろうか？

国家が経済にどの程度介入すれば適切なのかという問題は、学界でも数百年にわたって議論されている（アダム・スミスの『国富論』は一七七六年に出版されたが、これは国家の役割を制限すべきだという初期の議論だ）。ところが中国経済の成功が有名となり、アメリカの経済面での困難が続いていることによって、この議論は復活することになった。ここで出てきたのは、経済についての二つの見方だ。一つは主に国家主導であり、もう一方は民間部門が動かしていくというものである。この二つの経済モデルを追求する国は政治的に見ても、これ以上ないほどタイプが違う。だが、この二つのモデルの存在は、持続した経済成長が異なる経済のパラダイムや政治制度に由来することもあるという明らかな証拠なのだ。

西洋式の資本主義経済が二〇〇八年の金融危機ののちに現在のような困難な状況（ウォールストリート占拠運動に見られる、高いレベルの不満をともなう高失業率）に直面しているにもかかわらず、西洋式のモデルというのは何十年間にもわたって平均的な生活水準を向上させてきたという意味ではおおむね成功してきたといえる。ところが中国が好む政府中心のアプローチも同じく成功しているのだ。その違いは政治のスタイルであり、とくに国家主導的なアプローチによって中国は資源へのアクセスの獲得や、経済成長の促進や、貧困の減少のような広範囲にわたる経済目標の達成という点で、独特の強みを持っている。ところがこれは、なぜ中国が資源のアクセスのために莫大な額――表面的には過剰な――の支払いをしているように見えるのかという理由の核心についても説明している。それは中国のフレームワーク、すなわち効用関数に帰せられるのだ。

この仕組みは以下のとおりだ。経済学において効用関数というのは、製品やサービスの消費から獲得される満足感によって計測される。さらに具体的にいえば、政府（そして個人）の行動というのは、功利性の増加／減少を狙う試みとして説明することが可能だ。政府が同じ効用関数を持っていたとしても（彼らはすべて経済状態の向上や市民の生活改善によって満足感を獲得する）、国家がどこまでの役割を担うのかという点についての違いは、満足感の増加についての範囲と能力が違ってくることを意味するのだ。

さらにいえば、北京政府が経済の促進やその結果を決定する幅広い役割を持っているという事実が意味しているのは、北京政府が効用関数を最大化する手段を、より役割が制限されている政府――たとえばアメリカのような国――と違って持っており、中国がグローバルな「商品」にアクセスする際にもこの手段が使われるということなのだ。たとえば中国の資源獲得への動きというのは、海外に中国人労働者を派遣して行われることが多く、これが国内の雇用の創出や失業問題の解消に役立っているのだ。

したがって中国が海外の土地や水、エネルギー、もしくは鉱石などにたいして「払い過ぎ」であったとしても、それは実質的にその「商品」へのアクセス（自国の経済発展に必要となる資源の需要ため）や、国内と国外に派遣されている労働者の両方で失業者を減少させるといったような、その他の利益にたいする「プレミアム価格」を支払っているということになる。これによって中国は経済発展の目標達成を推進することにもなるし、さらに重要なのは、国内社会のまとまりを維持することができるのだ。

端的にいえば、もし北京政府が経済目標——これは政府の公式演説や労働計画報告書で明示されたものや、一〇億人近くの人々に与える希望や期待に暗示されたものの両方——を達成しなければ、中国は一九八九年の天安門事件のような政治面での反乱や混乱に直面する可能性が高くなるのだ。このような圧力を考慮すれば、グローバルな「商品」の価格は「払い過ぎ」ではなく、むしろ彼らにとっては特売場での不用品の投げ売りのようだともいえるのだ。別の言い方をすれば、国内の平和を保つためにはどのような値段も高すぎることはない、ということだ。


中国の「商品」への突進にはまだ多くの疑問が残っている。たとえば石炭だ。二〇一〇年九月に中国がロシアと合意した契約は、ロシアにたいして六〇億ドルを貸与——鉱石の調査計画、石炭の運搬路の敷設、鉄道と道路の建設、そして鉱石を掘削するための機械の購入などを念頭においたもの——するその代わりに、次の二五年間にわたって中国へ石炭を安定供給するように約束させるものだった。

さらに中国は、ロシアとの二五年契約の最初の五年間に、石炭を毎年最低一五〇〇万トン輸入するという。石炭の輸入はその後の二〇年間で毎年二〇〇〇万トンに達すると見られている。前章でも見たように、中国は銅の供給を増やすために同じような積極的な契約を行っているのだが、それでも銅の場合は需要と供給の不均衡は明らかだ。結局のところ、銅は別問題なのである。では中国は国内に豊富な埋蔵量を抱えているのに、なぜそこまで積極的に海外のものを獲得しようとしているのだろうか？

実際のところ、二〇一〇年秋の石炭獲得への動きはその一端を教えてくれる。二〇一〇年一〇月に発表されたゲイヴカル研究所の報告書によれば、中国は二〇〇八年まで石炭の純輸出国であったという。ところが二〇〇九年から事情が変わり、中国は一億トンの輸入を記録し、二〇一〇年の最初の八カ月で総輸入量は一億四五〇〇万トンまで上昇した。これらの輸入はたしかに中国の全需要のわずかな数（三パーセント）でしかないのだが、それでも海運取引されている石炭の約二〇パーセントを占めるようになった。

これは石炭の輸出国であるインドネシアやオーストラリアにとっては良い知らせであるが、中国が海外から資源を輸入して自分のところのものには手をつけないというのは興味深い点である。そして石炭はこのようなパターンの唯一の例というわけではない。たとえば（国内に莫大な埋蔵量がある）亜鉛の場合にも、自国にかなりの埋蔵量があるにもかかわらず輸入するという、石炭と似かよった奇妙なパターンが見られるのだ。

これは中国が現在自国で生産している以上の石炭と亜鉛が必要であるという説明や、中国国内での採掘にはコストがかかる、もしくは増産するためのインフラが準備できるまでに数年かかるためであるというような単純な説明もできるだろう。しかしいくつかのケースで判明しているのは、中国の購入パターンというのは、テクノロジーの向上によってグローバル規模で輸送コストが下がっている兆候であり、「フラット化する世界」のおかげだという説だ。

具体的な証拠として、アフリカや南米のような遠い場所から中国まで製品や資源を運搬するコストは、（資源の埋蔵が確認されている）中国西部から経済的に発展して工業化が進んでいる東部まで運搬するために舗装した道路や鉄道を敷くコスト全体よりも安いのだ。各鉱石の探査、開発、採掘、生産にかかるコストも考えると、その道路や鉄道の敷設のコスト全体がさらに増大する。

しかし現在のところ、中国の積極的な石炭の購入と自国の資源、そして世界の有限な供給のつながりは、まだ自由市場の「商品」価格が反映されている。したがって、次の章から触れていくのは、中国が段々と大きな役割を果たしつつある「商品」の価格が決定される様子の概要である。次章（そして本書の後半にかけての）の狙いは、グローバルな「商品」市場の価格設定とその内部の動きを、中国の奇妙な行動がグローバルな市場にどのような影響を与えるのか、そしてそれが最終的に資源マーケットの価格をどう決定づけていくのかという視点を踏まえながら、さらなる理解を得ることにある。

1　中国の通貨（人民元もしくは元）というのは、中国の中央銀行（アメリカの連邦準備銀行に相当）によって管理・統制されている。この通貨の価値は世界の通貨バスケットを参照にして決定され、狭い範囲で変動するよう管理されている。この通貨は多くの中国の貿易相手国（とくにアメリカ）にとって脅威の原因となっている。アメリカは中国が自国の通貨を他の通貨（たとえば米ドル）に比べて人為的に安く保っていると非難している。この通貨安のおかげで中国の貿易競争力は高まり、中国の輸出を支え、アメリカはかなりの貿易赤字となって不利な立場にいる。中国製品を大量に輸入しているからだ。

2

それに加えて、二〇一一年二月に発表されたＩＥＡの「中国の国営石油関連企業の海外投資：動因とインパクトの評価」（Overseas Investments by Chinese National Oil Companies: Assessing the Drivers and Impacts）というタイトルの資料には、二〇〇二年以降の中国による石油およびガスを獲得する取引についての詳細な情報が書かれている。

第Ⅱ部

中国の資源獲得への動きは世界にとってどのような意味を持つのか？

●中国の「商品」獲得からわれわれはこれまで何を学んだ？

　そもそも中国には広大かつ多様な国土があるにもかかわらず、国の発展や多くの点での経済的な野望には、自ら持つ資源では足りない。砂漠化は国の北部から東部や南部へゆっくりと進行中だ。淡水は遠くない将来に供給不足になる可能性が高い。歴史的に食料の自給ができていた中国は、二〇一〇年に初めて穀物輸入国になったのだ。増加する中流階級によるたんぱく質の需要が増加しているため、一三億人以上に増え続けている国民に食べさせることがさらに困難になるはずだ。また、この中流階級による住宅と消費財への需要は、住宅と冷蔵庫、そして大型テレビと自動車に使われるエネルギー、原料や鉱石の需要の増加を意味する。

　これらの問題を解決するために、中国のリーダーたちは国内外でかなり野心的な計画に取りかかっている。淡水化工場、パイプライン、そして規模を大きく拡大させている海洋運搬船の船団の建造などだ。一九世紀の植民地保有国と同様に、中国はその野望の達成に必要な資源を確保するために、世界に目を向けてきたのだ。ところがこれらの過去の植民地保有国たちと違うのは、その戦略が相手国から天然資源を強奪するようなものではなく、西洋諸国がほとんど無視してきた国や地域の「好ましからざる枢軸国」（アフリカ、ブラジル、コロンビア、アルゼンチン、カザフスタン、モンゴル、そしてウクライナ）たちと、現金と引き換えに「商品」を得るという長期契約を結ぶ点にある。

中国の資源に関する動きの多くは完全に合理的なものに見える。外国の山を購入するというのはきわめて派手な行為であるように見えるのだが、たとえばペルーのトロモチョ山のように、電気の配線から配管にまで使われる原材料であり、中国自身が豊富に持っていない鉱石である銅の世界最大の埋蔵量を誇る山といった特定の例を考えてみると、実際はそうでもない。それ以外の資源にたいする動きは、まったく反対の役割を果たしている。つまり、合理性への挑戦である。たとえば、中国は国内で一〇〇年分の安い石炭の埋蔵量があるにもかかわらず、なぜ海外から石炭を積極的に輸入しているのだろうか？

合理的かどうかに関係なく、中国の資源についての動きは世界全体に大きな影響を与えることになる。その理由の一つは、それに関わる量と資金の規模が大きいことにある。ところがそれよりも大きな理由は、これらの多くのスワップ取引や貿易、そしてあからさまな購入が広める、未来の不確実性にある。彼らの本当の計画とは一体どのようなものなのだろうか？

中国の大量購入は資源価格や短期・長期的な未来での資源購入の可能性にどのような影響を与えるのだろうか？

これは数十億ドル、もしくは数兆ドルがかかった、やっかいな疑問なのだ。ところが実際にはこれらの問題を分析するための（あまり知られていないかもしれないが）非常に精巧なメカニズムが存在する。それがグローバルな「商品」マーケットである。さっそくこれについて見ていこう。

第5章　「商品」価格の概要

毎日何十億ドルもの価値の「商品」が、カトマンズからサンパウロ、ナイロビからムンバイまで広がる、世界の五七カ所の商品取引所で売買されている。一八四八年に創設されたシカゴ商品取引所は世界最古の商品取引所であるが、世界最大ではない。二〇一〇年時点、この称号はニューヨーク商品取引所（NYMEX）に移っている。

「商品」市場では、穀物、肉、そしてその他の「ソフト商品」である砂糖、トウモロコシ、綿、ココア、そしてコーヒーを含む農産物が取引されている。ほかにもエネルギー（石油、石油製品、天然ガス、それに電力）や、鉱石や金属のような「ハード商品」、そしてウランや排出権のような珍しいタイプの商品が取引される場となっている。全体的にいえば、このような取引所ではオンス単位の金やトン単位の鉄からブッシェル単位の小麦やキロ単位のゴムまで、じつにさまざまなものが活発に取引されているのだ。商品取引所というのは株式市場と同様に、これらの資源が、現時点での価格（スポット）かデリバティブ（先渡し、先物そしてオプション契約）の形で、透明性をもって取引される清算場所なのだ。ところがエネルギーや鉱石関連の生産物のほとんどとは違って、土地や水というものはその特殊性のおかげで、グローバルな商品取引所では売買されることがない。

●活発なビジネスの実行

土地と水の価格というのは、小麦、大麦、トウモロコシ、砂糖、綿、ガソリン、電気などのように、容易に観察できて明らかな価格が存在するさまざまな商品に組み込まれているのだが、それ自身では世界の商品取引所で売買されていない。

土地の特殊性（移動させることができないし、それを評価するのにもコストがかかる。たとえばアルゼンチンのある土地の値段を測るためには、実際に現地まで行ってその土地の質、酸性度、耕地への適合性などを計測しなければならない。ところが石油のバレルや金塊というのは、世界で使われる単位が統一されている）のせいで、価格設定とその取引は、地元中心のものになる傾向がある。なぜならグローバルな規模で中央集権的に土地の価格を設定したり売却価格を決めるマーケットは存在しないからだ。土地の取引が統一しておらず、地元の不動産業者によって仲介される理由の一つが少なくともここにある。

同様に、「商品」としての水の価値決定を複雑化させている要因は多い。たとえば瓶詰めの水は国境を超えて取引されており、（理論的には）一単位の水は明確かつ容易に値段を測ることができるのだが、「生命を維持する」という点で水には市場価格で正確にとらえることができる以上のはるかに高い価値があるため、その潜在的な価値そのものは価格とは独立したものとなっている。さらには、水という資産には一般的に明確で移転可能な所有権――個人が特定の貯水池や湖に権利を主張することはほとんどできない――が存在しておらず、したがって従来の「商品」に比べて取引が難しくなっているのだ。

ある資源がグローバルな商品取引所で売買されるためには、それが移転可能なもの（これは先物という権利を売っている場合でも）でなければならず、世界のいかなるところで取引したとしても、トレーダーたちにとって意味のある形で、明確に価格が付かなければならないのだ。

●金融トレーダーと生産者

一般的に「商品」投資家は二つのカテゴリーに分けることができる。金融トレーダーと生産者だ。金融トレーダーというのは、マーケットで戦術的に売買を行い、どちらかといえば短期的な視点で日々の収益を（「商品」を買ったり売ったりすることによって）得ることに集中している。このトレーダーというカテゴリーの中でも、さらにヘッジファンドや商品取引顧問業者（ＣＴＡ）のような投機家もしくは「活発な」投資家とスワップディーラー、そして指数を使う、すなわち「消極的な」投資家に分けることができる。後者は、主に年金基金や非営利法人の投資運用資金、政府系ファンド、そしてその他の現金投資家のように、世界の貯金の大部分を持っている人々によって構成されている。

金融投資家以外には、二番目の大きな投資家集団がいる。彼らは「商品」生産者であり、より構造的な視点、つまり「商品」の価格の行方について、長期的な観点から考えるのだ。鉱石、農地、それに油井の採掘、開発や生産に従事している企業はこの分類に当てはまるだろうし、さまざまな「商品」の生産者や最終消費者、または特定の資源を最終的に物理的に保持したいと考える人々も同様だ。このような投資家たちは、むしろ根本的な需要と供給の動きに注目するのであり、したがって日々のマーケットの変化や価格の変動にはあまり興味を示さない。また彼らは、「商品」関連の金融変数である株、債券、商品指数[1]による取引よりは、基本的な資産の直接的な保有やアクセス権を持っている場合が多い。言い換えれば、彼らは市場で金融商品を取引することから直接儲けるわけではなく、むしろ「商品」そのものを売却することによって利益を得るのだ。

●金融取引

多くの要因が、「商品」の需要と供給——そして価格——を動かしている。

第一章では、中国が先進国、とくにアメリカと同じような消費を追求するスピードと決意によって、どのように「商品」マーケットを混乱させ続けているのかについて詳細に説明した。これに関連して言えるのは、家庭における富が増加することによって、消費者たちは段々と食の選択において目が肥えてきて質の高いたんぱく源を選ぶようになり、これがまた特定の「商品」の需要に影響を与えるということだ。例として、社会動向の影響によって、最終消費者がさらに健康を意識した選択肢を選ぶようになることもあり、これが結局はある「商品」よりも別の「商品」、たとえば小麦のような炭水化物よりも、肉のようなたんぱく質製品の相対的な需要の高まりとなって表れるのだ。

政府の規制や、補助金／税金のような政治介入も、また「商品」の価格を上げる要因となることもあるし、科学の進化による発見や開発のおかげで、たとえば光ファイバーが銅の代わりになったように、商品の代替品が出てくる場合もある。そして当然のように、政情不安は供給を阻害する要因になるし、資源価格に影響を与え、最終的にそれにたいして投資するかどうかの決定にまで影響を与えうるのだ。

これらの要因のほかにも、投資家たちは「商品」投資を売る、買う、あるいは保有するかを決める際に、三つの金融的な要因を見る。それがキャリー、ボラティリティ、そして相関関係である。[2]

キャリー

キャリーというのは、資産を維持するためのコスト（もしくは利益）である。ネガティブキャリー資産というのは、その資産を維持するコスト（たとえば資産の購入のための借り入れコスト）がすべての利益を超えてしまうことであり、これとは逆のことがポジティブキャリーと言える。[3]「商品」というのは、維持するコスト（保管料、保険料、防犯コスト、減価償却など）が資産を維持することで得られる収益や配当より高くなった場合に、ネガティブキャリー資産となる。「商品」は配当や利息のような中間キャッシュフローを生まないため、それを補足するためにキャリーには特殊な修正要因として「便宜収益」（convenience yield）というものが含まれてくる。[4] 便宜収益は他の資産とは違って、基本的な実物商品（バレル単位の石油やブッシェル単位の小麦など）が実際の保有または使用が可能であるという利益を反映したものだ。

キャリーは商品曲線の傾きや、その曲がり方に影響を与える。商品曲線というのは、ある時点において将来の商品価格がどうなるのかを単に描くものであり、商品曲線の形そのものが、ある時点における市場の需要と供給の動きを表したものにすぎないのだ。

一般的に、商品投資家たちは、まさに他の投資家たちが求めるものと同様のものを求めている。すなわち、買おうとする商品や保有しようとする商品の上昇する価格曲線と、商品を売るタイミングを伝える下落する価格曲線である。それゆえに、商品取引における専門用語というのは、このことを反映したものとなっている。

この商品取引の用語の中で、「商品」が「コンタンゴ」（contango：順ザヤ／期近安・期先高）で取引されていると言われることがある。これはそのスポット価格（今日現在の価格）が、先物価格よりも安い状態のことであり、マーケットには需要を上回る供給が豊富であることを示している。この逆の状態を、商品曲線が「バックワーディション」（backwardation: 逆ザヤ／期近商・

期先安）に入っていると言う。この場合、スポットの取引価格は先物価格よりも高い価格で取引されていることになる。この下降傾斜、もしくは逆鞘カーブというのは、ある商品の供給が不足状態にあることを示している。簡潔にいえば、コンタンゴとバックワーディションの分類は、マーケットの分析をする人間にとっては、市場に圧力がかかっているのか、それともその状態に近づいているのかを判断するためにきわめて重要である。

コンタンゴの状況では、「商品」の先物価格がスポット価格まで「ロールダウン」し、それによってロール・イールドがネガティブ、つまり先物契約がスポット価格に収斂《しゅうれん》されるときに、先物トレーダーが得る利回りがマイナスになるということだ。バックワーディションの先物マーケットでは、その逆に、価格がスポット価格まで「ロールアップ」（ポジティブ・ロール・イールド）することになる。コンタンゴ曲線における「ロールダウン」のわかりやすい例は、スポット価格が六〇ドルで、六カ月の先物値段が六五ドルだとした場合、六カ月間で先物価格が六五ドルから六〇ドルに「ロールダウン」することである。したがって、これはスポット価格へ収斂してマイナスの利回りとなる。バックワーディションの先物マーケットでは、もしスポット価格が九〇ドルで先物値段は八五ドルだとすれば、価格は八五ドルから今日のスポット価格である九〇ドルまで「ロールアップ」することになる。基本的にこれらの曲線の動きは、坑道の中のカナリアのように、将来の「商品」の供給過剰や供給不足が発する震動について投資家に警告を発する役割を果たすのだ。

ボラティリティ

ボラティリティ（予測変動率／値動き）も、投資家たちが買い待ちにするか売り待ちにするかを判断するための材料となる。商品価格のボラティリティというのは、物理的なインフラ――「商品」の生産、運搬、そして保管を容易にするもの――と、とくにこれらの要因を制限するものの度合いで決定されるのだ。一般的には、ボラティリティというのは価格についての正の関数である。つまり価格が高ければボラティリティも高い（これは株などの場合とは真逆になることが多い。つまり株価が下落するときにボラティリティが高くなる傾向にある）。

また、「商品」価格のボラティリティというのは、在庫、すなわちどれだけの資源のストックが使用可能または備蓄されているかという点でも決まる。「商品」における在庫というのは、一般的に「週ごとの消費」（"week's consumption"）――既存の在庫で消費を支えることのできる週の数の予測――によって計測される。在庫が任意の週の数よりも下がる場合、人々が不安に感じる心理的な限界を越えることになり、この不確実性がボラティリティを一気に倍増させるのだ。

新興国経済からの需要圧力が高まれば、物理的なインフラの制約（たとえば「商品」の在庫や倉庫の貯蔵能力）がさらに厳しくなる。これはマーケットが物理的に需要のショックに耐えるのが難しくなるということを意味する。重要なのは、もし中国の積極的な資源調達への参入がある「商品」の需要と供給のバランスを崩しているのであれば、ボラティリティの上昇に拍車がかかると予測されるということだ。

相関関係

相関関係というのは、二つの証券の銘柄が互いに関係して動く度合いのことだ。完全な正の相関というのは、一つの銘柄が動くともう一つの銘柄も、同じ率で同じ方向に歩調を合わせて動くということを示す。もし二つの銘柄が完全な負の相関であるとすれば、一方の銘柄が一つの方向に動いたときに、もう一方の銘柄が反対方向に動くというものだ。ポートフォリオの多角化という観点から考えれば、負の相関関係にある資産をポートフォリオに入れるのは、投資家にとっても利にかなったポートフォリオの多様化といえる。

過去においては「商品」というのは他の資産、たとえば株式などとは負の相関関係を持っていたのであり、結果としてこの二つの混合から利益を確実に得られるような、全体的にバランスのとれた投資ポートフォリオへとやむをえず追加するものと考えられていた。ところがそのような調和したバランスというのは、おもに学問のモデルという観念上の世界にしか存在しない。時を経るにしたがって、「商品」とその他の資産との間の相関関係は正になり、これはもちろん実質的なポートフォリオの多様化にとって損失となった。では次に、これがどのように起こったのかを詳しく見ていくことにしよう。

●一つの例

一〇年前、「商品」はわかりにくくて現金に換えにくいリスクのある資産であり、商品マーケットの内部事情に通じたごく一部の専門トレーダーたちの扱うものであると見られていた。これがヘッジファンドのマネージャーたちや「商品」の権威であるジム・ロジャースに「商品は尊敬されていない」と皮肉を言わせる結果につながったのだ。ロジャースは、「商品」の知識がなければ、株や債券、それに為替で投資家が成功を収めることはできないだろう、と予言的に指摘することによって、独力で金融業界を目覚めさせることになった。

「商品」は、いままで株や債券で大量のリスク資産を持っていた金融投資家たちが何十億ドルも投資し始めたことによって、時間の経過とともに重要な資産運用部門の一つとなった。二〇〇〇年に金融投資家たちは約六〇億ドルを「商品」に投資していたが、二〇一一年までにこれらの額は三八〇〇億ドルになったのであり、これはたった一〇年間で六〇倍以上の拡大だ。

「商品」は、すでに述べたような要因が、魅力的な提案へと幸運にも合流したことによって、儲かる投資対象となった。「商品」は他の投資部門（株や債券など）とはほとんど相関的な動きはせず、投資の多様化には都合がよかったのだ。「商品」のボラティリティは低く、このおかげでシャープ・レシオ――これはリスクにたいする利益の率――は魅力的なもの（つまりより高く）になった。なぜなら投資家は小さなリクスで比較的大きなリターンを蓄積することができるからだ。そのほかにも、多くの「商品」トレードは、先物カーブがバックワーディション（逆ザヤ）の形になっていたおかげでポジティブ・キャリーとなった。これは多くの「商品」マーケットが需給の逼迫《ひっぱく》状態に直面していたことを意味している。先物カーブがバックワーディションにあるということは、実質的に何も行動を起こさずにポジションを保持するだけで、最も消極的な投資家でも利益を得られる状態にあるということを意味する。

マーケットのトレーダーたちは群れのような動きをすることで知られている。これはつまり彼らが投資の際に何十億ドルもの額をいっせいに売買するということだ。そして相当量のリターンと多様化による利益の見込みによって動かされているという意味では、「商品」取引も例外ではない。消極的な金融投資家（年金基金や現金、それにインデックス投資家たち）は早い時期から「商品」への投資を開始しており、生産者とともに「商品」資産を売買していた。

のちに積極的な投機家たちが「商品」取引に流れ込み、数十億ドル単位で資本を投資し始めたのだが、このような金融投資家による「商品」への莫大な資本の流入のおかげで、いままであった多様化の利益が消滅し始めたのだ。

さらにまずいのは、この莫大な資金の流入がさまざまな商品の本来の価値をゆがめてしまったことだ。

●投資資産から消費資産へ

「商品」への数十億ドル規模の投資シフトは、非常に根本的であるのに目立たない、心理的なシフトを証明している。ところが投資家たちは実際にポートフォリオを投資資産から消費資産へとシフトしていたにもかかわらず、自分たちは一つの投資（たとえば株式）から別の投資（商品）へシフトしたと（誤って）考えてしまったところに問題があったのだ。投資資産から消費資産へと資本を移動するということは、資源部門を含む重要な部門を狙った投資資本の減少を反映しているという意味で弱みを表すものだ。さらにいえば、消費資産を維持するということは買い占めと同じであり、これはマーケットの流動性を落としてしまうのだ。

投資（もしくは現金を生み出す）資産というのは、将来の収益、もしくは将来のキャッシュフローという形で利益を発生させる。投資資産の例としては、設備、鉄道、会社、もしくはアイディアなどが含まれる。資源の分野という文脈から考えると、投資資産というのは鉱山や生産的な農場、もしくは油井に投資するようなものだ。それぞれのケースにおいて投資家は、その資産が将来のどこかの時点でキャッシュフローの流れを発生させるという期待から投資するのだ。

その反対に、消費資産というのは恒常的なキャッシュフローを生産しない。たとえば消費資産を、その使用――消費される住宅や「商品」など――によって投資家が直近で収益や利益を得ようとするものであると考えてみてほしい。ここで重要なのは、投資家が商品指数のような金融商品を買う場合、彼らは実質的には投資をしているわけではなく、消費資産に資金を入れていることになる（「商品」指数とは特定の「商品」の〝バスケット〟の出来高をたどる「商品」の平均価格のこと）点だ。「商品」指数は投資家に高いリターンを得るチャンスを与えてくれるが、これらの金融商品に投資された資本は、直接的に投資に資金を与えるわけでもないし、企業プロジェクトに投資されるわけでもないのだ（たとえば株式や債券投資であれば、食品生産や石油・鉱石の供給などへ投資される）。

人々が資金を得て消費資産を買うときに彼らが本当にやっていることは、将来の消費を「前買い」（prebuying）しているのだ。たとえば、誰かが自分の住む家を購入したとすると、この人物が本当に行っているのは住む場所を「前買い」しているのであり、別の言い方をすれば、三〇年間の将来の賃貸消費を先払いしているとも言えるのだ。同様に、あるファンドが石油証券（oil strip：石油にリンクした金融投資）を購入した場合、彼らが実際にやっているのは将来の石油の消費の「前買い」なのだ。現金を消費（金融）資産につぎ込むことによって、投資家たちは無意識に二つのこと行っている。一つが、彼らは食料／「商品」価格が上がったときに収益（増加したリターン）を歓ぶことになるのだが、社会は実際のところ、「商品」価格をなるべく低く抑えなければならないのだ。もう一つは、食料／エネルギー／「商品」の価格が上がってポートフォリオの価値が「上がった」としても、人々（家族、消費者、そして投資家自身も）はガソリンスタンドやスーパーマーケットで高い価格に直面しなければならなくなり、実際はその儲けが相殺されてしまうという事実を軽視しているという点だ。

もちろん投資家というのはつねに高いリターンを求めるものだが、長期投資のために取っておいた資金が、短期のリターンや消費のためにつぎ込まれることになると、どのような取引をしていたとしても好ましくないことが起こりやすい。二〇〇八年に住宅部門のサブプライムローンによって発生した危機はまさにこれであり、投資家たちは投資資産――製造会社や工業会社など――から資金を取り崩し、金融商品に仕立て上げられた住宅指数――これは実際に家を持たずに住宅価格を取引できるようにしたもの――などを含む、消費資産へと流し込んだのだ。このようなケースでは、煙が晴れたあとに見えてくるのは、そこにほとんど何の価値も残されていないという状態なのだ。

同様に、「商品」マーケットでは、投資家が短期的な儲けを追求して、「商品」を生み出す生産手段を無視した場合、より愚かな者の背後で価格上昇の危機がつねに迫るのだ。なぜならこれはトレーダーたちが、自分たちにはそれほど価値はないと思う資産でも、それを他人（より愚かな者）に高値で転売できると考えてしまうからだ。このおかげで、さらに（「商品」）価格を動かす圧力が加わる。ところが「商品」価格の上昇（そしてより具体的には投機家の「商品」マーケットへの関与）は、すべて「より愚かな者理論」が原因であるとしたり、「より愚かな者」という他者が将来のある時点で資産を高値で買うという理由のためだけに投機家が金融市場へ関与すると決めつけるのは間違いだろう。実際のところ、投機家というのはほかの金融（「商品」）資産を売買する投資家たちと同様に、需要と供給のファンダメンタルを注視していることが多いのだ。ところが「より愚かな者理論」を背景とする価格上昇の危険はバブルにつながり、これが破裂すると高い失業率、経済成長の不振、それに回復に数十年かかる大規模な赤字や負債という時代につながりうるのだ。そして決定的に重要なのは、「商品」がからんでいるところでは他の分野へ資金を回すことによって「商品」生産のための投資が不足し、これがさらなるグローバルな需給の不均衡や全体的な資源の逼迫状態につながるのである。

●中国における物価

中国では二〇一一年の年初から六カ月で豚肉の値段が四〇パーセント近く上昇している。中国の主要食品における需要と供給の根本的な不均衡を是正するために、北京政府は二〇〇〇万トンの冷凍豚肉の国家備蓄を放出して市場に流した。たしかにこの行動は社会不安を阻止したが、豚肉によって主導された食料価格の上昇は、中国の公式発表されたインフレ率を二〇一一年七月に六・五パーセントにまで押し上げており、結局、政府は金利と銀行準備金の要求の両方を引き上げることになったのだ。

ところがほかの国家はそれほどうまく対処できていない。二〇〇七年にはメキシコで食料に関する暴動が起こっており、これはトルティーヤを作るために使われるトウモロコシの値段の高騰が原因だった。二〇〇八年には暴動や反乱がエジプト、ハイチ、コートジボワール、カメルーン、モーリタニア、モザンビーク、セネガル、ウズベキスタン、イエメン、ボリビア、そしてインドネシアで発生している。これらはいずれも食料の値段の高騰が原因であり、このときは一年以内に世界中で約四〇パーセント価格が上昇している。二〇〇五年から二〇〇八年の間にトウモロコシの値段はほぼ三倍になっており、米は一七〇パーセント、そして小麦は一二七パーセントほど上昇しているのだ。

これらすべての劇的な価格の上昇にはいくつもの重なり合った原因がある。ところがカギとなっているのは「商品」価格が人々の生活に直接影響を与えるものであり、しかも有害な影響を与えることが多いという点だ。食料とエネルギーの価格の上昇は、容易に消費インフレを引き起こす。貧困国では、食料と食料に関連した支出が家計の半分をも占めるのだ。そして食料価格は西欧では消費物価のインフレーションのおよそ二〇パーセントを占めており、中国のような国ではこれが約八〇パーセントにもなる。

ところが「商品」の価格を上昇させる正確な要因については、今もって活発な議論がなされている。一般的には「商品」価格というのは、とくに非典型的な急上昇のときには多くの変数によって影響を受けるものだが、基本的にはほかの製品やサービスと同じように、需要と供給によって決定されるものだ。では需要から見てみよう。

中国に特有の需要の要因、たとえばこれまでの章で説明したような、富と都会化による人口面での逆風によって「商品」の生産が需要に対応しきれなくなった場合には、資源――そしてその価格――に圧力が加わることになる。これはインドやブラジルのような新興国のマーケット全般から同時に出てくる消費需要も同じだ。

比較的緩《ゆる》い財政・金融政策も、グローバルな資源の需要と価格上昇の圧力の原因となる。二〇〇〇年代の前半から中頃にかけて、先進国全般では前例のない財政支出が行われ、これによって経済全体に資金が大量に流れ込み、歴史的に低い金利水準の環境が作られて、いまやよく知られた巨額の負債と赤字を生み出したのだ。これらの政策は世界中に安く調達できるキャッシュを大量にもたらすことになったのであり、このために魅力的な「商品」投資が追い求められ、需要はさらに増加し、資源価格を上昇させたのだ。

供給側を見ると、たとえば為替価格の動きと「商品」――とくに金属、鉱石、そして農産物など――の入手可能性の間には、重要なつながりが存在することがわかる。この因果関係は、コスト構造や、とりわけ商品の生産における資本コストとオペレーションのためのコストとの間の、相対的な規模の差に左右されている。

金属や鉱石の採掘プロジェクトにはとても高い変動（オペレーション）コストがかかるが、事前に必要となる資本金はそれに比べると低い。変動コストはほとんどの場合が現地の通貨によって表されるものであり、それにたいして資本支出はたいていドルで表示される。そのためドルが弱くなればオペレーションコストは（現地の通貨が高くなるため）高くなるのだが、資本経費自体にはインパクトは何もないのだ。このようなコストの増加は生産にプレッシャーを与え、最終的にはその影響を受けた「商品」の供給を減少させる。それとは対照的にエネルギーというのは資本集約的で変動／オペレーションコストの低い産業であり、ドルの変動は完全にドル表示の原油価格の動きとして表され、したがってエネルギー産業は通貨為替の動きにはほとんど影響を受けないのだ。

石油生産における慢性的な投資不足は、世界規模でのエネルギーの供給不足の原因になっている。とくに、需要の拡大に対応しきれていないインフラ投資のせいで、「商品」のほとんどの分野では恒常的な需給の不均衡につながっている。エネルギー分野（そして農業分野も同じだが）での投資不足は、資源需要の増加が備蓄を消費し、現在ある生産能力の余力がなくなることを意味しており、その結果として「商品」の供給が押し下げられることになるのだ。供給量が固定されているのに新しい需要が発生しているため、「商品」価格は押し上げられるのを余儀なくされる。

また、「商品」の供給はほかの資源との共依存状態によっても影響を受ける。たとえば農産物の供給と価格は、エネルギーのような農産物以外の資源の供給や価格とも同時に動くのだ。エネルギーコストの上昇は、肥料、農場経営、それに食料の配達などのコストを上げる。そうなると穀物を生産者から運ぶために必要な費用は高くなり、穀物、農産物、そして食料全体の価格の上昇につながるのだ。水道料金や関税の価格の上昇も食料やエネルギー生産に影響を与えることになり、したがって両方の供給を妨害し、価格も上昇させることになる。

農産物の供給は、天候のような外因性の要因からも妨害を受ける。たとえばオーストラリアで繰り返される旱魃《かんばつ》（一八六〇年以降にオーストラリアでは大規模な旱魃が九回起こっており、二〇〇三年のものは最悪のうちの一つであった）や、ブラジルで一九九四年に起こった霜の被害でコーヒーの生産が壊滅状態になったことなどは、予測不能の天候のパターンがどれほど農産物の生産に深刻な影響を与えるのかを教えてくれる典型的な例だ。そして当然のように、供給可能量にたいする備蓄の量が急激に少なくなったこのような年度では、食料の価格が急上昇したのだ。

世界の「商品」の供給というのは、政府の行動や介入によっても害を受ける。アメリカの「農場令」や、それに類似するＥＵの「共通農業政策」のような補助金プログラムは、世界の生産を制限することもある。ほかにも二〇〇八年のベトナムにおける米の輸出の禁止や、二〇一〇年のロシアの小麦輸出禁止のような政策介入は、グローバルのマーケットに流れ込む「商品」の供給を制限することになる。

資本、労働、そしてテクノロジーの自由な流れにたいする政策の介入は、価格や予想リターンに関係なく投資拡大の障害となるのであり、これが長期にわたる物理的な資源の不足につながることもあり、またこれが「商品」の高価格をもたらすことになる。

「商品」の入手可能性や価格には、このような多種多様な要因が影響を与えるために、その不足や急変動の原因を特定するのはほとんど無駄な試みのような気もするが、それでもそれを行おうとする人は存在する。

●投機家たちは推測する

二〇一一年七月に教皇ベネディクト一六世（当時）は、「自己中心的な態度」による金融取引が世界に貧困と飢餓を広げていると非難し、すべての人の生存権を保障するために、食料という「商品」のマーケットにたいして、さらなる規制をかけるよう呼びかけた。教皇自身は「われわれは食料が投機の対象となっている事実や、明確なルールや道徳律を欠き、単に儲けを追求しているだけのように見える金融マーケットの動きに価格が連動しているという事実を無視できません」と言っている。

二〇〇八年七月に世界銀行が発表したレポートは、この教皇の懸念を裏づけしているように見える。このレポートにはさまざまな要因の中でもとりわけ「投機的な動き」が「商品」の価格を二〇〇二年六月から二〇〇八年六月の間に七五パーセント押し上げる役割を果たしたと書かれている。その他の推測では、二〇〇八年に至るまでに投機家たちは原油価格を一バレル平均九・五ドル上昇させたと主張されている。

「商品」の投機家たちにたいする批判者は、資産への莫大なキャッシュの流入が価格――とくに小規模なマーケットの価格――にインパクトを与えるという事実を指摘している。二〇〇八年までの「商品」価格に劇的な上昇が発生したのは、莫大な投資資本のまとまり（「商品」と結びついている金融商品も含む）が「商品」に流れ込んできたのと同時である事実は、金融マーケットのプレイヤーたちが「商品」の先物カーブと価格をねじ曲げたという主張を補強するものだ。ところがこれとは別の調査では「商品」の「金融化」（financialization）と価格の変化の間には有意な関係性は見つけられなかったとしており、「商品」価格は需要と供給のバランスという経済のファンダメンタルズによって動かされたものだと結論づけている。同様に、金融機関による実証的分析ではもっと微妙な結果が出ており、指数／消極的投資家たちが与えた「商品」価格へのインパクトはほとんどなく、より積極的な投資家たち、もしくは投機家たちが、「商品」価格との弱い関係性しか持っていないと結論づけているのだ。

実際のところ、投機家にたいして浴びせかけられる批判や軽蔑にもかかわらず、「商品」の投機家たちはマーケットにダメージを与えることはほとんどなく、むしろ市場の動きにおいてきわめて建設的な役割を果たしているという議論もできるのだ。彼らは少なくとも二つのやり方で金融マーケットの効率的かつ秩序だった機能を維持しているのであり、「商品」のマーケットの均衡を保っているのだ。

第一に、投資したまさにその資金と、ときにはそれを動かすスピードによって、投機家たちはマーケットに潤滑性をもたらす助けをすることだ。これによって石油や鉄鉱石、それに小麦のような「商品」資産はさらに容易に売買されることになり、それによって透明性や競争力のある価格が提供される。これは投機家が、（たとえば数年単位ではなく数カ月単位の）短期間の「商品」ポジションを取る傾向があるという事実を反映している。

第二に、投機家たちは「商品」マーケットにおける逼迫（不足）や過剰（余剰）がいつ発生しそうなのかを告げる役割を果たすことだ。マーケットの任務は、余剰時には過剰な供給を倉庫に送り、比較的逼迫しているときには倉庫から供給を引き出すことにあるのであり、投機家が需給の不均衡が存在し、取引が均衡していないマーケットに引き寄せられる理由はここにある。投機家が需給の不均衡を見つけることを批判するのは、温度が高いことを示している温度計を批判するのと同じようなことなのだ。

投機家たちは自分たちの行動を通じて投資の決定を導く手助けをすることもある。彼らはさらなる投資を必要とする部門や企業がその投資を得るように、または過剰投資している部門や企業が適正な規模にまで調整するよう教えるのだ。また、投機家によって引き起こされた「商品」の高価格は、代替「商品」への投資を発生させる。これによってマーケットは、根本的な需要と供給の問題を解決するほかの方法を探すよう動機づけされることになる。実際のところ、投機家が定期的に発信するシグナルを追随することによって、マーケットは根本的な需要と供給の問題を解決するほかの方法を探すよう動機づけされるのだ。株式市場でも見られるように、投機家たちが「商品」関連会社の株を売る（もしくは空売り）[5]リスクがつねに存在するため、経営者たちはつねに自分たちの資本と労働の配分を評価して最適化し、競合するマーケットで投資家たちに納得してもらうような説明を行わざるをえなくなるのだ。

投資家たちが業績や効率の悪い会社を一掃しなければ、過大評価された株や、資源配分を誤った会社が残ってしまうことになる。「商品」に関していえば、投機家のいない世界では「商品」が不自然に低い価格に留まることになり、「商品」への投資が不足し、グローバル経済は根本的な需給の不均衡を解決しようと動くのではなく、むしろ頻繁に逼迫した状態に直面することになってしまう。

●蓄える人々は蓄える

では投機的な資金が「商品」の価格急上昇や不足の原因ではないとすれば、本当の悪者は投機家と反対の人々、つまり、長期の金融商品（「商品」指数など）や、資源分野における投資資産にたいして資金を自由に流入させるよりも、その他の消費資産に長期にわたって自らの資金を預ける大規模な投資家たちのことなのだろうか？

すでに述べたように、価格上昇によって投資家たちは消費資産（金融指数など）からリターンを得ることができたとしても、投資資産は自らの資金を、資源分野におけるアイディアやイノベーション、生産、研究開発、そして人材開発――これらはすべて社会的利益につながる――に注ぐ会社に資金を向かわせることになる。言いかえれば、資源分野に投資を行うことは、「商品」価格の上昇だけなく、多くの面で利益を生む可能性があるのだ。そのような投資がなければ、グローバルな生産、資源インフラ、そして資源（食料、エネルギー、鉱石）の供給が結局は減速し、「商品」の逼迫は確実なものとなる。社会にとっては、まさにこれが年金ポートフォリオにとっての潜在的な短期の金融収益と、高い「商品」価格と生活水準の低下をともなう食料やエネルギーの逼迫（しかもこれは、投資の代わりに消費的な「商品」へ資本が割り当てられた場合）の間のトレード・オフになる。

年金基金や保険会社というのは社会資本の指導者、そして管財人としての役割があり、単に短期的な金融面での収益に焦点を合わせるのではなく、雇用や新製品、税金、人道面の進歩、継続的な供給という形で社会が得る利益について考慮する義務があるように思える。

結局のところ、世界銀行や国連食糧農業機関、そして世界食糧計画のような国際機関、食品会社、そして（自国民になるべく安くアクセス可能な食料を供給しようとする）政府というのは、将来の食料または長期の「商品」先物の消費者、つまり購入者とならざるをえないのであり、また短期的な利益を超えて長期的な利益を求める投資についても当たり前のように受益者となるのだ。

当然だが、結局のところわれわれは、それが根本的な需給の要因なのか、もしくはいろいろな投資家たちによる売買の選択に影響を受けたものかにかかわらず、「商品」価格の上昇を懸念すべきなのだ。ところが幸運なことに、経済には「商品」価格の上昇の勢いを抑える装置がもともと備わっている。

●デリケートなバランス

実際のところ、経済と金融マーケットは、世界から均衡が——少なくとも長期にわたって——

なくならないように作用している。そしてこの作用は、自動的に需要（もしくは供給）を変更して世界を均衡状態に引き戻す安定装置の役割を果たす要因に頼ることによって達成される。

たとえば経済が拡大していて、消費者があらゆる製品やサービスを求めているような状況を考えてみよう。このような場合、経済活動の増加はエネルギーの需要に直接的な影響を与えるだろうし、経済が拡大するにつれて石油の需要も上昇する。そうなると石油の供給が有限で生産力に上限のある世界では、需要が急上昇すると石油の価格もきわめて大きく上がることになる。

ところが石油の価格はいつまでも上がったままでいることができない。供給がついていけなかったとしても、石油があまりにも高くなりすぎると、消費者が代替品に切り替える（もしくはその「商品」をまったく使わずに済ませる）「トリガーポイント」に達する。「需要破壊」として知られるこの需要の減少は、消費者が代替品を求め始める「留保価格」[6]を超えたときに発生する。時間の経過とともに価格は調整されて需要の増加は抑えられることになり、価格は供給に見合うようになり、ふたたびマーケットの需給が均衡する。それでも価格を抑えるために「需要破壊」に頼ってしまうと、問題が二つ発生する。

第一の問題は、あらかじめ留保価格を知ることができないという点だ。石油やエネルギーの場合だと、中国やその他の新興経済国からさらなる需要が見込まれているために、グローバルな留保価格が上昇するのは目に見えており、何も変化しなければさらに上昇することがわかっている。さらに具体的にいえば、新興経済国からの底なしのように見える需要は、（グローバルな）留保価格が上昇する（エネルギーにたいして人々が払おうとする価格）だけでなく、消費者が石油にたいして支払おうとする最低価格（もしくは底値）も世界的に上昇することを意味するのだ。

第二の問題は、西洋諸国の消費者たちが「商品」へのアクセスを求めていても、中国の消費者たちが同じ資源により高い値段を払おうとしているという事実であり、これは「商品」の価格が上昇するにつれて先進国の消費者たちは「商品」の代替品を求めるようになり（需要破壊）、これが西洋諸国の生活水準の低下につながる可能性がある。ここ一〇年間では一日五〇〇万バレル近くの需要が先進国のマーケットから消滅しており、これはとくにグローバルな規模での供給不足による価格上昇ととくに関連している。したがって、「商品」マーケットにはたしかに自己修復機能があるのだが、それでもそのバランスは脆弱《ぜいじゃく》であり、その修復はマーケットの参加者全員にとってソフトランディングにはならないのだ。

もし自己修復メカニズムが作動せず、うまくソフトランディングができなかった場合、その結果として大災害が起こりうる。とくに投機家たちは集団的な動きを通じて投機的なバブルを発生させることもあり、資産や「商品」の市場価格は、本来の価格、もしくは適正な価格よりもはるかに高いものとなってしまう。これについてはテクノロジー株や住宅ローン市場のバブルでわれわれもすでに経験済みだ。投機家たちは借りた金でレバレッジを利かせて賭け金を上げるために、バブルが吹き飛んでしまうと経済全体に大きな悪影響をもたらす可能性があるのだ。

「商品」マーケットもバブルに弱い。その証拠に、史上最も劇的なバブルのいくつかは「商品」で発生したのだ。おそらく最も有名なものは、一六三〇年代半ばにオランダで発生した「チューリップ・バブル」（Tulipmania）であろう。一六三七年一月にオランダの取引所でホワイト・クローネン種の球根一株の価格が二六〇〇パーセントも上昇し、これが二月の第一週には結局のところ九五パーセントも下落した。最後の「愚か者」はアムステルダムの運河そばの大きな家（カナル・ハウスと呼ばれるもの）が購入できる値段で一株を入手しようとしていたという。

●「商品」マーケットへのあるメッセージ

「商品」投資家たち――これには中国も含む――にとっての問題は、土地、水、エネルギー類、そして金属や鉱石におけるグローバル規模の需給の不均衡が増大する中で、それぞれの「商品」価格にどのようなレバレッジをかけられるのかということだ。ここで思い出していただきたいのは、土地や水というのは、小麦、トウモロコシ、そして大麦などのような食料「商品」にたいする直接的なインプットであり、これらの「商品」はすべて商品取引所で取引できるものであって、それらの価格は、必然的にこのような基となる資源の使用可能性をある程度反映したものだということだ。

さらに根本的な面から言えば、もし需要と供給の不均衡が次の一〇年間でたとえば一〇パーセントや二〇パーセント悪化したとすれば、どのマーケットが最も損害を被るのであろうか？　そしてこの影響は、すでに敏感になっている「商品」のカーブと価格に組み込まれているのだろうか？　この二つの疑問にたいする答えは、表5-1に示されている。

この表は二〇二〇年までのさまざまな「商品」の需要と供給の予測を記したものだ。これは完全なリストではないが、それでもいくつかの「商品」が直面する逼迫状況や、とくに将来の需給リスクについてのスナップショットを示している。だがこのデータそのものを見る前に注意していただきたいことが二点ある。

第一の注意点は、ある「商品」の需給（もしくは価格）を確実に予測できる人は誰もいないという点だ。これは非常に大規模な石油生産者や、自分たちで自由に使える莫大な分析データを持っている最もやり手のアナリストやトレーダーたちにとっても同じことだ。投資家たちは誤差の範囲をかなり大きくとって「商品」に投資するものであり、予測不能な経済の動きや自然災害など、すでに検証してきたような多くの理由で、絶えず判断を間違うこともありえるのだ。第二の注意点は、現実の個々の「商品」の需給はダイナミックなものなのに、この表は一時点での静的なスナップショットしか見せていないという点だ。つねに変化し続ける「商品」価格が意味しているのは資源の需給がつねに上下しているということであり、表が示しているような固定的なものではないのだ。

そのような欠点があるにもかかわらず、これらの予測は、最も精通したコメンテーターたちが特定の食料、エネルギー、そして鉱石の需給の成り行きがどのように移り変わっていくと見てい

表5-1　将来（2020年）見込まれる世界の「商品」の不均衡

商品名	その用途	需要（2020年の予測）	供給（2020年の予測）	需給差（2020年の予測）	スナップショット曲線（2012年2月時点）
銅（キロトン）	(a) 配線、配管（水道や冷蔵など）	(b) 34,358	(c) 18,098	(d) －16,260	(e) ★ バックワーデーション
鉛（キロトン）	電池、おもり、はんだ、弾丸	13,712	4,205	－9,507	コンタンゴ
亜鉛（キロトン）	めっき、サビ止め	17,627	11,293	－6,333	コンタンゴ
トウモロコシ（1000トン）	食材、生物燃料、プラスチック、織物、接着剤	939,747	938,847	－900	★ バックワーデーション
ニッケル（キロトン）	磁石、蓄電池	2,326	2,155	－171	バックワーデーション
綿（1000 480ポンドバレル）	布地（タオル、デニム）コーヒーのフィルター、紙、テント、漁網	141,197	142,235	1,038	バックワーデーション
小麦（1000トン）	生物燃料、食材（パン、シリアル、アルコール）	715,909	717,791	1,882	コンタンゴ
大豆（1000トン）	飼料、油	290,295	297,605	7,310	∧ コンタンゴ
アルミ（キロトン）	容器、運送	72,264	134,517	62,253	コンタンゴ

★当初はコンタンゴ◎；∧極めて周期的

出典：Data on metals and minerals from Wood Mackenzie; Agricultural data from the USDA.

るのか、そしてさらに重要なのは、先物商品の価格の推移についてのわれわれの議論を彼らが形作っていくのかということについての、おおまかな兆候を教えてくれる。

表は予測されている需給不均衡を順番に並べたものだ。つまり、「商品」の中で最も厳しい逼迫状態（需要と供給の差によって特徴づけられる最も深刻な不足）に陥るものから、最も資源の圧力に直面しないと思われるもの、そして実際に余剰になるもの（供給が予測される需要を超えるもの）の順番に並べられている。

およそ中間にあるのがニッケルであり、二〇二〇年にはおおむね均衡していると見られている。これはつまり需要と供給が均衡しているということだ。銅は表からも見てとれるように、不足状態になると見られていて、鉛と亜鉛もその状況はそれほどかけ離れたものではない。ここで示されている食料関係の中ではトウモロコシが最も不足すると見られているが、これはエタノールの生産のために栽培されることが増えているのも関係していることを忘れてはならない。

もちろん同時に、二〇二〇年には多くの「商品」が過多や供給過剰になっていたりすると見られている。たとえばもしこのデータが信頼に足るものだとすれば、アルミ、大豆、そして小麦は余剰状態になり、不足のリスクはないように見える。これからわかるのは、生産者はすでに世界規模でのこれらの「商品」の不均衡のリスクにたいして、投資過剰や生産の増加によって対応（そして過剰な対応さえ）しているということだ。もちろんの別の説明としては、特定の「商品」が飽和状態になることによって、需要の圧力が時間の経過とともに弱まるからだというものがある。

このような現実の例からわかるのは、多くのトレーダーたちの見解に従えば、中国の道路インフラの建設や拡大はほぼ完了したという事実だ。約八万五〇〇〇キロにもわたる道路や高速道路のネットワーク（アメリカのそれは七万五〇〇〇キロ）があるため、道路インフラ用の鉄にたいする中国の需要は下落傾向にあり、さらに落ちていくのが確実だと思われている。もしこれが実情だとすれば、鉄の需要の全般的な低下は、鉄の価格を下降させる可能性があるだろう。

取引という視点から見ると、トレーダーというのは、価格が上がることを期待して、欠乏したり不足したりすると予想される「商品」を買い待ちする（つまり購入する）ものだ。彼らは供給過多がこれらの「商品」の価格を低下させると期待しつつ、余剰な「商品」を売ることを計画する（つまり売り待ちする）のであり、おおよそ需給バランスがとれている「商品」については「模様眺め」（wait and watch）をするのだ。この後者の場合にはトレーダーたちは日和見的に取引を行うのであり、「商品」が不足や余剰の間で揺れ動くことによる値動きから利益を得る。

優秀なトレーダーだったら誰でも教えてくれるように、最も成功しているトレーダーたちというのは、（「商品」）マーケットで取引する際に二つの質問をつねに念頭に置いているという。それは「何が起こると思うか？」と「（トレーダー、政策決定者、経済学者、政治家、そして消費者といった）ほかの人たちは何が起こると考えているのか？」である。後者の質問はジョン・メイナード・ケインズの有名な美人コンテストのたとえを思い起こさせるものである。この中でケインズは、株式市場における価格変動で勝つための戦略は、一番可愛い顔を選ぶのではなく、大半の人が一番可愛く感じると考えられる顔を選ぶことであると述べている。ケインズのこの分析はいまでも有効だ。多種多様な「商品」取引の変数の中でも、いまだに人間の知覚は重要だが、大衆、決断、それに戦略なども同じく大きな影響力を持っているのだ。大衆はマーケットを動かし、決断はものごとを実現させ、そして根底にある戦略は大衆に方向性を与え、決断を特徴づけるからだ。ここで中国に話を戻そう。

需要と供給の大規模なシフトを超えて、将来における「商品」価格の変動は、中国のグローバルな挑戦によって主導され、支配されることになる。グローバルな「商品」の価格に与える中国の影響力は、彼らが資源を求めているという事実だけではなく、世界最大の人口を抱え、しかも現在では世界の中で最も豊かな部類に入る国が、資源へどのようにアクセスしようとするのかという点も踏まえて予測される。次章ではこのトピックについて見ていこう。

1　商品価格指数というのは、選択された「商品」価格の加重指数であって、直物価格や先物価格に基づいていることもある。商品価格指数は広範囲にわたる「商品」資産クラスや、エネルギーや金属のような特定の「商品」のまとまりから構成されており、投資家たちにさまざまな指数を教えることによって「商品」へ投資しやすくしたものだ。

2　もちろんある「商品」価格の弾力性（すなわち、資源への需要が価格の変化によってどう変化するのかということ）は、「商品」への投資判断にも影響を与える。

3　金融のポジションによりもたらされる可能性があるのはポジティブキャリー（すなわち継続的かつプラスのキャッシュフローを生み出す資産）や、当面のキャッシュフローさえ生まないネガティブキャリー、すなわち借入金のコストをまかなわないキャッシュフローである。

4　実践面では、ある資産（たとえば債券など）の先物価格を推測するためには三つの変数が必要となる。その三つとは、その資産の現物価格すなわちその日の価格、リスクフリーレート、それにキャリーコスト（金融費用とも呼ばれる）である。これは「商品」にも当てはまるのだが、唯一違うのは、物理的に「商品」を保有する利益を反映するため、便宜収益によってキャリーコストが調整されなければならないという点だ。

5　「空売り」とは、第三者（ブローカーであることが多い）から借りた株式や資産を売却する行動のことである。

6　留保価格とは、消費者が支払う最大価格、もしくは生産者が販売する最低価格のことである。

第6章
マーケットの独占

昔々、ある巨大で貧乏だが資源の豊富な国が、経済発展をしようと決心した。「われわれはインフラを近代化し、鉄道を建設し、新しい技術を輸入しなければならない」と政府は宣言した。するとその後に彼らは大規模で豊かなアジアの国からの訪問者を迎えることになった。このアジアの国はある取引を持ちかけた。「こちらは何十億ドルもの信用枠を供与しますので、われわれの技術を輸出します。われわれの会社は港や発電所を建設し、鉱山の近代化を手伝います。われわれにあなたがたの石油と鉱石、それに土地へのアクセスをくれることによって返済してくれればいいのです」。アジアの多くの貧しい国は、このアジアの豊かな国のもちかけを強く警戒していたが、その取引に応じて計画が実行に移された。

これらの国の中の一つ、つまり大規模で貧乏だが石油が豊富な国というのが中国であり、アジアの豊かな国が日本であった。[1] 鄧小平が一九七〇年代半ばに中国の資源を日本に開発させるのを許した時点では、中国はまだ文化大革命から復興を始めたばかりであり、彼の考えはかなり議論を呼ぶものであった。ところが鄧小平は実権を握り、中国はその当時からは考えられなかったような発展を続けたのだ。このような話は世界中で当てはまるものだが、今日では「資源は豊かだが貧乏な国に取引を持ちかけるアジアの国」が中国になっている。

ここ数十年間で中国は驚くべきほど巧みに立場を逆転させており、単なる借り手から、ずば抜けたグローバル規模の貸し手に変わったのだ。ところがこの動きの中で最も興味深いのは、単に中国が目標達成に成功しただけでなく、資源獲得の活動も成功させ続けていることだ。わかりやすく言えば、中国は資源の豊富な国々と特別な関係を築くことを通じて、数多くの「商品」についてのとくに優秀な「グローバルな価格設定者」となったのだ。

●借用証書

生物学において「共生」というのは、異なる種の生物が親密かつ長期的な相互関係（互恵的なものから寄生的なものまで）にあることを説明している。精神医学での定義も似たようなものだ。つまり二人の関係であって、互いに依存したり互いを助ける関係にあり、しかもその依存は有益なものであったり有害なものであったりするものだ。

中国のグローバルな「商品」戦略は、このような「共生」的な関係の特徴をすべて持っている。両者は互いに（ほぼ生死をかけるレベルにまで）依存している。中国は他国が必要としている資金を与える代わりに、自分がものすごく必要としている資源へのアクセス権をもらうのだ。こうすることによって、「商品」から生まれる共生的な均衡は――少なくとも減少しつつある資源が枯渇するまでは――活気を呈することもある長期的な関係を成立させるのだ。

このような経済的な共生関係というのは、とくに珍しいものではない。よく知られたものには「チャイメリカ」関係がある。これは中国が米政府に多額の資金を貸すことによって、その代わりにアメリカの消費者マーケットにほぼ無制限でアクセスできる関係だ。他の互恵的な共生関係と同じように、米中両国とも互いに欲しいものを得ている。ワシントンは決定的に重要なキャッシュの融資を受け続けながら、中国はアメリカの消費者マーケットへのアクセスを確保するのだ。

中国の「商品」獲得活動は、世界中の国々を同じような共生関係に固定することを意図している。中国が一九七〇年代半ばにインフラ投資を通じて経済発展を成功させるために日本の資金を獲得する必要性があったように、現在の資源が豊富な国々も、中国の金融投資を必要としており、しかも中国はこれらの国々からの天然資源の入手を維持する必要があるのだ。

このような依存状態は、金融危機の脅威によってさらに強まることになる。この循環から抜け出そうとする国家には、自らの経済に深刻なダメージを与えるだけのかなりの覚悟が必要になる。「チャイメリカ」関係において、アメリカは中国からの借金にたいして債務不履行を宣言することができるのだが、これはその後の借入費用の大幅な増加につながる可能性もある。

また、アメリカは中国の安価な製品にたいして関税をかけることもできるのだが、これはアメリカの製品にたいしても似たような貿易の障壁につながる（しかもこれはアメリカの経済にとって害を及ぼすことになる）のだ。同様に、「商品」取引に携わっている資源の豊富な国々というのは、自国の資産への中国のアクセスを、たとえば資源の国有化などの手段によって制限することもできるのだが、たとえ中国以外の購入者が見つかったとしても、これはホスト国が必要としている国内のプロジェクトの資金供給を基本的に保障していた中国からの資金の流れをカットすることを意味することになる。

取引される資産が世界最大の消費者マーケットへのアクセスであるか、もしくはアフリカのニッケル鉱山であるかに関わりなく、取引の結果と本質というのは同じである。それは、政府が半永久的、もしくは当事者の少なくとも一方が必要としていたものを得ることをやめるときまで固定化されてしまう、長期的な依存状態である。ここから逃れようとしても無駄であり、みんなが中国に借金を負ったままになってしまうのだ。もちろんある国家が中国の求める資源をコントロールしていて、しかもその資源の単一の供給元である場合、中国はこの国家に縛られてしまっていることになるのだが、資源の供給元というのは複数である場合が多く、それにたいして中国の富とその規模というのは（とりあえずいまのところは）並はずれているのだ。

もちろんこれは他国が依存状態のサイクルに飲み込まれることから逃れようとしないという意味ではない。すでにこのような貿易依存状態はよく知られているので、多くの資源保有国は自らの主権を維持することと、自国への必要な投資資本の流入を許すことの間で、バランスをとることに苦心している。

その中でもブラジル政府はこの非常に微妙な問題、とくに外国に自国の土地へのアクセスを与えることに関する問題への対処で苦労している。ブラジルの場合、おそらくそう遠くない将来にナショナリスト的な法的保護が与えられる可能性が高い。土地へのアクセスと土地の保有についてのこれらの新しい規制が、錯綜《さくそう》する権益や利害の衝突を超えて浸透するのには時間がかかるかもしれない。しかもこれらの規制には、外国による土地の所有や土地へのアクセスに積極的な制限をかけることや、土地の使用法――たとえば採掘、牧畜、産業、もしくは農場経営や食料の生産など――を限定したり、外国が土地へのアクセスや土地のコントロールができる期間に上限を設けることなどが含まれるのはほぼ確実視されている。力をつけつつあるブラジルの産業界も、地元の製造業者が中国の製品にマーケットを奪われたことから、中国からの輸入にたいして徐々に反抗的な態度を見せつつある。中国が引き続き財布をとり出して資源を買い上げる状態が続いているため、とくに中国との共生相手自身がますます豊かになってくると、このような反抗的な行動が次第に広まっていくことが予測できる。

●資源独占者の台頭

二〇一〇年七月に、ロンドンを本拠地とする商品ヘッジファンドのアルマジャロ社は、ココア市場を独占――もしくは少なくともそうしようと――した。

ロンドン国際金融先物取引所（ＬＩＦＦＥ）の取引日の終わりまでに、このヘッジファンドは二万四一〇〇件のココアの先物契約を買い待ちにしている。一つの「契約」はココア豆一〇トン分にあたるので、アルマジャロの一時的な保有量は莫大なものになり、タイタニック号サイズのばら積み貨物船五隻を満杯にするのに十分な量、あるいは一一三グラムのチョコレートバーを五三億本作るのに十分な量になった。実際のところ、二四万一〇〇〇トンのココアというのはヨーロッパ全体に供給されるココアの量と同じであり、当時のココアの時価で一〇億ドル近い価値を持っていた。そして当然だが、これはグローバルなココアのマーケットにおいて相当な割合を占めたのである。買い待ちにして世界のココアの年間生産量の七パーセントにのぼる量を購入すること――しかもこの当時のアフリカのココアの栽培の生産量は芳《かんば》しくなかった――によって、このヘッジファンドは重要な食料資源の供給に巨大な圧力をかけたのだ。

もしアルマジャロ社が二四万一〇〇〇トンの豆を単純にマーケットへ出さずに（ココア豆は倉庫で二年間保存できる）過ごしていれば、世界の需要は決して満たされることはなかっただろう。このときにマーケットは予測されたとおりにココアの価格をここ四〇年間で最高レベルまで引き上げ、コートジボワールでココアの豊作が伝えられる数カ月後まで値段は下がらなかったのだ。結局のところ、アルマジャロは賭けに負けて損を出したのだが、この原因は倉庫料と保管コストが月に一〇〇〇万ドルかかったことにもある。

これはアルマジャロ社にとっての初めてのココア豆の買い占めではなかった。この社長のアンソニー・ワードは、「商品」ビジネス界では映画007のジェームズ・ボンドの有名な敵役である「ゴールドフィンガー」になぞらえて「チョコフィンガー」として知られているが、彼はそれに足る十分な経歴を持っている。

一九九六年にもワードのファンドは、三〇万トンのココアを先物で購入することによって買い占めのようなポジションを得ている。これは当時の年間生産量の一〇パーセントに当たり、二〇一〇年のときよりも大きな賭けだったのだ。ところがここでも「商品」価格は修正され、アルマジャロは結局のところ売り方側にまわってしまったのだが、もし一つのヘッジファンドがこのような命知らずの業績を企てることができるのならば、中国のような莫大な資産を持っている国が特定の「商品」マーケットを独占できる――もしくは独占すべき――のは当たり前だと言えそうだ。

もし中国がさまざまな「商品」の十分な量を購入し、マーケットで十分な（さらには過半数）のシェアを占めることができれば、資源価格に強力な影響力を与えることができるだろう。ところが「商品」マーケットの買い占めというのは、中国にとって特定の資源にたいしてコントロールできる唯一の方法というわけではない。製品やサービスの価格は、当事者、すなわち売り手と買い手によって決定されるのであり、またその中で最も力の強い当事者によって決まるからだ。とはいえ、中国のグローバルな「商品」マーケットにおける役割とその存在感が増しているということは、資源価格の決定に中国が究極的には影響を与えることになるということを意味している。そしてすでにかなりの程度まで、この状態は実現しているのだ。

●すべての道は「買い手独占」に通ず

経済学で独占状態が存在するのは、個人や企業が生産やサービスの供給において（価格を含む）条件を大幅に決定できるほどコントロールする力があるときである。

有名な「独占」、つまり一人の売り手が多くの買い手を相手にする状態とは反対の状態を「買い手独占」という。すなわち、ただ一人の買い手が多くの売り手を相手にするマーケットの形である。製品やサービスの唯一の買い手として、買い手独占者は、独占者が買い手にたいしてマーケットをコントロールするのと同じように、理論上は供給者にたいして条件を決定することができるのだ。買い手独占者とは、「商品」の取引の基礎である完全競争市場とは正反対の世界に生きているのだ。完全競争市場の下では、どの参加者も同質の製品（すなわち本質的に同じ製品のこと）についてのマーケット価格を設定するほど力は強くない。

「買い手独占」の典型的な例が、スーパーマーケットと農家の関係だ。トマトや肉牛の生産を例にして考えてみよう。ウォルマートのような大規模なスーパーマーケットのチェーン企業（唯一の買い手だ）は、多くの売り手である農家から牛肉やトマトの仕入れを行うことができるだけの市場力がある。その他の「買い手独占」の典型には、たとえば単一の支払者による国民皆保険制度があり、これは政府が医療サービスの「唯一の買い手」である。また、高性能の兵器（戦闘機、戦車、大砲など）も国家の政府だけが――少なくとも正統的な手段において――多数の供給者から製品を購入できるのだ。

資源の買い手としての中国の目立った存在は、次第に「買い手独占」的な形を示しつつある。実際のところ、中国の現在までの流れを見ると、今後は最適な購入者になることが予測できる。つまり、「頼りになる」資源の買い手であって、世界の資源の産出のほとんどを消費する存在だ。

●繰り返されるデジャヴュ

二〇一一年春の「商品」マーケット（そして同時に株式市場も）は、グレンコア社という商品取引会社の新規株式公開によって色めき立っていた。ちなみにこの会社の名前は「グローバルエネルギー商品資源」（Global Energy Commodities Resources）を略したと考えられている。

このときまで、グレンコア社の保有していたソフト・ハード両方の資源商品――農産物、原油、そして天然ガス、石炭、亜鉛など――の組み合わせ（ポートフォリオ）の秘密は厳重に守られていた。ところが株を新規公開する際の審査の一環としてポートフォリオの開示が行われると、グレンコアは信託式(これはトレーダーや仲介業者を含む取引のこと)の亜鉛マーケットの六〇パーセント、銅の五〇パーセント、鉛の四五パーセント、アルミナ（酸化アルミニウム）の三八パーセント、燃料炭のほぼ三分の一をコントロールしていることが明らかにされたのである。

当然とも言えるのだが、二〇一一年五月にグレンコア社がとうとう株式公開に踏み切ったときに、ロンドン証券取引所のプレミアム上場部門の中でも時価総額は史上最大であった。現在の同社は株式会社であり、ロンドン証券取引所のプライマリー上場、香港の証券取引所ではセカンダリー上場という立場を維持している。

グレンコア社が所有していたものの範囲と深さを考えると、すべての資産の時価総額が約六〇〇億ドルであると推定されていた企業が「商品」のマーケットにおいてこれほどまでの支配力を持っていたことに驚かされる。莫大な外貨準備金を持つ中国が同じような戦略をとったとすれば、どのような事態になるのかを考えてみてほしい。このようなシナリオが実現すると、中国政府とその企業群は世界の「商品」マーケットのかなりの部分――といってもすべてではないが――をコントロールできる可能性も出てくるのだ。

もちろん中国が「商品」マーケットを支配できるようになるまでには数多くの障害が待ち受けている。たとえば他国（韓国や日本、それにカタールやアラブ首長国連邦のような中東諸国の政府系ファンド）や資源企業（グレンコア、米石油大手のエクソンモービル、もしくはアーチャー・ダニエルズ・ミッドランド、モンサントやカーギルのような米食糧関連企業）なども、資源マーケットにおいて優位に立とうと努力したり競合したりしているのだ。また、中国自身の経済の停滞があまりにも深刻になって「商品」の需要が減少してしまうというリスクも存在する。とはいえ中国の経済のファンダメンタルズ、資本、そして経済の急速拡大を維持することについての首脳部の願望など考えると、このシナリオが実現する可能性は低いだろう。

中国は日ごとにマーケットの占有率と支配力を獲得しつつあり、その支配力とともに取引の条件に影響を与える能力が増加している。あらゆる意味で唯一の買い手である中国によって資源価格が決定されることになる日も遠くないかもしれない。このような「買い手独占」の世界では、もはや価格は完全競争状態にあるマーケットのように決定されることはない。唯一の買い手が価格を決定し、買い手独占者が直面するただ一つの制約は、マーケットの供給能力の限界だけだ。このような多くの要因によって、中国が「商品」マーケットで「買い手独占」的なパワーを確保する可能性は、かなり現実的なものとなってくる。

●中国の「買い手独占」パワーの源泉

「買い手独占」者たちは自分たちの市場力を、主に参入障壁を作ることによって獲得する。このような障壁は、潜在的なライバル（将来の買い手）となる企業やファンドが市場参入するのを牽制《けんせい》したり、もしくは少なくとも相手と競合するための能力を大きく削ぐのだ。三つの主な参入障壁とは、政策、経済、そして法律によるものがある。

まず政策による障壁では、ある企業（もしくはこの場合には一つの国家）が政府のトップと共謀したりロビー活動を行ったりすることによってライバル会社を排除したり、競争そのものをなくしてしまうときに発生するものだ。すでに中国は多くの人々から世界の石炭市場における「買い手独占」者であると見られている。

経済面での障壁には、規模の経済、事業の拡大によって企業が得るコスト優位、それに必要資本、すなわちある企業が取引を始める際に使用可能でなければならない最低限の資本などが含まれる。中国は「商品」分野全般の参入に必要とされる資本の支払い要求に応じられる財務面での体力を明らかに持っている。「商品」分野では、（立ち上げ時の）コストが重荷となることもあり、また採掘用の機械のメンテナンスや農場を運営するためのインフラ維持のコストが繰り返し発生することも多い。しかし本当の財政力は、景気の良いとき・悪いとき、つまり価格の上下に関係なく、「商品」のサイクルを通じてオペレーションを維持することができるかどうかにかかってくるのだ。このような問題や、かなりの額の資金の支払い要求のリスクがあるおかげで、必然的に「買い手独占」者のほうが有利となる。

さらに状況を厳しくしているのは、天然資源に必要となる資本のかなりの部分が埋没費用（初期開発投資や鉱山の開発などに関する回収不能なコスト）となる可能性もあり、これらの大規模な固定費は小規模なプレイヤーの拡大を難しくするだけでなく、さらにはそもそも事業に参入することさえ困難にしてしまっているのだ。しかし中国には莫大な富があるため、これらのコストはどちらも自分たちの資源計画にとって克服不可能な障害とはならないのだ。

「買い手独占」／独占産業構造から生じる経済面での障壁としては、大きな範囲での生産にかかる財政コストが減少していくことから得られる「規模の経済」という問題がある。ある意味で中国はほぼ「買い手独占」者である（「商品」の購入という分野で大きな存在であるため）と言えることから、これらの「規模の経済」による利益は中国にも発生することになり、潜在的な競合相手の参入をますます難しくするのだ。すでに詳しく説明したように、さらに重要なのは、北京政府が国営企業もしくは国に近い立場の企業が世界で展開する「商品」事業に援助するため、競合相手よりもかなり低いコストしかかからない。実際のところ、このコスト構造は、中国の国営企業にとって資本コストがほとんどゼロに近いということを意味している。

これらを併せて考えると、中国の広範囲にわたる利益／助成金コストの構造は、中国企業が支払うコストをマーケット以下――中国以外の国や企業や個人たちが金融マーケットで直面するコストよりも低い――レベルにしているのだ。したがって、「商品」マーケットにおける中国企業の巨大なプレゼンスは、一般的な西洋式の金融評価モデルをもとにした推測を読み誤らせ、中国の事業を儲からないものとし、かつ競争する魅力のないものに見せるのだ。単に儲かる資源へのアクセスを得ること以上に「商品」への投資に価値を見いだしてそれを支持するという中国の視点から見れば、取引成立のために越えなければならないハードルは低いことになる。端的にいえば、すでに述べたように、中国は他人が価値は何もないとするところに価値を見いだしているのだ。

当然だが、中国が今日持っている購買力の規模と大きさは、その資本調達のコストがゼロであるという幻影と相まって、競争の可能性をほとんど無意味なものにしてしまう。時の経過とともに中国が唯一のプレイヤーだと周囲に認識されるようになれば――「商品」の分野では確実にそうだが――取引を追い求めるコストは減少する。そして競争力のある価格を提示する買い手の数が少なくなるにつれて、売り手側は買い手の第一候補となる中国とビジネスをするために列をなすようになり、この逆は起こらない。そして実際にこの状態が発生すれば、「買い手独占」はとても儲かる状態になるのだ。

●中国はダンピングしている？

損益分岐点コストを「商品」分野全般で下げることは、見方によれば、一種のダンピングとほぼ同じ、もしくはそれに似たような状態（製造分野での独占状態においてより頻繁に見られる）だということになる。

ダンピングが成功するのは、悪事を行おうとする側がコストを十分に下げて、合理的な投資家たちがゲームに参加し続けて製品を売ろうとするのが経済的だとは言えなくなる状態になったときである。国際貿易でのダンピングというのは、ある国が別の国に、国内価格よりもはるかに低い値段で輸出する状況のことを示す。外国からの輸入品は時間の経過とともに、消費者がコストの高い国産品よりも安価な輸入品を選ぶようになるため、自国の製造業者を駆逐してしまう可能性がある。これとは直接的に類似したものではないのだが、それでもこのような傾向のもたらす結果は、製造業の数がここ数十年間で激減しているアメリカでも見ることができる（たとえば中国が主導する世界市場からの安い工業製品と競合できなくなったため、アメリカで製造業に従事する約一五〇〇万人の労働者が失業している）。同じような考え方でいけば、「買い手独占」の買い手——この場合は中国——は、入札価格（中国が資産獲得のために払おうとする価格であり、広範な利益や資本コストがかからないことによって合理的となるもの）を他者がマーケットからはじき出されてしまうほどの高いレベルまで上げることができるのだ。

この傾向を熟知していた韓国石油公社の代表姜泳元《カンヨンウォン》氏は、二〇一〇年に彼が代表を務める国営企業に買収対象を売り込みに来る投資銀行家たちにたいして、「中国との競争に用心し、大規模で資金の豊富な中国企業を避けろ」という明確なメッセージを発している。これはつまり「中国との入札競争になるようなプロジェクトは提案するな」ということだ。

中国の影響力は、過去においても金融マーケットに大きなインパクトを与えている。たとえば二〇〇四年に、以前は「完全競争」のマーケットだと考えられていた一〇年物米国債の利回りを、中国はほぼ単独で決定する存在となっている。[2] 今日においても多くのマーケットの参加者たちの間で共有されている視点——これが正しいか間違っているかはおいておくが——は、もし中国が米国債の購入をやめたらアメリカの負債コストが劇的に上昇し、大きくドル安に傾くというものだ。なぜだろうか？　その理由は、最後の貸し手である中国が、もうこれ以上貸してくれなくなってしまうかもしれないからだ。

価格が「買い手独占」的な形で決定され、しかもこの買い手が中国であるという考え方は、自由市場の信奉者たちにとっては冒瀆《ぼうとく》的なものとして映る。この文脈から見れば、中国の努力は資本主義的な競争経済というモデルの神聖さにとっては明らかな侮辱となるのである。中国がグローバル規模で行っている資源蓄財の動き――その〝合理的〟な市場の公正価値よりも高い値段を払おうとする姿勢や、中国企業の複雑で精巧なネットワークを支えようとする熱心な態度――は、完全競争市場の原則を貶《おとし》めて害をもたらすものなのだ。資産価格は高騰――これは石油や食料の価格の上昇でも見ることができる――し、そして資源は単一の保有者の手である中国の手に落ちることになる。

ところが厳格な資本主義から生じる怒りともとれるものは、中国にほとんど影響を与えない。莫大な資金を抱えているおかげで、中国は「商品」のほとんどの分野で決定的な買い手――資産の一番の競り手であり、そのために市場価格を支配する買い手――となったのだ。もし「商品」マーケットにおける中国の台頭が続き、中国が最終的な価格設定者となり、グレンコア社の「商品」獲得の偉業を超えるようなことになれば、完全に均衡しているマーケットが崩壊する可能性も（もちろんその可能性はほんのわずかだという人もいるだろうが）出てくる。実際、中国はマーケットを独占することもできるだろう。

●法に謳われている？

公共政策と経済的な障壁のほかにも、法や規制の枠組みが、業界内における非競争的な独占状態や「買い手独占」状態を推進することがある。

企業や産業、もしくは国にたいして与えられる法的権利というのは、あるマーケットを迅速に独占するチャンスを与えることにもなる。とくに法的に独占的支配を可能にする典型的な例が、製薬会社のケースである。彼らの持つ特許権は、彼らだけが一定期間、新薬の売り手になる権利を担保するものだ。薬を開発した製薬会社は、生産から流通までこの薬のすべてのマーケットを囲い込めることになる。同じような状況は、本の著作権からある種の独自技術にまで至る、知的財産権の分野でも見てとることができる。これらの排他的な権利――これは一種の独占である――というのは、発明者や創作者に見返りを与えることによって、イノベーションや研究開発を推進するよう多岐にわたってデザインされている。ところが一般的に独占状態というのは、経済の順調な動きという面に関してはあまり望ましいものではないと考えられていることから、競争が存在する産業構造を維持するために法定な措置が採られることがよくある。

完全競争市場が好まれるのは、消費者にたいして最適な価格と最大限の選択肢をもたらすからだ。競争を阻害するということは、弱肉強食・適者生存というダーウィン的なマーケットが生じ、たった一人の生産者がすべての生産品を供給（もしくは「買い手独占」の場合ではたった一つの買い手が購入）することになり、その結果すべての需要――もしくは「買い手独占」ではすべての供給――の価格設定をコントロールすることになる。

国際貿易、反トラスト規制、そして本格的な反トラスト訴訟などが暗示しているのは、マーケットが野放しだと独占という均衡に傾く可能性があるということである。したがって国際法は、それがなければ独占的なアクターたちの台頭を可能にしてしまう弱体化したマーケットを監視するためのものなのだ。一九九八年にアメリカとヨーロッパの規制当局は、コンピュータのソフトウェアのマーケットで圧倒的な位置を得て競合他社を追い出そうとしているとして、マイクロソフトをそれぞれ独自に提訴しており、両方のケースで同社は莫大な課徴金を支払うことになった。ヨーロッパ連合（ＥＵ）は、マイクロソフトに約五億ユーロ（約八億ドル）の支払いを命じたのだが、当時この額はＥＵが命じた課徴金としては過去最大のものであった。さらに、ＥＵはマイクロソフトにたいして一二〇日以内にソフトウェアの情報を開示するよう命じている。マイクロソフトへの課徴金や、その背後の大きな法的枠組みというのは、「マーケットというのは自然と独占状態に向かうものだ」という前提のもとに作られたものである。ところが皮肉なことだが、次のセクションでも見ていくように、これらのルールは実際のところ「商品」マーケットのコントロールを追求する中国に、それを可能とさせてしまうかもしれないのだ。

●法的な真空状態

多くの国々の独占禁止法というのは、とくに企業の活動を規制するために作られているが、主権国家が主導するグローバルレベルでの追求に適用される反トラスト規制は少ない。言い換えれば、一つの企業がある産業を完全支配しようとするのを阻止するために設けられるマーケットの保護措置の多くは、中国の「商品」奪取の動きにはほとんど効かないのだ。実際のところ、企業の活動を厳しく制限する一方、国家主導の追求を自由にしておくことによって、中国は国際的に広く浸透している法的環境の恩恵を受けているのだ。資源獲得争いにおける中国の競合相手が出現する可能性を排除することによって、これらの規制は中国が世界の「商品」業界で価格設定をする「買い手独占」者になることを図らずも手助けしているのだ。それがブラジルであろうとアフリカ諸国であろうと、中国が土地と農産物の獲得において圧倒的な立場にあるという事実は、まさにその例の一つだ。世界では明らかに法的な真空状態が存在するのだが、それでもグローバルな政策決定の効果があがらない理由としては、怠慢で不十分な配慮、そして力不足などが挙げられる。

世界銀行のような主要な国際機関は、たしかに「商品」の概況について報告するような仕事を行っているし、各国政府は個別のニーズや生産のための政策を設定するのだが、資源不足が避けられない今後の世界において、さらに飽くなき「商品」需要による破壊的な結末の可能性が存在する――これにはこれから世界中で起こる可能性があると見られる資源争いに関した紛争も含まれる――にもかかわらず、資源に関する法的・政策問題に特化して包括的に対処するような国際的な調整機関は存在しないのだ。

各政府のその場の決定――たとえばアメリカが中国の購入を阻止することなど――は中国の熱意を削ぐかもしれないが、中国の国家として行動を規制するような、整合性があって普遍的な支持を受けた法的枠組みの創設がなければ、ほとんどの政策決定者たちはグローバルではなく個別の国家の範囲で動くことになり、将来直面することになるはずの国境を超えた実質的な「商品」

リスクにたいして備えを欠く状態になるのだ。[3] そうこうしている間に中国は世界中の耕地、エネルギー、そして鉱石などの分野で、マーケットのシェアやアクセス、それらの支配を拡大する公算が高い。

●法的な〝地雷原〟

中国による「商品」マーケットの支配の追求は、世界が直面する新たな挑戦となるかもしれないが、このようなグレーな分野を規制する国際法の効力のなさは、いまに始まったことではない。たとえばもし石油輸出国機構（ＯＰＥＣ）の参加国が「企業」であったとしたら、アメリカやイギリスで石油生産の談合、価格操作、そして独占禁止法違反で厳しい課徴金を課せられたり、その代表者たちが刑務所に入れられてしまっても文句は言えない。ところがアメリカの裁判所はＯＰＥＣにたいして司法権を行使することを拒否している。アメリカの連邦議会はこの状況を打開するために、二〇〇七年に「石油生産輸出カルテル禁止法案」（ノペック法案）を通そうとした。しかし国際的な政策上の理由から、ブッシュ大統領はこの議案を拒否している。

ところがここで興味深かったのは、ホワイトハウスが法案を拒否したあとに出したコメントである。この声明では「この法案は、石油の供給の混乱やガソリン、天然ガス、暖房用燃料、そしてその他のエネルギー源の価格の高騰につながる可能性がある」と述べられている。さらに加えて「政府はマーケットのメカニズムをもとにした国際的なエネルギー取引や投資体制を支持する。

しかしながら、政府がこの目標を達成するために使う適切な手段は、その取引に関与している国々とアメリカとの外交努力にあり、アメリカの法廷でその国々を訴えることではないと信じている」と述べている。そして、この「ノペック法案」を承認すると、アメリカにたいする報復措置を引き起こすことになり、石油の供給に害を及ぼすということも述べており、ホワイトハウスは「そのような結果は石油の国際的な取引における自由なマーケットの達成にはほとんど貢献せず、海外におけるアメリカの他の権益に大きな害を及ぼし、アメリカ経済における投資を大きく抑制してしまうことになる」[4]と宣言している。簡潔に言えば、たしかに法的な訴えかけは妥当なものかもしれないが、アメリカは世界最大の産油国と激しい貿易戦争を繰り広げるよりも、ＯＰＥＣの首脳たちと非公式な場で話をつけることを選んだということだ。

中国についても、これと似たようなマイナス点を合理的に予想できる。

反トラスト的な観点から中国政府にたいして確かな訴えが可能であったとしても、中国がすでに「商品」マーケットでかなりの位置を占めていることを考えると、ＯＰＥＣの前例が示しているのは、このような事態は起こりそうもないということだ。そして中国が行使できる影響力を考えれば、中国の「商品」への積極的な攻勢に対応した既存の世界の法的枠組みも、執行されないままとなることが推察される。結局のところ、貿易交渉では例外事項というものが必ず出てくるものであり、投資協定（工場や債券にたいして直接行われるもの）や貿易協定、それにあらゆる分野の商品取引でさえ、政治的な駆け引きが行われる。

中国に国際裁判で勝訴できる確率は今日ではかなり低いのだが、この中国という国家の国際的な競争の仕方が急激に巻き起こしているのは、競争法・独占禁止法は時がたてば産業界の取引と同じような形（マイクロソフトにたいする課徴金のような形）で資源の取引にもほぼ確実に適用されることになるはずだという想定だ。近年において、中国のいくつかの大企業は、世界中で反トラスト規制による精査を受けている。二〇〇三年に中国のTCLとフランスのトムソンは、世界最大のテレビ製造会社を設立するために、テレビとDVD関連の事業を統合している。その七年後に、中国の浙江吉利控股集団（ジーリー・ホールディング・グループ）は、スウェーデンのボルボ社を一八億ドルで買収している。この買収は最終的には認められることになったが、中国の指導部は、次に自分たちが行う同じような大規模な「商品」獲得の分野で広範囲にわたる独占禁止法的な規制が仕掛けられるようになるのは遠い将来のことではないことを学んだのだ。結局のところ、産業面での取引とは違って、中国の「商品」への行動は「世界の資源の価格や、最終的には製品やサービスの価格という形で平均的な消費者に影響を与える」という意味で、全世界の消費者へと広範囲な影響を及ぼすことになるのだ。そのためどの国の政治家も、この話には無関心ではいられなくなる。

中国の「商品」取引についてのアプローチは、買い手と売り手双方の態度が変化するために、確実に変わっていくものとみられる。今日まで中国の資源獲得の動きというのは、とくに法の執行をする余裕がなかったり、法そのものが少数の有力者に握られていたり、実質的には法の存在しないような、発展途上の資源国において法の規制が軽視されていた点もあって、優位な立場にあった。たとえばいくつかのアフリカの国々では、中国の企業と労働者にたいする非難の声が高まりつつある。国民の不満が中国の資源の需要拡大と衝突すると、このやり方も変更せざるをえなくなるし、いくつかのホスト国は中国側にたいして要求を高め、従来の柔軟なやり方を制限せざるをえなくなる。

同じような力学によって、「商品」の買い手である中国側とホスト国の法律は、これまでとは異なる関係を築くよう迫ることになる。買い手側は今後中国と外国の競争法の両方を考慮に入れ、海外で投資を行う場合の微妙な問題にも管理・対応しなければならないことを段々と認識するようになる。さらに一般的にいえば、これは中国が世界中で「商品」分野において取引交渉の経験を積み、その交渉スキルが世界水準にまで高まると、世界の「商品」にたいする中国の積極的かつ機会主義的な投資アプローチは上達して、より成熟したモデルに発展する可能性が高いということだ。そしてこのモデルには、さらなる透明性の要素——価格の決定やそれ以外の取引条件についての最低限の透明性——が含まれることになる。そして当然のように「商品」の価格や、この価格を動かしている需給の力学について透明性が高まるのは、つねに歓迎すべきことなのだ。

いずれにせよ、中国の積極的な資源獲得の動きは増加を続け、それとともに価格や「商品」の全分野で、世界全体の対処の仕方にも影響を与え続けるのだ。しかし問題は、世界では資源の欠乏が迫ってきており、世界全体が中国にたいして与えられる影響力が下がりつつあるという点だ。

1　この話は二〇一〇年七月二八日にワシントンD.C.で開催された「中国のアフリカ関与についての会議」におけるデボラ・ブロウティガム（Deborah Brautigam）女史のスピーチを要約したものである。

2　中国の米国債購入が利回り（すなわち金利）を下げる可能性がある。この影響の一つは、長期の公的年金債務の評価額の上昇である。もし年金資産の評価額が一定であり続ければ、年金の実質額のポジション（資産額―債務額として計算される）は悪化する。

3　グローバル経済の一部分となっている国は、インフレを「輸入」することもある。国内の石油の流れが機能していても、国際的な原油価格の動きに影響されるからだ。

4　OPECの石油の輸出は国際的に取引されている量の約七〇パーセントを占め、全世界の石油備蓄の三分の二を生み出している。

第7章

マーケットへの介入

ノーベル賞経済学者であるアマルティア・センは「政治的な要因のない食糧問題などあるわけがない」と述べたことがある。センのこの言葉には、世界中の政府が——たとえば食糧欠乏のような——危機を、需要と供給の両方に影響を与えるさまざまな政策手段を使って防ごうとしているという事実が少なくとも一部には反映されている。たとえば中国では一人っ子政策によって食糧全体の需要を減らそうとしている。[1] 一方で、補助金を通じた農業の保護によって、アメリカとヨーロッパは食糧の供給の強化を促している。これら地域の国々（そしてそれ以外の多くの国々）は食糧の輸入を制限し、国内の農家にさらに食糧を生産するための財政支援として、農業への補助金に毎年何十億ドルも割り当てているのだ。しかもこの財政支援のおかげで、供給が需要をはるかに超えてしまうこともあるほどだ。

たしかに中国政府は世界の「商品」マーケットの中で積極的な動きを続けているが、資源のマーケットに介入しているのは中国だけではない。介入の実質的な影響というのは、現在進行中の天然資源の減少に政府の行動がさらに加わることによって、「商品」の需要と供給に大きな影響を与えるという点に表れている。

国家が経済において果たす最適な役割についての議論は、経済学の歴史そのものと同じくらい古い。最近の最も有名なエピソードは、二〇〇八年の金融危機の影響によって経済全体が崩壊するのを防ぐために行われた、数兆ドル規模の金融介入であろう。このときには政府の介入の是非が議論されたが、重要なのは、信用危機が「商品」の危機とはどれほど根本的に違うのかという点を理解することだ。あらゆるマーケットの中でもとくに取引が公開されているマーケットでは、規制当局にはマーケットの失敗の蓋然性《がいぜんせい》を減少させる――もしくは最低でもダメージを制限する――義務があるのだ。もちろんこれは簡単なことではない。では「商品」マーケットの動きと金融マーケットの動きを比較して考えてみよう。

●基本に戻ろう

悪天候が続いてジャガイモの苗が甚大な被害を受け、劇的にジャガイモの供給が減少してしまった場合を考えてみていただきたい。これは実際に一九世紀のアイルランドの大飢饉（一八四四～一八四九年）で起こったことである。このときに被害をこうむった苗は全体の三〇パーセントにのぼり、一〇〇万人が死んでいる。マーケットの観点から見ると、採取可能なジャガイモの激減はすぐに需要を変化させるわけではないため、その価格は上昇して新しい需給の均衡状態へと調整されることになる。ジャガイモの価格の上昇は、供給の不足分を補うためにジャガイモの生産量を上げるように、国内外のジャガイモの生産者を促すことになる。時間の経過とともにジャガイモの供給量が上がると、市場価格は調整されて、もともとの需給バランスと価格基準にほぼおさまることになる。「商品」のマーケットのように普通に機能しているマーケットではこのような自己修正が自然に行われ、マーケットの調整にわざわざ政府が介入する必要はない。実際のところ、政府の介入というのは有害に働く場合もあるほどだ。たとえば、もし政府が介入してジャガイモを供給したとすれば、これは商業的にジャガイモを栽培しようとしている農家たちが新規参入するのを永続的に抑制してしまうことになる。

では金融マーケットについて考えてみよう。ほぼすべての金融危機は、借り手が返済義務に対応できないことによる、債務不履行の増加に銀行が直面したときから始まっている。二〇〇八年の金融危機もまさにこのようなメカニズムに従っており、サブプライムローンによって資金を借りていた人々が債務を履行できなくなってきたことによって始まったのだ。レバレッジを高く設定していた銀行は、その多くが貸出資金をほかからも借り入れていて、突如として預金者にたいする多額の借金を抱えることになった。またこの預金者が別の銀行から金を借りていたことから、完全な負のスパイラルにはまり込んで問題をエスカレートさせたのだ。金融マーケットは互いに微妙なつながりによって結びついているために、この債務不履行が発生した速度と規模は、銀行だけでなく、世界経済全体に劇的な影響を与えたのだ。

二〇〇七年三月にアメリカのサブプライムローンは一・三兆ドルの価値があり、発行済みローンの七五〇万ドル以上が「第一抵当権」が設定されていた。[2]

ところが同年の七月にはサブプライムタイプのローンは発行済みのローンのたった六・八パーセントしか占めていないにもかかわらず、抵当権実行の四三パーセントに相当しており、一〇月には変動金利によるサブプライムローン（subprime adjustable-rate mortgage loans）の約一六パーセントが三カ月の滞納か抵当権実行の手続き中だった。これは二〇〇五年の三倍の数にのぼる。翌年の一月には滞納率が二一パーセントまで上昇しており、二〇〇八年五月にはこれが二五パーセントになっていた。結果として、二〇〇八年半ばには世界中の主要銀行やその他の金融機関が五〇〇〇億ドルの損失を報告したのである。

最終的にはサブプライムローンの借り手から返済金が戻ってこなかったため、多くの銀行は日常業務を行うための資金を十分に持っていなかった。業務遂行を継続するという圧力に対処するために、銀行はローン貸し付けの少なくとも一部を回収しようと顧客たちに迫り始めた。この顧客たちは銀行からの圧力に対処するために他の銀行から預金を引き出すことになり、これによって預金を引き出された銀行は他の預金者に頼ることになる。このような騒ぎが、銀行、家庭、企業、そして政府にまで大損害をもたらすことになったのだ。もちろん「商品」（ジャガイモ）マーケットと金融マーケットというのは双方とも国民や国に修復不可能なほどのダメージを与えるものである。とくに金融マーケットは「商品」（もしくは他の）マーケットとは異なる独特な性質を持っている。

一つ言えるのは、金融マーケットというのは危機を繰り返す傾向があり、それ以外のマーケットにはこのような傾向はないということだ。『国家は破綻する：金融危機の800年』（日経BP社刊）という本の中で、著者のカーメン・ラインハートとケネス・ロゴフは一四世紀のイングランドの国家破綻から最近のアメリカのサブプライムローンまで、金融危機が二三五回起こったとしており、しかもアフリカ、アジア、ヨーロッパ、ラテンアメリカ、北米、そしてオセアニアまでの六六カ国の事例をカバーしている。この二人の分析からわかるのは、金融危機は同じような原因と様相を持っているということだ。

それに加えて、金融マーケットというのはある一つの国の経済だけでなく、グローバル経済における「血液」となっており、その波及効果は他の産業分野に伝わって世界へと広がるのだ。これらのネットワーク化した相互依存状態が意味しているのは、金融マーケットの失敗が経済全般だけでなく国境を超えて広がるということであり、とくに密接に結びついたグローバル化した世界では、この影響がかなり大規模に増幅される傾向を持つ。これこそが、金融マーケットの失敗が「システミック・リスク」――金融システム全体を崩壊させるリスク、もしくは二〇〇八年に見られたような、世界経済全体を崩壊させるリスク――を含んでいるという理由なのだ。

ほかにも言えるのが、金融マーケットは「商品」マーケットと同じように自己修正的なものではないということだ（ジャガイモの苗がある国で壊滅的な被害を受けても、他国の農家がジャガイモを植えてその供給不足をうまく利用しようとするため）。したがって、政府はきわめて有害な結果を避けるために介入しなければならない。

このような金融マーケット危機が持つ独自の特性のために、政府による経済への介入が正当化される二つの明白なケースが出てくる。一つは犯罪行為の停止という場合で、もう一つはマーケットが問題を解決できず、とくにある分野の問題が経済全体に悪影響を及ぼすような場合である。「商品」マーケットに政府が介入するという問題はこれらの基準から外れてしまうため、「商品」マーケット全般において、中国政府の支援を受けた行動（もしくはそれ以外の国々の場合も同じだが）――それに伴って生じうる責任――というのは、さらに複雑な問題に至ることになる。

●政府の介入

二〇一〇年九月にワシントンポスト紙は驚くべき内容の記事を掲載した。この記事によると、アメリカ国防省は元国防諜報局の幹部が書いた回顧録の初版――これは数万部にのぼる――の全部を購入して破棄しようとしていたという。この介入についてはしくわかっていないのだが、とにかく明確になったのは、政府の「恐怖」がいまでも存在するということであった。さらに基本的なことを言えば、それが「商品」マーケットにたいする中国の国家主導の場合であろうと、出版物を管理する（表面的には自由放任主義の）アメリカ政府の場合であろうと、政府というのは行動することができるし、実際に行動する、ということだ。もちろん、それが本であろうと「商品」であろうと同じである。しかしその保護しようとする財産が知的なものであれ物理的なものであれ、政府が介入しようとする動機は基本的に二つの形をとることになる。

一つは、国家に政治的な意図があって介入するというものだ。これは国家機密や食糧の供給を守るような場合である。食糧の自給を確保する――たとえマーケットをねじ曲げるような政策を使っても――のは、食糧生産国の生産と供給能力が自然災害や戦争などによって制限されてしまった場合でも、食糧不足にならないようにする狙いがあるのだ。ロシアの首相（当時）であったウラジミール・プーチンは、二〇一〇年に穀物の輸出を禁じて国内の食糧の供給を確保しようとしているが、これも同じことだ。二〇〇八年には中国、インド、パキスタン、カンボジア、そしてベトナムが米の輸出を制限して、自国民に十分行き渡るようにしている。政治的な介入理由というのは、国家の名誉や所有権という問題にも発展する場合がある。これは、国家が持つ天然資源というのは個人や企業ではなく、国家とその国民に属するものであるという考え方が前提にある。

もう一つの形は、国家が経済的な理由で「商品」マーケットに介入するというものだ。これには雇用を守ったり、国内の農家の収入を確保するためという理由も含まれる。アメリカとヨーロッパが国内の農業を支えるために使っている補助金というのは、外国で作られたものよりも国内で作られた製品やサービスを好むよう国民を丸め込むための経済政策として行われるものだ。ところが補助金や関税、そして為替操作のような貿易政策のねじ曲げのほかにも、政府が自身の資源にたいして明らかな利害を持っている状況も存在する。その典型的な例が、石油にたいする国家の注目度の高さだ。世界経済におけるその価値と重要性のために、石油というのは国営企業にコントロールされていることが多い。実際のところ、埋蔵量から計算すれば、世界の上位一三位までの石油会社というのは、完全もしくは部分的に国営企業なのだ。サウジアラビアのアラムコ、国営イラン石油公社、ベネズエラのペトロレオス（ＰＤＶＳＡ）、ロシアのガスプロムとロスネフチ、中国石油天然気集団、マレーシアのペトロナス、そしてブラジルのペトロブラスのような国営企業は、世界の石油埋蔵量と石油生産の七五パーセント以上をコントロールしている。結果として、これらの国々はマーケット全体を通じて供給量と需要量の両方に直接影響を与えることができるのだ。

中国では三つの国営企業が石油マーケットに参加している。中国石油天然気集団（ペトロチャイナ）、中国石油化工（シノペック）、中国海洋石油総公司（ＣＮＯＯＣ）であり、とくにＣＮＯＯＣは中国の海外の石油資産を中心とした業務を行っている。中国には石油関連の民間企業も六〇〇社以上あるのだが、それでも上述した三大企業が中国のエネルギー分野の業務のほとんどを占めている。この中で国営企業が中国国内のほとんどの石油の販売、精製、生産、そして流通を行っているのだ。

巨大な石油備蓄も、政府がエネルギーのマーケットに影響を与えることができる仕組みの一つだ。たとえばアメリカの戦略石油備蓄は世界最大級であり、この備蓄は四カ所に分けて七億二七〇〇万バレルも蓄えられている。南アフリカ、ケニヤ、そしてマラウィというアフリカの国々も石油備蓄を持っており、アジアではインド、タイ、韓国、そして中東の多くの国々も同じように持っている。二〇〇一年三月に国際エネルギー機関（これにはアメリカ、イギリス、日本、そしてヨーロッパの多くの主要経済国が含まれる）は、参加している二八カ国すべてにたいして、前年の石油輸入量の九〇日間分に当たる量の戦略石油備蓄を持つことを義務づけた。また、ヨーロッパ連合も参加国の戦略備蓄に特定の義務づけを行っている。アメリカのエネルギー情報局によれば、世界全体ではおよそ四一億バレルの石油が戦略備蓄として蓄えられており、そのうちの一四億バレルが政府によってコントロールされているという。

戦略備蓄施設の建設は供給の逼迫《ひっぱく》を調整して安定化させ、結果として消費者がガソリンスタンドで支払う値段も調整して安定化させることになる。これはとくに世界のマーケットで大規模に石油価格が不安定になっているときに効果を発揮する。最近の例は二〇一一年六月であり、このときにアメリカと国際エネルギー機関は共同でそれぞれ戦略備蓄から三〇〇〇万バレルずつ放出している。この動きは主に原油価格の高騰と不安定化に対処するためのものであった。この当時の原油価格は一バレル九〇ドル前後であり、アメリカ国民は国内平均のガソリン価格が一ガロン（約三・七八五リットル）で三・六ドルを超える事態に直面していた。少なくともこの変動の原因の一部は、中東や北アフリカの石油生産国——とくにマーケットに一日当たり約一五〇万バレルを供給していて「アラブの春」の渦中にあったリビア——の政情不安にあった。

「商品」関連の資源――とくに石油――が枯渇しつつある資産であることを認識している石油生産国の諸国は、「金融的戦略備蓄」とでも言えるようなものを、石油の収入をもとにして作った政府系ファンドという形で設立している。これは一般的に、一時的な「商品」価格による増収益はそのまま貯蓄または手をつけないようにして、政府の通常の財源や予算とは別の扱いとするのだ。ノルウェーの政府系ファンド（ノルウェー中央銀行の投資部門としても知られる）はこの典型的な例だ。このファンドは、ノルウェーが北海石油で得た収益を投資する責任を持っている。二〇一一年一〇月の時点で五五〇〇億ドルを運用しており、世界三大の政府系ファンドであり続けている。ところがこのファンドでは現在その全体のほんの一部しか使用されておらず、そのほとんどが将来の世代のための基金として貯蓄・投資されているのだ。[3]

石油の保有はその中でも最も知られている備蓄であるが、政府は「商品」危機の発生時に経済と国家の安全を確保するために、他の「商品」も大量に蓄えるものだ。たとえばサウジアラビア、ロシア、そしてエジプトは、小麦の戦略備蓄を用意している。そしてすでに述べたように、中国は豚肉の戦略的ファンドを持っているのだ。

それでもエネルギーのマーケットへの介入はさらに広がることが予測されるのであり、バリューチェーンのあらゆる段階で政府が石油マーケットを丸め込もうとする。産出（たとえば許認可への支配を通じて、政府が地下から何をどれだけ取り出すのかを決定する）から流通、そしてエンドユーザーや消費者や下流業務の管理まで、政府はエネルギーのマーケットへ関与するものである。たしかに中国政府も同じように関与している。

●中国政府の「長い手」

中国のエネルギー部門は、国家能源局（ＮＥＡ）の広範な管理下で運営されている。中国は戦略石油備蓄（ＳＰＲ）を築いている。これは政府が運営している基地と、石油の備蓄を命じられている少数の営利企業のネットワークである。他国と同様に、中国は世界のエネルギー価格の変動による経済の変調を避けるために石油の備蓄を行っているのだ。要するに、世界の原油価格が比較的低いときに備蓄した原油は、価格が高いときや原油の供給が国際マーケットで比較的逼迫しているときに活用できるため、これらの備蓄はヘッジとして作用するのだ。ＮＥＡは、国際的にエネルギー価格が低いときをうまく利用して石油の備蓄を補充して増加させるのだ。

中国は二〇〇四年から二〇〇七年にかけて世界の原油価格が高騰して国内のエネルギー不足が深刻になってから、ＳＰＲシステムを通じて石油の備蓄を積極的に強化してきた。このときの価格高騰は、国際的なエネルギーのマーケットの動揺による影響を受ける中国の経済計画や開発の行動計画に潜む脆弱《ぜいじゃく》性を暴くことになった。このおかげで中国は備蓄を大幅に拡大するようになり、他の主な石油消費国と比較しても不利な立場にならないように備えたのだ。

中国は二〇一三年までに、現在四カ所ある戦略石油備蓄用の施設に加えて、新たに八カ所建設する。これによって中国の戦略原油備蓄能力は、三億バレル近くまで増加することになる。さらに全体的にいえば、中国が計画している国家備蓄がすべてが実現すれば、ＳＰＲは二〇一六年までに五億バレル近くまで上昇することになり、これは四五日分の供給量となる。それに加えて中国は商業向けとして約三億バレルの原油備蓄能力を持っており、そのほかに八〇〇〇万バレルの精製油を蓄える施設を建設中だ。合計すると、これは九五日分の供給と同じ量になる。二〇〇四年から二〇〇七年の間の中国の国家石油備蓄は、当時の状況から見ても自国の経済を支えるたった二一日分の量しかなく、これは日本とアメリカが一〇〇日分の十分な備蓄を蓄えているのと比べても少なかったことがわかる。

「エネルギー問題は、中国にとって戦略的に重要な問題である」という言葉ではまだ足りないくらいだ。世界第二位の石油消費国である中国は、国内需要の約半分の量を輸入に頼っている。二〇一〇年の中国の石油の輸入総量は一日に四八〇万バレルであり、これが二〇一二年には五九〇万バレルに増加すると見込まれている。それでも中国はまだエネルギーを必要としており、ＮＥＡは二〇〇九年から二〇一一年にかけて国内の石油産出量を年間二億トンにしようと計画している。ところがこのような備えがあったとしても、輸入石油への依存度が高まるというトレンドは変わらないだろう。実際のところ、中国は引き続き六〇パーセントもの石油を二〇二〇年まで輸入でまかなおうとしており、しかもこの割合は二〇三五年までに七二パーセントまで上がる可能性があるのだ。

戦略備蓄の量を増加させるというのは、変動しやすい原油価格や供給にたいする政府の対応として共通したやり方だ。ところが中国が石油マーケットを積極的に管理するやり方にはまだほかの方法がある。しかもこれは先進国が必要とみなすようなやり方を、はるかに超えた操作の仕方なのだ。中国はエネルギーの価格に上限と統制の両方を課している。このテクニックによって中国は消費者がガソリンスタンドで支払うときの価格を設定することができるのであり、これは「すべてにおいて目に見える統制を行う」という中国政府の大きな戦略に沿ったものである。

同様に、中国石油天然気集団（ペトロチャイナ）や中国石油化工（シノペック）は、石油の輸入ライセンスをコントロールすることによって石油マーケットの秩序を守ろうとしている。

商務部の研究員である唐淳風《とうじゅんふう》氏によって明らかにされた政府の公式見解では、「もし輸入ライセンスが民間企業に認可されてしまい、しかも適切な管理がされなければ、投機や石油マーケットの秩序の崩壊、それに国家の安全保障を脅かすような事態にまで到達してしまう可能性があるからです」と述べられている。これは政府の介入を正当化する理由だが、もちろん「この前提が正しければ」という但し書きがつくことを忘れてはならない。

これらすべての政府の介入――それが補助金、関税、もしくは備蓄を通じたものであろうとなかろうと――によって引き起こされるのは、価格、供給、そして需要の大幅なねじれであり、これらはすべて「商品」マーケットの効率良い働きを妨げてしまうのだ。実際のところ、マーケットのゆがみというのは、それが資源という資産を世界的なポートフォリオの中へ収拾したり「商品」マーケットの多くを買い占めようとしたりしている中国のやり方や、農産物やエネルギーマーケットで割り当てや補助金を出したりする西側諸国の行為であるかどうかに関わりなく、その結果は同じである。それは「商品」マーケットにおける圧倒的なコントロールの行使であり、これは世界の消費者たちにとって混乱をもたらす可能性があるのだ。

たしかに多くの政府は、程度の差はあれども、これらのゆがみを作ったことがあるという点では有罪である。しかし多くの「商品」マーケットのトレーダーたちが論じているのは、アメリカやヨーロッパ諸国の介入というのは、投資家がマーケットのサインを読むことによって得る損得に与える影響という点では害は比較的少ないほうである。むしろこのような介入はその規模が知られており、介入が行われる期間についても明らかであり、かつ情報が多い傾向にある。端的にいえば、アメリカとヨーロッパの介入の場合には、かなりの透明性が存在するのだ。

それとは対照的に、中国の資源獲得、つまり中国がどのタイミングで買って、どのように買い、それをいつ蓄えるのかについては、かなり多くの不確実性が存在する。このためマーケットの参加者たちにとっては、中国の行動が与えるインパクトを正確に予測することがきわめて冒険的となる（不明確な状況で正確に予測できれば、現実に大きな儲けを生むことにもなるのだが）。

価格操作（補助金などを通じたものなど）、国家主導の配給（たとえばＯＰＥＣのカルテルなど）による産出量への影響、そして備蓄のほかにも、他国や多国籍企業を単に締め出すことによって、国家は資源を管理している。外国勢力を締め出すことは「商品」のコントロールを維持するという意味ではかなり積極的なアプローチなのだが、この手法は世界中の政府で使われてもいる。

たとえば一九八八年から二〇〇八年の間に、アメリカ政府は本拠地がアメリカにある企業を獲得しようとする外国企業などからの二〇〇〇件近くの提案を却下している。これは年に一〇〇件ほどの割合となり、一週間に二件が却下される計算だ。これはカナダの対外投資審理法が一九七三年に発効されてからたった二件しか却下されていないのとは対照的だ。二〇〇八年にカナダの当局は、アメリカのアライアント・テックシステムズ社によるマクドナルド・デットワイラー・アンド・アソシエイツ社（ＭＤＡ）の買収を却下している。二〇一〇年一一月には、巨大鉱山企業であるＢＨＰ社がポタッシュコーポレーションを三八〇億ドルで買収するという提案をカナダ政府は拒否している。この二つの提案はあきらかに国益を考慮したものである。ＭＤＡ社は国防や航空産業に使われる高性能の素材を製造する会社であり、ポタッシュ社は世界最大の肥料会社で、リン酸肥料と窒素という重要な「商品」を生産している。

アメリカでは、国内の企業や活動にたいする海外からの投資が国家安全保障に及ぼす影響を外国投資委員会（ＣＦＩＵＳ）が検討している。カナダの場合と同じように、アメリカ政府の却下――といってもはるかにその数と頻度は多いが――というのは、二〇〇五年の中国海洋石油総公司（ＣＮＯＯＣ）による一八〇億ドルのユノカル社の買収の失敗に見られるように、国家安全保障や「商品」資源の分野が多い。もちろんアメリカの商業活動へのアクセスとコントロールを拒否されたのは中国の企業だけではないのだが、積極的なマーケット参入への動きや比較的不透明なビジネスのやり方への不安が増大するにつれ、中国はアメリカからだけでなく、国際的にも懸念の矢面に立たされているのだ。その証拠に、すでに詳しく述べたように、中国のアプローチはアメリカのようなホスト国だけでなく、ＩＭＦのような第三者からの反対によっても制限されている。

「商品」をもとにした取引というのは、ホスト国の政府たちによる場当たり的な政策の餌食になるという点で悪名高いものだ。あるときは必死に契約を結ぶように言いよってきたかと思えば、次の瞬間にその契約を反故《ほご》にしても何も思わない。

「商品」マーケットでは、アクセスと占有に関する特定の――しかも悪名高い――問題がつねに繰り返し発生する。ホスト国の政府は、外国の投資家たちにたいして圧力をかけようと思ったときには、いつでも資源というカードを切ることができる。なぜなら靴の製造のような工業生産に比べて、石油採掘や鉱山の稼働というのは、企業にとってその場所を移動させたりするのはかなり高くつくものであったり、実際にはそもそも不可能であることが多いからだ。なぜならほとんどの資源が土地の内部（鉱石、石油）か、直接それに結びついている（材木、農作物）ために、それを採取する作業というのは、たとえば利益分配についての契約を断固として変えるつもりでいるホスト国の格好の餌食になりやすいのだ。また、「商品」生産という事業を突然国家に没収されてしまうという永続的な脅威も存在する。

最大級の鉱山資源を抱える国（たとえばコンゴ民主共和国）や、最大の油田を持つと見込まれている国（たとえばベネズエラ）は、過去に何のためらいもなく――しかもほとんどもしくは何の前触れもなく――真正な契約を突然破棄して、その資源の所有権を奪い返したことがある。彼らは突然の契約破棄を行う傾向を持っており、しかも投資家や（海外の）企業たちが投下した資本を失ってもいっこうにかまわず、鉱山の中で働いている人々が失業することも厭《いと》わないのだ。「商品」マーケットでは政策決定者たちは思いつきで考えを変えることができるし、実際にそうしているのだ。

エネルギーや鉱石の所有権とアクセスに関する問題は、水や土地を支配することにまつわる問題よりもさらに難しいものになる。とくに土地のほうは、大きく見れば国境や地政学によって解決されるものである。石油や多くの鉱石のような貿易可能な「商品」資源の所有権というのは、それよりもむしろ公表された価格に組み込まれているものだ。その証拠に、市場で一般的に取引されている「商品」に含まれる価格情報というのは、明白な所有権（たとえば契約条項によって規定されたもの）や天然資源の資産にたいする名目上のコントロール（アクセスする権利とその資産の一部を利用することのみが与えられている）の間の緊張を示す、よい指標だ。

政策の不透明性というのは、ほぼつねに資本のコストを上げるものだし、必然的に投資を減少させることになる。投資しようと考えている人たちの中には、あまりにもリスクの高い事業に自分の資金を預けるのをいやがる者もいるからだ。結果として、不確実性がきわめて高い地域で操業する企業の株価というのは、操業のもととなる資産や埋蔵物の質や量に関わりなく、あらかじめ割り引きされていたり、つねに低い状態にあるように見えるのだ。コンゴ民主共和国で操業している鉱山会社の多くはこのカテゴリーにあてはまるだろう。さらに事態を悪化させているのは、不確実な政治環境のおかげで、これらの企業が前払いで（より高額な）自己資本を投入しなければならない点だ。このような企業に（利回りの低い）負債という形で資金を貸してくれる投資家や銀行はほとんどいないからだ。

経済的に厳しく、政治的に不透明な状況（しかもこの二つは、さらなる経済問題が政治面での不安定さを押し上げるという形で相前後して発生する場合が多い）では、市場での借り入れによる調達が困難になるほど資本調達コストが上がることもある。その不確実性が取り除かれれば、この企業の株価はふたたび上昇し、経営、キャッシュフロー、資産価値など、資産と関係する伝統的な要因をさらに大きく反映するようになる。

●所有権 vs. コントロール

石油や鉱石にまつわるこれらの「所有権 vs. コントロール」という問題を理解するための一つの方法は、（統計でよく使われる）ベルカーブの分布状況を思い浮かべてもらえばいい。たとえば二〇〇八年七月に原油価格が一バレル一四五ドルあたりを上下したときのように、それ以前までの数十年間のように二〇ドル前後であった場合と比較すると「商品」価格がかなり高い場合、分布曲線の一方に極端に片寄る事態が生じることになる。このような状況では企業の資産が没収されてしまうリスクは無視できないものであり、資産の所有権は政府のほうに傾く状態となる。政府の関与の度合いが高くなると、その資産の使用料や税金の増額、もしくは販売の規模や方針について口出しされるような事態が発生してくる。たとえば資産価値の高騰に気をよくしたベネズエラの大統領であるウゴ・チャベスは、自国の国営石油企業であるＰＤＶＳＡからアメリカへの輸出を停止する（しかもアメリカがベネズエラの石油の最大の輸出先であるにもかかわらず）という脅しを何度も行っている。

そのベルカーブのもう一方の端の状態は、マーケットの価格が崩壊するときに発生する。一九八七年一〇月一九日の月曜日――いわゆるブラックマンデー――に世界中の株式市場で非常に短い時間で莫大な価値を失ったときに起こったのがこれだ。このときのダウ・ジョーンズ工業平均株価はものの数時間で五〇〇ポイント（すなわちおよそ二三パーセント）以上も値を落としている。「商品」のマーケットで似たようなシナリオが発生すれば、投資が落ち込む可能性が高い。というのも、すでに各分野で操業を開始している企業が利益を回収できなくなり、鉱山や油田を――場合によって永久に――閉鎖することにもなりかねないからだ。このような極端なケースでは、結果として上述したように政府がそれらの資産の所有権を（まったく別の理由からだが）入手するということになる。

後者のようなシナリオは二〇〇二年にザンビアで起こった。このときは銅の価格があまりにも下がってしまったために、伝統あるアングロ・アメリカン社にとってザンビアの鉱山では利益が出なくなり、そこでの操業を打ち切ったのちに政府が権利を入手している。結局のところ、銅の資産は民間会社に売り渡されて生産が開始されたのだが、ザンビア政府は自国の投資機関を通じて、それらの多くの鉱山の少数株主として権利を保有している。

資源の豊かなホスト国の行動について理解するもう一つの方法としては、オプション・マーケットの仕組みに注目することだ。オプションというのは、オプションの買い手にたいして土地や鉱山のような資産を売買する権利（しかし義務ではない）を与える金融商品である。一方、オプションの売り手は、一定期日に特定価格で資産を取引（売買）する権利をオプションの買い手に与える。彼らは鉱山や油田、そして土地などの権利を所有したりホールドしているために、金融業界の専門用語でいえば、政府はそれらの資産の「買い待ち」の状態にあることになる。「商品」価格が上昇すれば、ホスト国政府による資産への需要（税収や使用料の増加など）は急速に上がることになる。極端な場合には、これらの需要が資産の収用や国営化につながる。マーケットの観点から見れば、これは所有権にたいして長期の買い待ちのオプションを行使していることになる。政府は「商品」の価格が高騰すれば得をするからだ。

その反対に「商品」価格が下落して企業が収支を合わせるのが難しくなると、彼らが資産を政府に「売り」戻す可能性が高まる。つまりこれは実質的にプット・オプションを空売りすることだ。このケースでは価値の下落した資産を多く抱えることになり、企業は実質的に「勝つ」（つまり損失を抑える）ことになる。なぜなら彼らは商品価格が下落すると操業を停止して、価値の下落した資産を手放すことができるからだ。これによってふたたび所有権は政府に移ることになり、政府はその中止された事業計画の中で雇われていた地元住民の雇用を守るために、鉱山や油田、それに農場などを国有化することを迫られるのだ。

まとめていえば、「商品」価格がとても高い、もしくは比較的低い場合には、政府はこの資産の所有権とコントロールを引き受けることになる。そして「商品」価格が適度な範囲で取引されている場合には、投資家たちは少なくとも資産のうちのある程度の量を（名目的に）引き受けるのだ。なぜなら「商品」価格の変化は、ベルカーブの両極端の場合とは違って、それほど上向きになる可能性や下落リスクはないからだ。中国はこのロジックの中で、ホスト国と外国の投資家の両方の役割を演じてきたのだ。

中国は外国の資源の買い手として急激に拡大するとともに、資源にアクセスできる国の選択肢も大きく広げているのだが、これはホスト国の政府の行動が変化した場合に「商品」の供給が受けるショックを最小化するための戦略だ。また、中国は「商品」資産へのアクセスを得る見返りとして、低コストのローンやインフラの創出、そしてその他の誘因などの共生的な構造を作り出すことによって、リスク——もしくは「商品」リスク——を減少させようとしている。これらの関係性は当事者双方にとって利益となるだけでなく、いかなる合意が存在していても、その破棄を双方に抑制させる効果を持っている。

しかし中国がホスト国だったときは、つねに資源の輸出を歓迎していたわけではない。たとえば鉱山関連の分野で操業している外国の企業は、大儲けの確率がほとんどない場合には中国国内で採掘権を得るのは比較的容易なのだが、鉱物を発見する可能性が高くなると厳しい制約に直面するのだ。鉱山開発から産出の段階――これはその会社が鉱物を採掘、販売して利益を獲得するようになる段階のこと――に至るまで、外国企業に与えられる認可の数は、驚くべき数で減っていくのだ。

他国と同様に、中国政府はその資産価値が上がるとともに所有権も上がるというフリー・コール・オプションを採用している。採掘コストはほぼ完全に外国企業に負わせるのだが、鉱物が存在するという証拠が出てくると、おいしいところは（ほとんどが卸売り）北京政府に持って行かれることになる。もちろんこれは「外国企業はまったく儲けることができない」ということではない。彼らは実際に利益を得ており、それゆえに外国の投資家たちが他の多くの分野――銀行や小売りなど――とともに、資源の分野に可能性を感じて投資を行っているのだ。ところがこれらの収益は、もし北京政府が予期せぬ利益からの天引きを少なめにしていたならば得られた可能性のある額よりもかなり低いのだ。

このようなやり方は、中国の商品分野におけるすでに大きな存在感をさらに拡大することによって変化するのだろうか？　実際のところ、中国がすでに世界中で行っているやり方を突然やめるというのは考えにくい。すべての「商品」の取引が中国にとって有利になるにしたがって、中国は自国の中でビジネスのチャンスを探している人々にたいしてもさらなるプレッシャーを与える可能性が高い。

●資本主義と政治介入

理屈のうえでは、もし価格メカニズムが効率よく働いているとすれば、中国の資源獲得運動はすべての人にとって利益になるはずだ。中国のように「商品」をとにかく欲しい政府や企業は、それらにたいして高い金を支払うだろうし、彼らのあらゆる資源への資金の投入は、世界中の人々にとって経済面での恩恵となるはずである。ところが実際は「商品」の量には限りがあるために、それにたいする需要は簡単に資源価格を上昇させ、世界中の人々の生活水準の低下につながるインフレを引き起こすことになりかねない。

とくに中国にはもう一つ別の、中国特有の危険が存在する。世界中の資産の「オーナー」である中国は、そこから生まれる「商品」を共有したり販売したりすることを控えるようになっていくこともありうるのであり、これは資源の制限がさらに高まるにつれて上昇するリスクなのだ。このようなシナリオでは異なる国々が資源へのアクセスを争うために、ほぼ例外なく政情不安や資産の没収、さらにはあからさまな紛争へとつながる。

結論はこうなる。北京からブリュッセル、ワシントンＤＣ、そしてカラカスやその他の都市に至るまで、「商品」マーケットへの政府の介入は頻繁に行われている。政治介入の手法——保護主義、補助金、備蓄、そして口先介入でさえも――がどのようなものであれ、その結果は同じで、投資の判断に不確実性をもたらすことになるのだ。少なくとも入門レベルの教科書では自由なマーケットにおける需要と供給の相互作用が謳《うた》われている。ところが現在の実態は、「直近の天然資源の動きは経済学や理念よりは政治や政治家の関与の産物だ」というものだ。そして世界中の政府へ支援を行う中国の戦略は、まさにこの実態を示している。

1　実際のところ、中国が一人っ子政策を適用しているのは全人口のうちの四〇パーセント以下だ。この政策が適用されているのは、結婚して都会に住んでいる全体の少数の人々だけであり、農村部の家族や少数民族、それに兄弟姉妹のいない夫婦などは除外されている。したがって人口増加の圧力は高まっており、最終的には資源への圧力に変わることになる。人口増加は必然的に「商品」にたいする需要の増加につながるからだ。これについてはGuan Xiaofung, 〝Most People Free to Have More Child(ren),〟 China Daily, http://www2.chinadaily.com.cn/china/2007-07/11/content_5432238.htm. を参照のこと。

2　「第一抵当権」とは、ローンが債務不履行になって資産が売却される場合に、このローンの保証のために設定した担保権の実行から、貸し手が最初に（もしくは優先的に）利益を得られることを意味している。

3　ノルウェー銀行投資マネージメント（the Norges Bank Investment Management: ＮＢＩＭ）のホームページ (http://www.nbim.no/en/About-us/Government-Pension-Fund-Global/) によると、ＮＢＩＭは、将来において原油価格が下落した場合や、ノルウェーの石油の採掘量が減少したとき、もしくは人口の高齢化にしたがって財政圧力がかかったときに、政府の財政政策を補助するために必要となる富を蓄積している。したがって、ＮＢＩＭのファンドは現在の消費のために支払いは行っていない。

第8章 すべては地政学にあり

中国の資源マーケットにおける優位は、「商品」価格への単なるインパクトを超えた実質的かつ莫大な地政学的・社会的な変化をもたらす。

もちろんこれ自体は異常なことではない。急速に台頭している勢力――しかも中国ほどの規模と攻撃的な振る舞いを持っている場合――というのは、いかなるものであれ全体的なビジネスのやり方だけでなく、国家の運営の仕方までも必然的に変えてしまう。中国の動きがもたらす政治・社会面での結末は公式の課題とはならないかもしれないが、それらが中国の「商品」獲得による意図せざる結果として、「事実上」の課題となっているのは確実であろう。

資源闘争のまったただ中の中国は、国家主権と地政学という問題にインパクトを与えるか否かについては、何の選択権も持っていない。これは中国自身が国際社会との関与を避けられないことや、ホスト国の労働法や環境政策などに影響を与えることができないのと同じだ。しかし中国はかなりの部分でこれらの変化を特定の方向に誘導することができるのであり、逆にホスト国側も、中国が自国の政治に影響を与えようとしてくるのに抵抗したり受容的になったりする場合があるのだ。これらがもたらす社会的なインパクトというのは、一般にネガティブなものだといわれているが、実際のところはそうでもない。

●羊の皮をかぶったオオカミ？

二〇一一年六月にアフリカで開催されていた「アフリカ成長機会法」についての会議において、アメリカの国務長官であったヒラリー・クリントンは、アフリカは「新しい植民地主義」に注意すべきであると演説した。その場にいた聴衆たちにたいして「アメリカは植民地主義時代に、外国の勢力が侵入してきて天然資源を奪い、リーダーたちを国外追放するのが簡単であることをこの目で見てきました」とクギをさしている。ここでは中国については一言も触れられていないのだが、すぐにこのコメントは中国を狙う見え透いた攻撃だと解釈されることになった。

当然だが、アフリカにおける中国の影響は「新しい植民地主義」を生み出すと示唆する発言は、ただちに中国側の代表者からの嘲りに直面することになった。中国の外交部（外務省にあたる）の洪磊《こうらい》報道官はこの発言を退け、中国はアフリカ諸国に一度も自らの意志を押し付けたことがないと述べている。洪磊報道官は、否定的な見方をする人々も中国とアフリカの協力関係を客観的かつ公平に見れば現実がわかるはずだと語り、さらに続けて中国はアフリカ諸国の立場を尊重し、「相互利益の獲得」に向けた協力に尽力していることを強調した。もちろん中国をはじめ、いかなる政府の公式発言というのは額面どおり受け取るべきではないのだが、このときの中国の報道官はどちらかといえば正しいことを述べていた。

国家の「主権」というのは、ある国が一つの地理的な領域や地域、もしくは所定の領土において最高かつ独立した権威を持っている状態であると定義されている。ところが植民地主義というのはこの条件を引っくり返すものであり、国家の主権が他国によって奪われてしまうものだ。もちろん植民地主義的な取り決めというのは、植民地を持つ側に権利を与える——植民地側の政府の管理から経済・社会の監視まで——のだが、支配する側と弱い現地の人々の関係そのものは、結局のところは不平等なのだ。

近代の植民地主義は、一五世紀にヨーロッパの国々がアジア、アフリカ、そしてアメリカの土地を分割したところから始まっている。その後の数世紀にわたる植民地主義の動機は、純粋な利益の追求（貿易、および安価な天然資源を調達する必要性によって動かされたもの）から、キリスト教やヨーロッパの科学や政治システムを広めるという、表面的にはより利他的な動機まで実にさまざまであった。その背後の動機がどのようなものであれ、スペイン、フランス、そしてイギリスの植民地獲得競争は約五〇〇年にわたって行われ、政治的な地図を永遠に描き替えてしまったのだ。

クリントン国務長官のおそらくは中国に狙いを定めた、新しい帝国主義者にたいする非難は、中国が貧困国で資源の採掘作業を拡大し続けることによって、征服者と非征服者の間の不均衡な関係を復活させつつあるという考えに立脚している。また当然であるが、このアメリカの国務長官の声は荒野にむなしく響く唯一の声というわけではない。主にヨーロッパとアメリカを中心とした多くの人々は、中国が最も不正なやり方で世界中の国家の主権――最も政治的に未発達で経済的にも貧しい（しかし資源は豊富な）国々、とくにアフリカの多くの国々――を奪う戦略を実行しているとして非難しているのだ。ところが中国の今日までの行いには、宗教の改宗や軍事力の行使、もしくは現地の政治のリーダーシップを懐柔するといったヨーロッパ植民地主義の象徴は何も見受けられないのだ。さらに重要なのは、中国とそのホスト国側の「新たに植民地にされてしまった」と見られている国々の多くは、西側諸国に多い懐疑的な人々とは違った見方でものごとを見ているという点だ。

基本的な定義に照らし合わせてみれば、中国の行動はこの「植民地主義」という路線には該当しない。今日の中国が持つ利害関係の大部分では透明性が保たれており、商業的な関係をつくりあげるという確固とした狭い動機によって動かされている。中国の野望は主権国家の支配ではなく、むしろ資源の支配にあることはかなり明白だ。その進出――少なくとも現在のところはその大部分が「商品」に限定されている――は文字どおりの「新植民地主義」とはまったく違うやり方で行われている。実際のところ、中国は他国の主権を握ること、そしてとくにホスト国の社会・政治インフラを形成することに関して、まったく関心を持っていないように見える。また、中国はそういった趣旨を何度も公的に表明しているのだ。

もし中国が非難されるべきだとしたら、それはむしろ彼らが多くの資源保有国の国々の社会・政治面に関してあまりにも無関心であるという点であろう。もちろん中国は政治面でのコントロールを積極的に求めるのを一般的に避ける傾向を持っているのだが、ある意味で彼らは労働法に従っていないのであり、環境にも配慮せず、ホスト国の政治には資源の獲得に直接影響を与える場合を除いてほとんど関心を見せていないのだ。たしかにこのような自由放任主義的なアプローチは、中国が活動している国の内政には大きなインパクトを与えるだろうが、実際のところは「新植民地主義」というよりも「反植民地主義」に近い。

●労働契約

イタリアのフィレンツェ北西部の緩やかな丘陵地帯の中腹に、プラトというほとんど知られていない町がある。プラトの人口はおよそ一八万五〇〇〇人であると見られており、そのうちの一万一〇〇〇人ほどが公式に中国人として登録されている。ところが非公式な計測によれば中国人の住民の数は三万六〇〇〇人にものぼると見られており、これはプラトの全人口の約二〇パーセントである。また、こういった現地で住む中国人に関係する会社は三〇〇〇社ほどあり、とくに移民の増加という要因が加わることによって、地元の人々はこのような組み合わせにたいする驚きを隠せなくなってきている。

中国の労働者を世界中に派遣することは、中国の資源戦略の中核にある。大規模な数の中国の労働者たちは、世界の中国資本の流れを追いかけていくことが多い。たとえばトルコでは、警察が毎年六万人近くの不法就労者を逮捕し、拘留し、国外退去にしているのだが、その三分の一近くが中国人である。二〇〇六年の英エコノミスト誌の記事は、中国の移民たちの広がりと規模をさらによく表している。

徐健学《じょけんがく》氏は、ザンビアの首都ルサカにある自身のオフィスで毛沢東の肖像と太陰暦のカレンダーの間に座っていた。彼の土木・建築関係の会社の業績は順調で、四人の兄弟の助けを借りつつ石炭の炭坑にも投資をしていた。彼はザンビアで事業を行うことについて強気の立場である。たしかに地元で生産されているものは少なく、競争もほとんどないために、「ここはまだ未開の土地なんです」と言っている。いまでは隣国であるアンゴラとコンゴへ事業を拡大することを考えている。一九九一年に彼が最初に来たときに中国人はたった三〇〇人しかザンビアにいなかったのだが、彼の見立てでは現在およそ三〇〇〇人がいるという。

三〇〇〇人の中国人というのは、本国に一三億人がいることを考えれば、労働力としてはたいした数ではない。ところがその数は増えつつあるという点では際立っている。

中国の海外への労働者の派遣は、なるべく短期間に多くの資源を採掘しようということにすべての狙いがあるわけではなく、同時に中国の国内的な事情もある。海外での仕事は国内の失業率を低下させ、それによって労働者の雇用問題を軽減し、国内の治安（ことによると革命の発生）のリスクを減少させることになる。中国の海外労働者の増大というのは世界的な現象であるにもかかわらず、このような雇用のやり方にたいする批判はアフリカから発生しているのだ。

当然だが、外国からの労働者が増えると国内の不満も拡大することになり、これには中国企業が地元の人間を採用せずに自国の（つまりホスト国にとっては輸入した）労働力を好むことにたいする不満も含まれる。ところがこれらの主張についての実態は国ごとに違う。たとえばザンビアでは一人の中国人にたいしておよそ一五人の地元労働者が雇用されているが、アンゴラでは一人の中国人にたいしてたった一人しか雇用されていない。後者の割合というのは、おそらくアンゴラに技術を持った労働者が比較的少ないことが反映されている。この国には数十年間にわたって内戦が行われてきたという事情があるからだ。これと同じような労働者の割合は、最近政治暴動や政情不安が起こった他のアフリカの国々にも見られる。スーダン（スーダン人と中国の労働者の割合が三対一）、モザンビーク（二対一）、そしてシエラレオネ（ほぼ六対一）だ。

表8-1からわかるのは、現在どのようなプロジェクトが国内で行われているのかによっても中国人と地元の人間の雇用率が決まるということだ。中国の投資は熟練したスタッフ――エンジニアや専門的な技術者――を必要とするプロジェクトにたいして行われていて、とくに教育インフラが乏しいアフリカの国々では労働者の輸入が好まれる。ところがタンザニアの農村における水道システムや、ザンビアのコルム炭田のように大量の単純労働者を必要とするプロジェクトの場合には、そのほとんどが地元の労働者の採用となる。結局のところ、調査対象となったアフリカ諸国を全体的に見ると、地元の人間と中国人の出稼ぎ労働者の雇用の割合というのは決定的に

表8-1　フィクションではなく事実：アフリカにおける中国の労働者

年	国名	プロジェクト	地元で雇用された労働者の数	中国人労働者の数	地元労働者数と中国人労働者数の比率	出典
1983	シエラレオネ	ゴマ水力発電ダム	600	105	5.71：1	Brautigam,Chinese Aid and African Development
1998	スーダン	石油パイプライン	45	15	3：1	Human Rights Watch, November 2003
2007	タンザニア	村落の水道システム	500	50	10：1	Interview, Pascal Hamuli, January 2008
2007	ザンビア	中国国家海外エンジニアリン企業計画	—	—	15：1	The UK Guardian, February 2007
2008	ガーナ	ブイダム	560*	110	5.09：1	Labour Institute and Policy Institute, Ghana. May 2009
2010	モザンビーク	スタジアム	1000	500	2：1	***The Africa Report***
2010	アンゴラ	スタジアム	250	700	0.36：1	***The Africa Report***
2010	アンゴラ	ベンゲラ鉄道	300	300	1：1	***The Railway Gazette,*** April 2010
2010	コンゴ共和国	インボウロウ・ダム	2000	400	5：1	Reuters Africa, January 2010
2010現在進行中	ザンビア	コラム炭田	855	62	13.79：1	***New York Times,*** November, 2010
	アンゴラ	19件のインフラ計画			1.17：1	Ministry of Finance, Angola

＊ピーク時の労働者数はガーナ人2600人、中国人400人と推測されていた。

出典：Deborah Brautigam, ***China in Africa : The Real Story : Chinese Workers in Africa.***
http://www.chinaafricarealst:com/

歪んでいるのだが、それでもどちらかといえば地元の雇用数のほうが多いのだ。

●その性質についての疑問

世界中の国々にやってくる中国人の数とは別の問題として挙げられるのは、彼らが労働者としてどのような性質を持っているのかという点だ。たとえばアフリカの内外で広まっているのは「数百万人にのぼる中国の労働者たちは囚人であり、自分たちの刑期軽減のための労働釈放プログラムの一環として海外で働いている」というものだ。これらの契約労働者たちは、中国国内で服役したままでいるか、それとも海外の炭坑の中で働くのかの選択を迫られていると言われている。

二〇一〇年七月には、このような中国の囚人労働者を非難する内容が海外でも多く報道された。そのもとになったのは、ニューデリーの政策研究センターの安全保障の専門家のブラーマ・チェラニー博士が書いた論説記事である。彼はこの記事の中で「中国は囚人たちを海外のインフラ事業で強制的に働かせている」と主張しており、スリランカでは「数千人の中国人受刑者たち」がインフラ事業で働き、モルディブの津波被害からの復興計画の一部として四〇〇〇戸の家を建設していると述べている。不十分な証拠――チェラニー博士は情報源や証拠、それに自分の主張を裏づける詳細について何も触れていない――にもかかわらず、彼の記事はワシントン・タイムズ紙、スリランカ・ガーディアン紙、ジャパンタイムズ紙、カナダのグローブ&メール紙、それにイギリスのガーディアン紙のウェブサイト版を含む、数多くの国のメディアで報じられた。

ところが心配なのは、このような声が単に個人からのものではないという部分だ。なぜなら世界中で政治家たち——主に彼らが政権を担当している与党ではなく野党側にいる場合——は、事実に基づいていないにもかかわらず、きわめて真剣に同じような主張を行っているからだ。たとえば二〇一〇年六月には、スリランカの野党側の政治家たちが、自国内で二万五〇〇〇人の中国の囚人が働いていると主張している。また、ドイツのニュース雑誌であるデア・シュピーゲル誌は、その当時はザンビアの野党の党首でその後二〇一一年九月に大統領に選出されたマイケル・サタが、中国からの八万人の「元囚人」たちがザンビア国内で働いていると主張したことを報じている。証拠の有無に関係なく（そして後者のパターンが多いのだが）、これらの主張は容易にホスト国側の恐怖感を煽《あお》ることになる。

中国の労働者というのは世界でもその高い生産性によって知られているため、中国企業の活動には、ある程度条件のよい給料を得られるような仕事で地元住民を雇う代わりに、理論上ではほとんどコストのかからない契約労働者を連れ込んでくるのではないかという恐怖がホスト国側に存在する。怒りを助長するのは、それが囚人であろうとなかろうと、中国の労働者のプレゼンスが、すでに若者の就職難に直面している貧困国にとってとくに敏感な問題になるという点だ。二〇一〇年の国際労働機関の報告書によれば、職のない世界の若者（一八歳から二五歳まで）の数は約八〇〇〇万人だと推測されている。最も資源が豊かで土地の肥えている国々の中には若者の人口がきわめて多く、少なくとも人口の五〇パーセントが二四歳以下の国もあることから、そこでの雇用創出への期待はとくに高いのだ。

中国の商務部の公式統計によれば、中国は一九七〇年代後半から約五〇〇万人を海外へ出稼ぎのために送り出している。したがってこの労働者の中に囚人が含まれているという主張は、中国にとってかなり迷惑なものなのだ。それゆえ、服役者を労働に使っているという主張にたいする北京政府側の反応が強烈なものであったのは当然だ。

二〇一〇年八月一〇日付けの人民日報の記事では、「中国国内の刑務所が過密状態になっているために、その口減らしのために海外事業へ囚人を送って働かせている」という外国メディアの報道をまったく根拠のないものとして否定している。この記事ではさらに続けて、中国の海外事業や外国で契約したプロジェクト、そしてそれに関する労働協力には適切な認定が必要とされ、技術面での適性を持っていて、海外で働くにあたって素行面での問題または犯罪歴のない労働者が割り当てられていると記されている。

上述したような多くの否定的な主張に対応するために、中国の商務部の高官の一人は「中国が囚人を海外に労働者として送り出しているという報道は完全なナンセンスであり、そこには隠れた動機がある」と論じている。そしてこれらの報道機関にたいして「事実を尊重し、不正確な報道を修正する手段をただちに講じる」よう要請している。本書を執筆している時点では、この話を広めるのに一役買ったメディアの中で、中国の強烈な否定を受けてそれに対処したり、記事を撤回したり放棄したりしたところはまだ一つもない。

●感じることが現実か

中国の労働面でのえこひいきや「刑務所を空けるためだ」という非難のほかにも、「ヒューマン・ライツ・ウォッチ二〇一一年版」で発表された「拒否したらクビ：ザンビアの中国国営銅山における労働虐待」のような新聞の記事では、不十分な換気、不適切な保護具、それに長時間労働などを含む、労働者にとって不健康で危険な環境で運営を行っているとして中国企業が非難されている。

これらの非難については検討すべきであろう。

たしかに中国の国内における労働者の扱い方については問題があるため、国外における労働基準というのはさらに低くなるであろうことは推測できる。しかしそのような指摘が多いとはいえ、いざその証拠となると、かなり不完全なものばかりなのだ。そしてこのテーマに関する報道ではあまりにもフィクションが多く、事実は不十分である傾向が見られる。エコノミスト誌の記事が暗示しているように、この問題の一端は単なる誤解に落ち着くと言えよう。この記事では、「中国は、アフリカに囚人を送り込んでいると非難されることが多いが、現地の作業員たちは同じ作業服を着て昼夜を問わずきわめて規律正しく真面目に働く中国人労働者を見て、彼らは脅迫されているからここまで働くに違いないと考えてしまうのだ」と書かれている。ところがカメラ付きの携帯電話がある現在では、われわれはこのような罪を隠すのは難しい（そして立証するのは簡単）と思いがちであるが、実際のところは本物の証拠はかなり少ないのだ。

中国の行動についてのこのようなありがちな批判にはニュアンスが欠けているために、結果として、中国の進出を完全な悪としてとらえたがっているような西側の外国人や報道関係者たちと、その犠牲者とみなされがちだが、実際は中国人のプレゼンスを全体的に良いものであるととらえていることの多い現地の人間の間では、奇妙な視点の分裂が起こっているのだ。その証拠をいくつか見てみよう。

二〇〇七年のピュー研究所の報告書「主要大国のグローバルな不安」では、中国の拡大する経済にたいして最も心配している国および最も心配していない国を世界中で調査している。最も心配していたのはイタリアであり、六五パーセントの人々が「好ましくない」と答えている。第二位がフランス（六四パーセント）、第三位が韓国、第四位がチェコ、そして第五位がドイツ（五五パーセント）であった。中国経済の拡大を「良いものである」と答えた国の上位三カ国はすべてアフリカの国々であり、順番にコートジボワール（九六パーセント）、マリ（九三パーセント）、ケニア（九一パーセント）、そして第四位にマレーシアが入った。

ピュー研究所の調査では中国の軍事力の拡大についても聞いているが、結果はそれに似通ったものだ。フランス（八四パーセント）、チェコ（八三パーセント）、そしてドイツ（七七パーセント）は、中国の軍事力拡大を「悪い」と答えた上位五カ国に入っている。そして当然のように、韓国は第一位の八九パーセントであった。その反対の意見である「良い」と答えた上位三カ国は、中国の経済力拡大を良いものであると答えたアフリカの国々と同じであり、多少順位が変わっただけだ。つまりコートジボワール（八七パーセント）、ケニア（六九パーセント）、そしてマリ（六七パーセント）である。

アメリカでは回答者の六八パーセントが中国の軍事力拡大を否定的にとらえており、肯定的に答えたのはたった一五パーセントであった。経済の拡大に関する問いについてはほぼ答えが均衡しており、四五パーセントのアメリカ人が悪いと答え、四一パーセントが良いと答えている。とくに中国経済のインパクトが「あなたの国にとって悪い」かどうかについて聞いてみると、同じような四五パーセントの人々が肯定的に答えており、フランス（六四パーセント）とドイツ（五五パーセント）ではこの割合がかなり高まってくる。

もちろん、このような意識調査のデータは、西側諸国から見た中国のアフリカにおけるプレゼンスについての批判が誇張されすぎていることや、反対にそのような批判にたいする北京政府の弁護が一〇〇パーセント正確であることを示す、確固たる証拠とはならない。ところがこのデータが強く示しているのは、アフリカに近づけば近づくほど、中国の参加についての見方は向上するということだ。

アフリカの政治家たちは、中国の労働環境の悪さについての（ときに妥当な）批判と、中国による投資に含まれるポジティブな面についてのバランスをとらなければならないため、不安定な立場におかれることが多い。とりわけデータや証拠を徹底的に調査しても、確固たる根拠を示しくれるわけではないので微妙なのだ。全体的に言って、アフリカの政治家は中国についてはあまりにも好意的――中国の投資は目に見える形のものであり、貧困の減少や経済発展に貢献してくれる――な見方をするものであり、外国からの非難の声とされるものについては無視するのだ（とくに後者は、哀れみが感じられる支援のような形ではなく、おそらくアフリカへのビジネスに乗り遅れた側の「負け惜しみ」を反映したものかもしれない）。

もちろんだからといって「アフリカの労働環境への中国の影響がほぼすべてネガティブなものである」という主張をすべて無視していいわけではない。アフリカの労働力というのは外国の勢力によって搾取され、しかも意のままに操られた長い歴史を持っているのだ。ところが中国の労働面でのやり方について批判的な見方をする人々も、中国が悪意を持ってホスト国側を弱体化させる行動を証拠でもって示すことがなかなかできないのだ。そして確実に言えることは、もし彼らが本当に確たる証拠を持っているとすれば、それはまだ明示されておらず、近いうちに示されるということだ。上述の調査結果（これから紹介する、同じ調査によるデータでも）によれば、実際のところはそれと正反対の結果が出ている。ここで重要なのは、中国は労働、環境、そして政治的な制限がより明示されている国々にたいしても喜んで投資を行っているということだ。つまり中国人はヨーロッパやアメリカにも投資をしているのだ。これらは、中国の行動（もしくは行動しないこと）が、主にホスト国側が持っている法規制によって決定されているということを示している。

では環境についてはどうなのか。中国にたいして最も厳しい見方をする人々は、「中国の資源獲得のための活動は、破壊され荒廃した土地や汚染された水域、それに枯渇した鉱山などを残すことになる」と非難している。彼らは中国がホスト国に提供する永続した「利益」——道路、橋、ビルなど——の質に疑問を呈しているのであり、中国が質の悪い安い材料で欠陥のある構造物の建築を行っており、これが結局のところはホスト国の環境の悪化につながると非難するのだ。

最後に、中国は政治的な面において、世界でも悪名高い専制君主や独裁者たちを称賛して機嫌を取っているとして非難されることがよくある。もちろん中国は、国民の自由な政治の意見の表明を暴力的に抑えつけることもある非民主的な政権と取引をする用意があったのだが、西側の批判者たちは自国がビジネスを行ってきた、好ましいとはいえない政治家たちについて言及するのを避ける傾向がある。実際のところ、中国のビジネスパートナーの民主化の度合いと、たとえばアメリカが取引を行っているアンゴラ、ベネズエラ、それにサウジアラビアのような国々の民主化の度合いを区別するものはほとんどない。もちろんこれは「このような行動は擁護できるものである」ということではなく、「後ろ暗い評判を持つ政権と（アメリカや中国が）取引を行うのは必要悪であると思われる」と指摘しているだけなのだ。

●戦略の有効期間

ヨーロッパの国々が世界を植民地化していた数百年前に、彼らは致命的な間違いを犯していた。

彼らは現地の人間の視点を考えず、それゆえホスト国側にとって得になることを決して行わなかったのだ。そのうちにこれが彼らの帝国を崩壊させることにつながった。中国はどうやらこの教訓から学んでいるようである。鉱石や土地などのアクセスにホスト国側がまさに必要とするもの――資金、道、鉄道など――を与えていて、ここに関与する全員に利益をもたらすようにしている。

もちろんこの状態がいつまでも続くとは限らない。中国は最終的に植民地主義的な威厳を持つ可能性があるからだ。実際、歴史書には「聖書から銃弾」のように、ソフトなアプローチを放棄してハードなやり方に移った帝国の例が豊富にある。しかし中国の人口が一五億人に近づいている――しかもそのうちの一〇億人はまだ貧困状態にある――ことを考えると、彼らにとってそのような野望をしばらく抑えておこうとするのは合理的なのだ。そして中国は実際にこのやり方を守ってきている。中国の戦略は、植民地との関係――そしておそらく最終的なその終焉《しゅうえん》――が侵略する側と侵略される地元民との不平等な関係を強化し、それを確立することを基本とする過去の植民地経営のやり方とはかけ離れたものだ。

中国のこの攻勢が「他の人種や民族にたいする愛――もしくは憎しみ――によって発生したものだ」という考え方では、本当は確固たる経済的な動機から行われているという事実を見えなくしてしまう。その証拠に、中国は資源の獲得という使命以外には無関心、もしくはせいぜい不可知論的な態度を示している。その行動は最も純粋な合理主義経済の投資家の観点から見ることができるのだ。中国にとって資源獲得への突進は、次の革命の発生を防ぐためにあるものだ。もし低所得者層の人々が、すでに西側諸国並みのレベルを享受している、およそ三億人にのぼる中流階級の生活水準を得られなければ、革命が勃発する可能性も出てくるからだ。

中国はアフリカ（そしてそれ以外の地域）で石油、金、銅、そして耕地を求めている。アフリカがふたたび植民地化されつつある――こう表現されることはたしかに多い――、もしくはアフリカの平均的な市民は利益を得ていないというのは単なるウソだ。もちろん中国のアフリカ大陸への並々ならぬ関心にはやっかいなことがまったくないというわけではない。発展しつつある関係であれば、それがどのようなものであれ課題は出てくる。ところがもし地元民の意見が本当に正しいとすれば、中国にたいする反感というのはかなり誇張されていることになる。これについては二〇〇七年のピュー研究所の調査結果が、さらに興味深い点を明らかにしている。具体的に言えば、このピュー研究所の調査からは、アフリカの人々の多くが最近の中国の進出に関してどのように感じているのかについて、三つの要点が浮かび上がってくるのだ。

一つ目は、中国と中国によるアフリカへの投資にたいする好意的な意見は、調査が行われた一〇カ国のすべてで、少なくともその反対の意見よりも実質的に二倍の差をつけて多いのだ。この一〇カ国とは、エチオピア、コートジボワール、ガーナ、ケニア、マリ、ナイジェリア、セネガル、南アフリカ、タンザニア、そしてウガンダである。すでに述べたように、コートジボワール、マリ、ケニアの三カ国の調査結果では、圧倒的な割合の数の人々が「自分たちの国にとって中国はポジティブな影響を与えている」と答えているのだが、別に特殊な例ではないのだ。たとえばセネガルでは、八一パーセントの人々がケニアのように中国を好意的な視点で見ている。ガーナとナイジェリアでも七五パーセントが好意的に答えており、エチオピアでは六六パーセントだ。ウガンダでも好意的な視点（四五パーセント）がその反対の意見（二三パーセント）を二倍近くも上回っている。全体的な流れという視点から見ても、ナイジェリアでは前年の調査において以前の五九パーセントから七五パーセントまで、じつに一六パーセントも好意的な意見が上昇しているのだ。

二点目は、ピュー研究所の調査が行われたほぼすべてのアフリカの国々で、アメリカの影響よりも中国の影響のほうが良い役割を果たしているという答えが出ていることだ。ほとんどのアフリカの国々は、中国が「少なくとも自国にそれなりの影響力を持っている」と信じている。とくにコートジボワール、マリ、セネガルでは、アメリカよりも中国の影響力の大きさが顕著に感じられており、それぞれ七九、八三、七二パーセントが中国であるのにたいして、アメリカは六五、六六、五四パーセントなのだ。さらには「米中両方ともよい影響を与えている」と答えている国々の中でも、中国のアフリカ関与はアメリカによる関与よりもはるかに好意的に見られている。たとえばセネガルの八六パーセントの人々は、中国の役割が自国の状況改善に役立っていると答えており、アメリカの五六パーセントを超えている。同様のパターンはケニアでも見られ、九一パーセントの人々が自国経済への中国の影響は良いと答えており、アメリカの七四パーセントを上回っている。

三点目に、中国の影響はアフリカ中でアメリカよりも急速に拡大していると見られており、中国の影響はほぼ普遍的に「アフリカにとってはアメリカよりも良いインパクトを持っている」と見られている。たとえば、ほとんどのエチオピア人たちは米中両国とも自国に影響力を持っているると見ているのだが、中国の影響はアメリカのそれよりもはるかにポイジティブに見られている。エチオピア人たちは六一パーセントと三三パーセントという差で中国の影響が自国に利益を与えていると答えており、その反対にアメリカの影響は五四パーセントと三四パーセントという差で有益というよりも有害であるという意見が上回っている。

タンザニアではこの差がさらに大きくなっており、七八パーセントの人々が中国は良い影響を与えていると信じており（それにたいして一三パーセントが好意的ではない意見を持っている）、反対にアメリカが良い影響を与えていると考えているのは三六パーセントで、悪いと答えたのは五二パーセントだった。アフリカのほぼ全土で中国の影響はすでにアメリカと同じくらい顕著なものであり、しかもアメリカのそれを上回るほどの目立つペースで増加している。セネガルでは七九パーセントの人々が中国の影響が増加していると見ており、アメリカの五一パーセントとは大きく差がある。調査結果はエチオピア、コートジボワール、そしてマリでも同様だ。

本書を執筆している時点でも、すでにこの調査が行われてから五年が過ぎているわけだが、これらの数字が有効だと信じられる理由がある。実際に中国人たちは道路、鉄道、学校、工場、そして病院などを、きわめて明白にわかるよう建設しており、それらはすべてが中国の関与が（結局は）肯定的であると考えさせるものだ。形のあるものではないが、まったく同じ重要性を持っているのは、よく言われるように、中国人がホスト国側の現地の市民を、良い場合には友人やビジネスのパートナーとして接し、そして悪い場合でもビジネスに必要なものだけを建設するという純粋にビジネス的な関係を保っている点だ。

これを従来の支援を基本とする立場から行われているやり方と比べてみると、違いがよくわかる。従来のやり方では「われわれ対彼ら」という立場の違いが関与のさまざまな面で現れてきてしまう。支援を受け取る側の人間を、無力で長期にわたってビジネス関係を築いていこうとするのに値する立場ではないとイメージさせてしまうからだ。幸運なことに、アフリカやアフリカ以外の台頭しつつある地域が投資先として見られるようになり始めたおかげで、このようなアプローチはゆっくりながらも変化している。しかし、このアプローチは次のような事実からも生じている。すなわち、西側諸国自身が深刻な経済問題に直面していて、彼らが台頭しつつある地域において表面上であっても何らかの地位を得ようとするのであれば、もはや対外援助のような伝統的な政策手段には頼れないという事実だ。

最後に、「中国はホスト国を完全に従属させようとしている」という最悪の批判もあるが、これは疫病のライフサイクルを図で示した注目すべき実験の観点から見てみると、じつはまったく的外れであることがわかる。

●分子生物学と似た生命

ノーベル生理学・医学賞の受賞者であるジェラルド・エーデルマンは、ニューヨーク州にあるロックフェラー大学の自分のオフィスの机のところに、注意を引くようなある図表を掲げていると言われていた。その表は、人類にとって最も最悪で危険な疫病の一部について、その発展、すなわちその始まりから撲滅までを描いたものであった。腺ペストからフランスやイギリスで流行した伝染病（その当時の人口でフランスの六六パーセント、イギリスの五〇パーセントが失われた）、そして現在のＨＩＶ-エイズの流行まで、さまざまに異なる疫病の致死率を描くことによって、驚くべきパターンが見えてくる。すべての疫病の死亡率の移り変わりは、まさに小さな丘のような形の軌跡をたどっているのだ。

その蔓延の初期の段階では、死者の数はある社会の中でウイルスが広まることによって急激に増加してくる。ウイルスが段々と勢いを増して青年期というべき段階にくると、その死亡数はピークに達し（しかもこの数は異常なものであることが普通だ）、大災害を巻き起こすことになる。これらすべてのケースから言えるのは、伝染病が熟してくると、それから起こる死亡数は劇的に下がることになる。ところが死亡率は下がっても、それがゼロになることは決してない。

ここから見てとれるパターンから興味深いことがわかる。それは自らの存在をおびやかすような医薬品がない状態では、ウイルスは生き残るためには寄生するホスト（宿主）である人間を生かしたままにしなければならないことをかなり早い段階で学ぶ。これを言い換えれば、その半減期に至るまで、ウイルスは自分たちのホストを破壊するところから、自らも生き残るためホストの生き残りをかけて戦うところまで立場を変えることができる。必死に生き残りをかけた動きの中で、彼らは突然変異し、進化し、そして自らの外観を変えて、変化する状況に順応してホストと共存することを学ぶのだ。

もしわれわれが資源に飢えている中国を、まるで危険な伝染病のウイルス――これは想像できる最も大げさな批判かもしれないが――のように見たとしても、（ホスト）国を完全に破壊するのは中国の利益にはまったくならない。ビジネスの投資の成功のためには、インフラ――道路、港、空港など――に加えて、比較的安定した政治環境が必要だからだ。たしかに中国の資源獲得の動きには問題がないわけではないし、中国のリーダーたちも「商品」の供給を続けてもらうためにはウイルスと同じようにホスト側が存続しなければならない、すなわち成功している国家であり続けてもらわなければならないことをよく理解しているのだ。

実際のところ、ほとんどのホスト国にとって最悪のシナリオは、中国が出て行ってしまうことだ。中国が鉱山、油田、農場、そしてインフラ事業などから投下資本を引きあげてしまえば、何百万人もの人々の生活水準に深刻かつネガティブなインパクトを与えることになり、彼らを貧困状態に逆戻りさせてしまう。

一九世紀半ばのことだが、イギリスで使われる木綿には主にアメリカ南部のキング・コットンという品種が使われており、南部の経済を支えていた。ところがアメリカで南北戦争が勃発すると、この貿易関係は大きな打撃を受け、イギリスの輸入は急落した。このためイギリス（とフランス）はエジプトに目を向け、この国に木綿のプランテーションをつくるべく大規模な投資を始めたのだ。無敵になったと考えたエジプト政府は、ヨーロッパの銀行家たちから莫大なローンを得て、エジプトの木綿取引は繁盛した。ところが南北戦争が終わるとイギリスとフランスの投資家たちはエジプトのマーケットを去り、これがエジプトを財政崩壊に追い込んで、とうとう一八八二年には破産宣言がなされることになった。

もし中国がイギリスとフランスのようなやり方で、資源のために特定の国への投資は儲からないと考えてやめた場合、ホスト国の重要なキャッシュフローが突然途切れることになり、その国の人々を苦境に追い込むことになる。

調査が明らかにするところでは、アフリカの人々の中国にたいする意見は主にポジティブである。しかも入手可能な証拠が強く示しているのは、中国は道路や病院を建設し、アフリカ諸国がとくに必要としている投資を提供する一方で、ホスト国の政治プロセスをコントロールすることにほとんど関心を示さない。このため、社会問題に関する疑問は結局のところ中国ではなく、ホスト国の政府自身に向けられなければならない。

おおまかに言って、独立した主権国家の政府には三つの義務がある。第一に、政府は国民の誰もが享受できる教育、福利厚生、国家安全保障、そしてインフラのような、まとまった公共財を提供する必要がある。第二に、改革して熱心に働くように国民にポジティブなインセンティブを与えることを通じて、全人口の（経済面やその他の点での）生活水準の向上に益する、広範囲にわたる政策の枠組みを設定しなければならない。第三に、政府は社会、環境、そして政治的な政策を含む、国家を統治する法と政策の執行によって、社会が機能するやり方を整えなければならない。

もちろん資源を追求する中国の富の規模によって他国の政府を自分たちの都合の良い方向へ向かせるやり方はたくさんあるのだが、社会、経済、環境面での展望についての最終的な責任はホスト国にあるのだ。

こうなると、半世紀にわたるアフリカへの西側諸国の関与によって、この大陸全土に良い政府を生み出すことが大きく奨励されてきたとは論じがたい。先進国たる西側諸国はアフリカの貧困国の政府を繰り返し慎重に扱うことを選んできていて、彼らにひどい賄賂や公共財からの横領を続けさせ、平均寿命の低下、手に負えないほどの非識字率、そして不安定な経済成長であるにもかかわらず、さらなる援助金で政府のリーダーたちに報酬を与え続けてきたのだ。悪いのは中国ではなく、このシステムそのものだ。そしてこのシステムの完全な修復――悪い行動が得をするようなものから経済と生活条件の改善を促してそれを支えるようなものへと変えること――がなされない限り、この状況は改善しないのだ。現在のところ、中国はアフリカ諸国とそこに住む人々の将来の展望――アフリカだけでなく、新興国やそれ以外の世界の何百万人もの生活――を改善するために積極的に活動している勢力の一つに見える。

●容赦ない態度

マサチューセッツ工科大学の経済学者であった故ルディガー・ドーンブッシュは、「危機というのは、つねに予測された時期よりも後になってからやってくるのだが、実際にやってくると、必ずと言ってよいほど予測されたよりも大規模なものになっている」と説いた。急激に増大している――そしてほとんど隠しようもない――今日の危機は、中国の莫大な資源獲得の動きの周辺で発展中である。ところが世界の他の国々や国際社会全体は、ただ手をこまねいて見ているだけなのだ。中国の資源獲得戦略の将来を冷静に分析してみるとすぐ疑問として浮かんでくるのは、中国とそのホスト国側の政府や国際機関との今後のやり取りである。もしある国が供給を制限しようとしたり、中国の資産を国有化しようとした場合にはどうなるのだろうか？　もしくは複数の国家が中国にたいして共謀して、自分たちの資源にたいする中国のアクセスを制限した場合はどうであろう？　軍事力をほとんど持たない貧困国が莫大な鉱石を抱えていて、軍事力を持つ国――そしておそらく自国の需要を十分に満たせない場合など――がそれを欲しいと思った場合には何が起こるだろうか？

さらに問題なのは、どの時点になれば中国が軍事力を活用し始めのかをどう見極めるのかだ。

もしある国が、中国がさまざまな国でアクセスできている一つの資産を国有化した場合、中国の戦略にたいするインパクトは比較的小さいと言えるだろう。もちろんこれはその国が資源面でどれだけ中国に重要性を持っているかという点にもよる（たとえばサウジアラビアのような大産油国がある国へ供給を断つような場合は危機を感じるだろう）。ところが複数の国々が共謀して中国への特定の資産の供給を拒否した場合、その状況はかなり不明確で、危ういものになる。さらに拒否する国の数が増えてくる――これは協調的かつ集団的行動ということだ――ことになると、中国にとって十分多角的に分散させたといわれている資源ポートフォリオが突如としてトラブルに陥る可能性が出てくる。

これまでのところ、中国による世界の資源を蓄積するための戦略は、軍事力による暴力的な攻撃を使うことなしに実行されてきた。中国は世界中の国々の政府の機嫌を取りながら世界の資源へアクセスするために、ソフトパワーや莫大な金融面での貯蓄をあますところなく使ってきている。これによって、「商品」取引を軍事行動に頼らず中国のホスト国にとって価値のあるものとしているのだ。中国の石油会社であるＣＮＰＣがベネズエラの二つの油田鉱区が国有化されてしまう危機に直面したときも、中国側は穏やかな対応をしている。ＣＮＰＣはその後もベネズエラに留まり、中国はベネズエラ政府にたいしてローンを提供し続けたのだ。

ところが急速に増加する軍事力を持つ大規模な国にとっては、ソフトパワーの行使というのは、いったんそれが拒否されると、あまり魅力的な手段ではなくなることがある。

歴史が教えているのは、軍事的に強い側の国というのは、貧乏で軍事的にも力をほとんど持たない国から自分が必要とする資源へのアクセスを獲得する際に軍事力の行使をためらう――実際のところ、ほぼつねに実行されるのだが――ことはほとんどないということだ。最近のものとして挙げられるのは、アメリカとその同盟国たちがイラクに侵攻した例だ。中国がまれに見せることもある侵略的な態度――二〇一〇年九月の漁船衝突事件に端を発する、石油の豊富な尖閣諸島をめぐる日中間の論争の盛り上がりなどが考えられる――にもかかわらず、中国が資源を確保しようとして軍事的な攻撃を行ったことは、幸運なことに、いまのところはほとんどない。ところがこれは将来においてもまったく同じままだということを保証するものは何もなく、その際には少なくとも「投資を保護するために」という婉曲的な言い回しが使われる可能性もありうる。

ではそのゲームの終盤はどのようなものになるのだろうか？　中国の場合は以下のようになると思われる。つまり、急速な経済発展が莫大な資本と恒常的な貿易黒字の蓄積につながり、今度はこれが資源と原材料の確保につながり、世界のマーケットへのアクセスを確かなものとし、それが中国の支持者の獲得と台頭に結び付く。そしてこれらは、中国の政治・軍事力の拡大の前触れとなるのだ。中国のリーダーたちは、世界にたいして「平和的台頭」という計画を必死に保証しようとしているにもかかわらず、容易に無視することはできない悲観的な未来像だ。ところが中国以外の世界の国々――とりわけ西側の先進国――というのは、今日までこの生じうる変化に正面から向き合って現実的な対応、または協調した対応をほとんど取ってこなかった。

●危機が必要か

悲しい事実だが、定期的に選挙が行われる民主制国家では、政府高官たちは「差し迫った危機」だけに集中する。これは彼らにとって合理的なことだからだ。選挙というプレッシャーの下では、目先の事案が重要事項に取って代わることになる。さらに厳しい言い方をすれば、政府というのは将来の世代については気にしないものであり、理想的とされている政府のモデルというのは、実質的には政治的な視野の狭さを助長するものなのだ。

たとえば食糧、水、エネルギー、そして鉱石などの分野で今日明らかになっているのは、これらの重要な資源が近い将来において十分には行き渡らなくなるということだ。世界の人口増大や富と繁栄が拡大するにつれて、世界の供給は需要に追いつこうと努力するが、投資は遅れ、自然がもたらす供給量は限界に達する。すべての条件に変化がなければ、時間の経過とともに状況は悪化するのみだろう。

投資をあまり行うことなく新たな資源の供給を待つ、もしくは需要の低下を望むという政治的態度というのは、単なる愚行である。ところがあらゆる証拠が挙がっているにもかかわらず、国際社会はこの流れを食い止めるための行動をほとんど行っておらず、むしろそこから目を背けているのだ。遠回りかもしれないが、われわれが危機を回避する行動を起こすためには、世界的な危機を必要としているように思える。

停電、連鎖的な電力喪失、暖房や冷房の停止、エネルギー不足、そして世界的な食糧価格にたいするデモなども、真剣な行動を起こすことにはつながっていない。もちろん先進国のマーケットではこのような被害は滅多に起こっていないが、このような形の問題は世界では頻発しているのだ。急激な人口拡大（インドの人口は一月ごとに一〇〇万人ずつ増えている）や、とくに新興国における富の増加による需要の圧力の高まりが意味するのは、奮闘している新興国の経済だけではない。先進国の経済にも、エネルギーと水が不足して断絶するリスクがあり、深刻な影響をもたらし続けるだろう。結局のところ、われわれは世界の資源を同じ有限の蓄えから引き出しているのだ。

資源不足という形で審判の日――そしてこの日は思ったより早く到来するだろう――が到来するときに、いったい誰が万一の備えとして物資を蓄えたりする準備ができているというのだろうか？　その正確さと実行力、そしてその洞察力により、中国はこの運命を決する瞬間のためにあらゆる手段を使って備えている。ところが中国以外の国々にとっては、焦点を合わせることなく、また協力もないため、何百万人もの人々が飢餓や紛争、さらにはそれよりも悪い状態に直面するだろう。われわれが行動に移らなければならないのは、まさにこの理由からだ――これを別の呼び名でいえば「商品」危機だ。

第9章

未来の前兆

世界が直面しなければならない冷酷な事実がある。それは、「商品」に関する将来の展望は根本的に喜べるものではないということだ。

すでに見てきたように、徐々に増加する裕福な人々の数の拡大は、世界のソフトとハード両方の「商品」の需要が世界中で価格を急上昇させることを予告している。さらに悪い場合には、世界中の国や企業、そして個人が、競合する資源獲得への欲望を満たそうとして紛争発生につながりかねない。

中国はこのような来るべき厳しい時期に備えようとし続けているのにたいして、国際社会全体はまだ完全に「商品」戦争という最悪のシナリオから逃れ、進路変更、もしくはそれを延期するための手段を探す――ましてやそれを実行するような――ことを優先させていないのだ。ところがこのような一時的に逃れる手段の追求からは、ほとんど良い知らせが見えてこない。そして楽観的なように見えるシナリオの前提も、よく見てみるとすぐに崩れさってしまうものばかりだ。

これについては詳しく見ていくべきであろう。

●不足しているのは、土地ではなく食料

現在でも、毎日一〇億人ほどの人間が飢餓に喘《あえ》いでいる。

驚くべきことに、この数は世界の総人口が三〇億人だった一九六〇年から、今日の七〇億人に変わったこの五〇年間でもまったく変わっていないのだ。もちろん飢餓そのものの割合は統計的に改善していると言えるが、その数はやはり圧倒的で受け入れがたい。とくにまだ耕されていない耕作可能地が世界中に存在していることを考えると、なおさらだ。

この状況を作り上げている原因は複雑だが、それでも世界の食料不安や飢餓をめぐる問題を最も単純に見れば、究極的に三つのテーマに絞られてくる。それは食料の無駄による廃棄、食料の分配の失敗、そして食料の生産を諦めさせるような政策である。この三つについて一つずつ触れてみたい。

▼無駄による廃棄

アメリカ人は食べられる食料を毎年七五〇億ドルほど捨てている。これには一家族が購入した食料のうちの平均一四パーセントを破棄していることにも一因がある。これは一家族にとって一年間に六〇〇ドル――これは年間における家計の食料費の中でもかなりの額になることはおわか

りいただけるだろう――を捨てているという驚くべき額で、これにはテーブルにのることのない肉、果物、野菜、そして穀物関連の製品が含まれるのだ。アリゾナ大学の研究でも、一四パーセントから一五パーセントのアメリカの食用可能な食料が初めからまったく触れられなかったり、袋から出されないまま捨てられていることが示されており、これが四三〇億ドルになるという。ところが視点を大きく移して産業・商業界から破棄されるものを含むと、この状況はさらにひどいものであることがわかる。国家糖尿病・消化器・腎臓疾患研究所による調査によれば、アメリカのすべての食料生産物のじつに四〇パーセントは捨てられてしまうというのだ。

イギリスもこれに負けるとも劣らず、およそ三〇パーセントの食料を捨てている。これは購入された食用可能な食料のうち、およそ六七〇万トン相当が毎年捨てられるということである。年額で一〇二億ポンド（およそ一五〇億ドル）にのぼる。これを一年間の平均的な家計で見れば、三七五ドルから六〇〇ドルの間の額の食料が浪費されているということだ。

先進国の浪費は、発展途上国全体に深刻な影響を与えているのだが、このような破棄された食料が世界の貧困状態にある人々を何倍も養うことができることは言うまでもない。ところがこの構造というのはさらに複雑で、イギリスで活動している慈善団体である食料倫理委員会によって主催された会議によっても概略が述べられている。官僚や食料の専門家、そして小売業の代表者たちが指摘するのは、捨てられることの多い食料の購入が、いかに世界の供給を減少させて食料価格を上昇させているか。そのため世界の他の地域にある貧困国の裕福でなく、かつ十分に栄養のとれていない人々に食料がさらに手の届かないものになっているかという点だ。

食料の無駄による破棄にともなうコストも、社会、経済、そして環境の分野まで拡大している。たとえばアメリカやイギリスのような国は、埋め立て処理場に埋めるゴミのうちの約一九パーセントが食料である。これは最終的に腐敗して有毒なガスであるメタンを発生させることになる。イギリスでは食用可能な食料が食べられないまま捨てられ、一八トンもの二酸化炭素を生み出している。これは地球温暖化に貢献していると考えられている温暖化ガスのイギリスによる排出分の五パーセントにのぼると見られている。大局的な視点で見ると、すべての破棄された食料が初めから生産されなかったとすれば、これはイギリスの道を走っている車の四台のうちの一台をなくすことと同等の二酸化炭素削減のインパクトがあることになる。

それと同時に農場で破棄される食料を作るために使われる灌漑《かんがい》用水は、九〇億人もの人々が使う家庭用水をまかなうことができるのだ。ここで明らかなのは、莫大な無駄に対処すれば、環境面で途方もないポジティブな効果がもたらされるため、世界の食料の供給を回復させる大きなチャンスが生まれることだ。

先進国ではゴミ箱に食べ物を投げ入れるのを控えるようになってきており、余った食べ物は慈善団体に回すようなことも行っている。だが、食用可能な食料を地元の倉庫に回すのは、余った生産物を世界中に大量に分配すること――これは旱魃《かんばつ》や洪水が起こったような緊急時に行われることがあるが――よりもはるかに安く、かつ輸送面でも複雑ではないのだ。今日では先進国の持つ脱穀していない過剰な穀物を、それを最も必要としている地域に分配する手段はほとんど存在しないと言えよう。ところが世界の食料生産地を配置転換することによって将来の食料の厳しい逼迫《ひっぱく》状態を緩和する余地はまだ十分残されている。

▼分配の失敗

毎日飢えていると見込まれている地球上の一〇億もの人々は、それとは反対に医学的に肥満と見なされている一〇億の人々によって、ほぼ完全に相殺されている。

このショッキングな対称性が示しているのは、単なる破棄だけでなく、食料の分配の失敗がいかに深刻であるかという点だ。しかし破棄を少なくしてよりまんべんなく食料を分配しようとしても、本気で実行しようとすると、あまりにも高価で、最終的には不必要になることがわかる。なぜならアフリカのように現在多くの栄養失調が発生している地域には、有用ながらもまだ活用されていない耕作可能地が豊富にあるからだ。飢餓に苦しむ大陸の中央に存在するこれらの非生産的な土地というのは、実質的に、食料生産への意欲を刺激または抑制するシステムがもたらす結果なのだ。

すでに見てきたように、世界の先進国を含むじつに多くの国々が、毎年自国以外の国々で生産された農産物を実質的に閉め出すような、積極的な補助金政策や関税プログラムを実行している。アメリカの「農場法」やヨーロッパの「共通農業政策」などでは、人為的に自国の農家や国内の農業を支えるために、何百億ドルもの資金を供給しているのだ。自国の生産コストの多くを補うことによって、これらの補助金は食料市場に法外な値段となって表れる。このような政府の政策は外国の食料の生産へのやる気を削いでしまうだけでなく、実際には国内における生産過剰を発生させてしまうのだ。アフリカや南米の貧しい農業生産国にとっては、このような貿易状態の歪曲は、不当に不利な条件となってしまう傾向がある。

この点において、アメリカとフランスはその中でも最悪の違反者である。世界戦争が起こったときに他国に食料を依存することに恐怖をおぼえ、自国の農業マーケットを保護し、国内の強力な農業ロビー団体の支援を受けながら、彼らは外国の製品の流入をブロックするために貿易制限、補助金体制、そして障壁などを設置しようとしてきた。アメリカだけでも一年間につぎこまれる農家への補助金の総額は一五〇億ドルにのぼっている。二〇〇二年の「農業安全保障・農村投資法」では、アメリカの農家にたいして今後一〇年間にわたって二〇〇〇億ドルもの補助金が支払われ、これは以前のプログラムよりも七〇〇億ドル多く、特定の補助金の中には以前と比べてその額が八〇パーセント増加しているものもあるほどだ。

アメリカの補助金プログラムはとくに穀物類に最も多く適用されており、これには小麦、トウモロコシ、モロコシ、大麦、米、そしてオート麦だけでなく、ピーナッツ、タバコ、大豆、綿、砂糖、そして牛乳も含まれるのだ。過剰な食料生産は破棄につながることが多く、さらに皮肉なことには、まさにこの相手国の穀物の生産を抑制する補助金政策のせいで農業の生産が消滅してしまった貧しい地域に、余った食料が支援物資として送られたりしている。

砂糖や牛乳のケースでは、アメリカ政府は国内の生産分について最低価格を設定しつつ、外国の生産者が商品をアメリカに流通させようとした場合には、高い関税を払わせるのだ。そして外国産の牛乳や砂糖がアメリカの店の棚に並ぶことになると、今度は（少なくとも）アメリカの同じ製品と同じ価格で販売されることになる（通常、関税というのは外国産の製品が、補助金を受けた国内の製品よりも高い価格を設定することを意味する）。結果として、外国の生産者はアメリカの消費者にとって競争力のある魅力的な価格を提供できないために用なしになる。ところがこのような国内生産者を支えるためにマーケット価格の操作を行っているのは、アメリカだけではないのだ。

経済協力開発機構（ＯＥＣＤ）の加盟国は、毎年約三〇〇〇億ドルの補助金を農業へつぎ込んでいる。ヨーロッパ全体でも、「共通農業政策」[1]（ＣＡＰ）はヨーロッパ連合（ＥＵ）の予算の半分にあたる一二二〇億ユーロ（一六〇〇億ドル）にものぼる。このうち直接的な農家への補助金だけで、およそ四〇〇億ユーロ（五〇〇億ドル）になるのだ。

これらの政策が、「商品」の輸出国になる可能性のある貧しい国に与える影響の中には、国の財政にたいする悪影響が含まれている。慈善団体のオックスファムは、補助金、最低価格の補償、そして明白な輸入禁止措置という体制のため、二〇〇一年以来エチオピア、モザンビーク、マラウイという潜在的な輸出国の儲けが少なくとも二億三八〇〇万ドル失われたという推測を発表している。オックスファムは、もしマラウイが三二〇〇万ドル（これは年間医療費の予算の約半分と同じ額である）の輸出収益を獲得するチャンスをＥＵ側のマーケットの制限によって失われなければ、二〇〇四年にＥＵにたいする輸出量をかなり増大させることができたとしている。また、これらの産業を抑制することによって、国内の農業分野における雇用への影響も破壊的なものとなってしまうのだ。

たとえば二〇〇三年のアメリカでは、わずか数千の綿の栽培農家への補助金の総額が四〇〇億ドルにのぼっている。これらの巨額な補助金の結果として、大西洋側のアフリカ中部／西部の農村にある六〇〇万世帯は、生産コストが低いにもかかわらず、巨大なアメリカのマーケットで競争することすらできなかったのだ。これらの補助金などによってブロックされている潜在的な貿易関係というのは、アフリカの国々にとって深刻かつネガティブな影響を与えている。たとえばマリでは、国内の総人口の三分の一にあたる三〇〇万人以上が、その生業として綿栽培に依存している。ベナンとブルキナファソでは綿が商業的な輸出品の半分以上を占めている。ところが補助金のおかげで、マリはＧＤＰのほぼ二パーセントと輸出利益の八パーセントを失っており、ベナンは二パーセントのＧＤＰと輸出利益の九パーセント、そしてブルキナファソは、ＧＤＰの一パーセントと一二パーセントの輸出利益を失っている。

二〇〇三年五月にはベナン、ブルキナファソ、チャド、そしてマリの通商大臣たちがアメリカとＥＵにたいして、綿貿易に関する世界貿易機関（ＷＴＯ）のルールに違反しているとして、正式にＷＴＯへ提訴した。この四カ国は綿への補助金のおかげで年間一〇億ドルを失ったと主張している。これはＧＮＰ全体が平均して一〇〇億ドルをはるかに下回るこれらの国々にとっては、かなりの額にのぼるのだ。もちろん綿というのは食料ではないが、このようなアメリカの補助金が及ぼす影響からよくわかるのは、マーケットを操作するこのような政策の持つ破壊的なメカニズムであり、結果として世界中の人々に悲惨な生活環境を与えてしまうということだ。

不幸なことに、これらの国々が頼るＷＴＯのような国際機関というのは、往々にして貿易協定を実行させ、国際的な貿易紛争を解決に導き、当事国に平等な場を用意するための法的・制度的な枠組みを与えるという任務を果たすには無力であることが多い。個々の国というのは自国の国家目標のためには、ほとんど原告として提訴することなく国家間の合意や貿易ルールを無視することもできるのだが、これはＷＴＯが単なる貿易の協定を交渉する場であって、それを実際に執行する力を備えていないからだ。[2]

しかもこのような行為には実質的な処罰がどこからも課せられないため、中国（毎年一五億ドルを補助金に当てている）やトルコ、ブラジル、メキシコ、エジプト、そしてインド（二〇〇一年から二〇〇二年の間に六億ドルを補助している）を含む、他の非ＯＥＣＤの国々も自分たちの綿産業を支援してきたのだ。ところがどちらかと言えば無能であるＷＴＯは、単に大規模な補助金を準備できる豊かで力のある国のほうだけに利するわけではない。また単に潜在的な輸出国にたいしてネガティブな影響を与えるようにマーケットをゆがませてしまうわけでもない。実際のところ、この強制力のなさとＯＥＣＤのような他の国際機関との連携不足は、世界が「商品」の欠乏という問題に対処するにあたって決定的に準備不足であるという状態につながっている。結局のところ、これら多くの組織や機関というのは、そこに属する参加国の要求に応えようとするものであり、対処する必要のある大規模な世界レベルでの結果に考慮が払われることは少ないのだ。

人口規模が大きく、しかも拡大しつつある中国は、耕作可能地が減少するにつれ発生すると見られている、猛烈な食料不足の可能性にまさに直面している。しかし皮肉なことに、主に西側諸国によって実行されている保護主義――そして国際機関はこれを修正することができなかった――は、実際には中国の資源面での狙いを助けることになっているのだ。ヨーロッパやアメリカの市場から閉め出されてしまった農業生産力のあるアフリカをはじめとする貧しい国々は、大規模で貪欲な中国を非常に魅力的な市場になると見ているからだ。

世界中の国々と直接的な関係を築く中国のアプローチは、少なくとも二つの有益な効果をあげている。一つは中国の投資――これは資源だけに限らない――が雇用を生み、現地に自給自足の体制を作ることに成功した。これによって現地の人々は自らを養うことができている。もう一つは、農場と食料生産に直接的な投資を行うことによって、中国の投資は補助金プログラムのせいで阻害されていた食材の貿易ルートを切り開いたのだ。

リカで、約四億人が住んでいる。

▼構造的問題

毎日飢餓に直面している一〇億人のうち、最も多く人口が集中しているのはサハラ以南のアフリカで、約四億人が住んでいる。

さらにアフリカというのは過去三〇年間で飢餓が繰り返し発生している唯一の地域であり、そこに住む人々を食べさせることができない唯一の大陸でもある。このようなあまり聞こえの良くない事実がありながら、地球上でまだ耕作可能地の三分の一が残っているのもアフリカなのだ。このデータは三つのことを示している。一つはアフリカは自給自足できるはずだということ、もう一つはアフリカが世界中に食料を供給することができるはずだということ、そして三つ目は需要が供給に見合っていないという根本的かつ構造的な問題があるということだ。

食料生産というのは、最も基本的なレベルでは、道、機械、灌漑《かんがい》用具のような物理的インフラの質や、所有権や土地の権利についての法的な執行力に左右されるものだ。耕地化の可能な土地に恵まれている多くのアフリカの国々というのは、頼りにならない政府やつねに交代し続けている政権という悪条件を抱えていることが多い。このため法的な権利を行使することが十分ではないし、散発的になる。少しでも理性的な考えを持つ投資家は、必要となるインフラや所有権を守ってくれるような体制の整っていない場所に長期的な投資を行おうとはしない。そしてこのインフラと土地の権利の欠如こそが、国内と国外の多くの投資家たちがいままでアフリカの農業分野へ投資したがらなかった理由そのものなのだ。繰り返すが、このような投資の成立しない真空状態の場所に入ってきたのが中国であり、インフラと継続可能な経済発展のための現実的な展望を提供したのである。また、中国はこれによって資源の需要を満たしつつ、芳しくない経済環境に直面している国々の中で唯一光り輝く希望として登場してきたのだ。

●シェールガスによるエネルギー供給の猶予

燃料というのも、おそらく世界で際限なく求められ続けているものであろう。将来においても、燃料といえば天然ガスや石炭、それに石油のような化石燃料のことを意味する。

石油への需要が上昇しつつあり、しかもこれが経済成長に致命的な重要性を持っていることから、エネルギーの需給の不均衡の変更と改善への努力は、迫り来る食料の逼迫の危機への解決法と同じくらい重要である。太陽光発電や風力発電のような新しいエネルギー源の中でも、とくに生産量の増えているシェールガスは、エネルギー分野における革命を起こす存在であると喧伝《けんでん》されている。この資源はエネルギーの供給不足という大きな落し穴から、最低でも適切な供給量で、世界を危機から救う可能性を持っているのだ。

過去二〇年にわたり、アメリカは石油の輸入国であった。ところがいくつかの推測によれば、シェールガスはアメリカを次の二〇年間にわたってエネルギーの輸入に頼らなくてもよい国にする可能性があるというのだ。もしアメリカが海外からのエネルギー輸入に頼らなくてもよいことになれば、結果は革命的なものとなるだろう。経済面から考えれば、エネルギーが自国だけで供給できるようになると、アメリカが現在必要としている一日一〇〇〇万バレル以上の石油エネルギーの輸入は消滅する。そこに使われていた資金は別の分野にまわせることになる。また、アメリカは石油のアクセスのために海外の独裁的な政権を黙って見過ごす必要もなくなる。これによって世界中の多くの専制的な政府の脆弱《ぜいじゃく》性は増し、その国に住む住民の願いにたいしての説明責任が増す。中国やそれ以外の大規模な採掘可能なシェール資源を持つ国々にとっても、シェール革命は大きな影響を与えることになるのである。

表9-1が示しているように、中国、ブラジル、そしてそれ以外の多くの新興国やエネルギーに飢えている国々にも莫大なシェールガスの埋蔵量がある。シェールガスはエネルギー不足に関する世界的なリスクをエネルギー過剰の状態に

表9-1　シェールガス革命：豊富な上位12カ国

国名	シェールガスの可採埋蔵量（兆立方フィート）	天然ガスの確認埋蔵量（兆立方フィート）
中国	1275	107
アメリカ	862	273
アルゼンチン	774	13.4
メキシコ	681	12
南アフリカ	485	—
オーストラリア	396	110
カナダ	388	62
リビア	290	54.7
アルジェリア	231	159
ブラジル	226	12.9
ポーランド	187	5.8
フランス	180	0.2

出典：Fereidun Fesharaki, "Asia Pacific Oil Market in a Global Context: Hot Topics," RS Platou 3rd Shipping & Offshore Conference on FACTS Global Energy, October 7, 2011, Singapore.

変える可能性があり、これが実際に起これば世界のエネルギー価格の上昇には歯止めがかかると見られている。おそらくこのような動きを予測してか、非公開の石油マーケットで、歴史的に北海産のブレント原油（これは国際的に取引されている石油）にたいしておよそ三ドルの割増価格で取引されてきた世界の原油価格の指標であるウェスト・テキサス・インターミディエイト（ＷＴＩ）は、二〇一一年初頭にはブレントにたいして約二五ドルも安い価格で取引され始めた。多くの石油・ガスの投資家たちはこの価格反転を「ＷＴＩにおいて供給過剰が起こった証拠だ」と見なしている。

多くの新しいテクノロジーや特効薬、潜在的な経済の救世主などと同様に、シェールガスとそれによるエネルギー分野の変革にまつわる高揚感は、かなり楽観的な理論の憶測に基づくものだ。しかしものごとのつねであるように、実際の状況はかなり複雑なのだ。

アメリカはすでに一日七〇万バレルのシェールガスを二〇一一年の夏の時点で生産している。アメリカのシェールガスからの液化製品（これにはＬＰガス、プロパン、ブタンを含む）の量は二〇一五年までに二〇〇万バレルあたりまで上昇すると予測されている。それにたいしてアメリカの原油生産は二〇〇三年の一日六〇〇万バレルから二〇〇九年の約五〇〇万バレルまで低下している。ところが生産規模の拡大にもかかわらず、シェール関連事業の量と規模は莫大で高価なものであり、いままでのペースを持続して拡大させることができるのかどうかという点についてはかなり不透明なのだ。

水圧破砕法（フラッキング）というのは、シェールガスを掘削する際に使われる手法である。これには地下一五〇〇メートル以下の深いところまで穴をあける必要があるのだ。この深さに達してからの水平方向への掘削には膨大な量の水が必要であり、このせいで陥没が起こったりして、ガスのある岩盤へのアクセスが困難になることがある。また、掘削に必要となるインフラ設備も莫大なものだ。一般的なシェールガスの掘削現場には、一つの油井につき二〇〇個以上の用水タンクと八万七〇〇〇バレル（約三二〇〇万リットル）もの量の水が必要である。しかも八万から一〇万人もの数の人間が最長で五日連続二四時間交代の体制で操業することが求められるのだ。そういった点がシェールガスの生産には必要とされることから、既存の石油掘削の現場で使用される機器類は一〇年以上ももつのだが、シェールガスの生産で使用される機器類はたった二・三年間で消耗してしまう。

さらにいえば、国内だけで使用可能な特殊な技術があるおかげで、アメリカは将来において、シェールエネルギーの唯一の主要な生産者になる可能性が高い。ところがアメリカのシェール資源は世界全体の八パーセント以下の量しかない。さらに楽観論を否定するようなことを言うと、シェール用の油井は比較的早く枯渇し、回収率も低いものが多い。シェール用の油井の平均的な回収率は五〇億立方フィート（一四一億リットル）なのだが、伝統的なエネルギー源の回収率というのは二〇〇億立方フィート（五六四億リットル）から五〇〇億立方フィート（一四一〇億リットル）なのだ。言い換えれば、従来の石油を掘削する油井の一本分と同じだけの量のエネルギー源を生み出すためには、さらに多くの量のシェール用の油井が必要になる。

また、シェール油井の生産能力が誇張されているのではないかという懸念もある。二〇一一年八月にアメリカの地質調査所（USGS）は東部沿岸地区の八州にわたって存在する堆積岩によって構成されるマーセラス頁岩《けつがん》地区のシェールガスのベース埋蔵量（訳注：採算無視で技術的に採掘可能な量）の見込みを、四一〇兆立法フィートから八四兆立法フィートまで引き下げている。[3]

これは以前の推測量から実に八〇パーセントも引き下げたことになる。さらにこのUSGSの修正は、ベース埋蔵量を提示しただけで、経済的に回収可能なガスの量（可採埋蔵量）を示したわけではないのだ。したがってシェール資源は理論上ではたしかに回収可能かもしれないが、経済的な面から考えれば本当は利益にならないかもしれないのだ。マーケットの専門家の中には、その生産の実行可能性にかなりの疑問を持っている人もいる。二〇〇九年八月に、独立系のエネルギー調査会社であるIHSドリリング・データ社のある専門家は、「シェール関連の動きは大規模な〝ねずみ講〟みたいなものであり、経済的にも実効性がない」と書いている。経済的な問題や埋蔵量の推測値の劇的な修正以外にも、ガスを採掘する際に使われる手法であるフラッキングは環境団体から「汚染物質と水資源の汚染という怖れがある」と問題視されて大きな反発を受けている。フラッキングはすでに多くの国々で禁止されており、二〇一一年六月時点ではフランスも禁止国に含まれている。アメリカの意識調査でも国民の中にかなりの疑問が存在していることが示されている。

二〇一一年五月に行われた調査（NY1/YNN-Marist Poll）では、「フラッキングは地下の岩石を粉砕して天然ガスを取り出す手法だが、あなたが読んだり聞いたりしたことを踏まえてみると、この手法を支持しますか、それとも反対しますか？」という質問を提示した。これに答えた成人約一〇〇〇人の意見では、フラッキングにたいしては三八パーセントの人々が賛成し、四一パーセントが反対を表明しており、二一パーセントの人々はわからないと答えている。

●原子力発電の展望

原子力発電は比較的古い部類に入るよく知られたエネルギー源であり、すでに三〇カ国で使われていて世界の電力のうちの一四パーセントを提供している。ところが世界で最もコスト的に効率の良いエネルギー源であるにもかかわらず、この業界は二〇一一年三月、日本の津波によって発生した福島原発における恐ろしい放射能漏れの被害を受けて、厳しい状況にさらされている。

この直後からドイツとスイスは脱原発を宣言しており、この動きは少なくとも短期的には石油のような従来のエネルギー源の需要を高めることになると見られている。その他の国々においても、原発の撤廃や段階的廃止、もしくは拡大が制限されることで、これと同様な影響を与えることはほぼ確実である。

ところが中国は原発に関する最近の悪いニュースにも意を介しているようには見えない。その証拠に、原発建設計画の規模はまさに驚くべきものだ。中国は原発による発電量を二〇五〇年までにおよそ二〇〇ギガワットにすることを計画しており、これは現在アメリカで発電されている量の二倍にあたる。中国は原発を二〇カ所で建設する計画であり、次の一〇年間で原子炉を三六基作ろうとしている。もしこれが完成すれば、世界の歴史でも最も早い原発の新規建設計画になるのだ。

もちろん中国がこの目標を達成するにあたっては大きな障害に直面する。これには不十分な労働力や原子力安全についての法律の欠如、それに原発のプラント設計に関する課題や事故のリスクなどが含まれている。もし計画を実現することができれば、中国は世界の原子力発電国として、ただちに三本指に入る存在になるだろう。さらに追加のインセンティヴ

表９-２　原子力発電を使っている上位15カ国

国	メガワット	総発電量のうち原子力発電が占める割合
アメリカ	101,229	20.2%
フランス	63,236	75.2%
日本	47,348	28.9%
ロシア	23,084	17.8%
ドイツ	20,339	26.1%
韓国	18,716	31.1%
ウクライナ	13,168	48.6%
カナダ	12,679	14.8%
イギリス	10,962	17.9%
中国	10,234	1.9%
スウェーデン	9,399	37.4%
スペイン	7,448	17.5%
ベルギー	5,943	51.7%
台湾	4,927	20.7%
インド	4,780	2.9%

出典：Adapted from World Nuclear Association, “World Nuclear Power & Uranium Requirements, “Nuclear Power Plant Information. International Atomic Energy Agency.

として、中国がその目標に近づけば近づくほど、化石燃料に集中している現在のエネルギー事情も多様化していくだろう。現在の中国はエネルギー源として、七〇パーセントを石炭に、そして二〇パーセントを石油に依存している。だが原子力を積極的に追求することによって化石燃料への需要の高まりを軽減することができたとしても、中国は原子力発電の重要な材料となるウランという「商品」への需要の高まりに対処しなければならなくなる。

その目的のために、中国は世界のウランの全供給量のおよそ三〇パーセントを担っているカザフスタンのような国との結びつきや協力関係を強めている。二〇一一年二月にカザフスタンは中国と数十億ドル規模の協定をいくつも結んでおり、これにはカザフスタンの国家福祉ファンドにたいする一七億ドルの借款や、石油化学コンビナートへの五〇億ドルの借款、さらにはエネルギー関連のインフラである高速鉄道建設のための五〇億ドルの借款などが含まれる。その見返りとして、中国は五万トンにのぼるカザフスタンのウランへのアクセスを獲得している。急激に増大するエネルギー危機に直面している中国は、経済的にはあまり豊かではないが資源の豊富な国にたいして、ここでもまた資源という見返りを得ようとして、そういった国が切望している借款やインフラの改善を提供しているのだ。[4]

●需要はつづく

減少しつつある資源によって増えつつあるリスクには、二つの側面がある。石油、穀物、綿、そしてその他の「商品」の供給の逼迫である。そしてさらに明白なのは、世界で急激に需要が増加しているという状況である。

この二つは「商品」の逼迫につながるものだが、需要の高まりというのは減少する世界の天然資源という暗い見通しにも影響を与えるものだ。補助金、保護主義政策、そして最も破壊的な供給側のマーケットの操作などは先進国から始められる傾向にあるものだが、需要の高まりというのは主に発展途上国側から発生する。発展途上国では人口の増加や都会化、そして富の急激な増加などによって、急速にソフトとハードの両「商品」への欲求が増えるからだ。あいにくだが、これらの増加する圧力から逃れるための解決法を見つけるのはさらに難しい。

もちろん新たなテクノロジーや補助金の禁止などを通じて世界の「商品」の供給を増やせる可能性はあるのだが、それでも需要が緩やかになるという見込みはほとんどない。世界の人口は過去五〇年間で二倍以上に増えているのであり、この速度が遅くなるような兆しは見えない。すでに述べたように、インドだけでも一カ月に一〇〇万人が増えており、これは香港とシンガポールの人口を毎年加えているのと同じなのだ。世界全体でも人口は毎年一億人増えていると見られており、これは三年ごとにアメリカの人口を加え続けるような驚くべき数の増加なのだ。

たとえ新興国の新しい中流階級が資源の需要において先進国の中流階級よりも控えめな態度をとったとしても――そして自発的に欲求を制限できた民衆の例は歴史上にはほとんど存在しない――今後数十年間に生き残りのために必要なものを新たに求めてくる人々の数というのは、考えるのさえ恐ろしい量だといえる。

●エネルギー予測から発せられたメッセージ

かつてない人口の増加を踏まえて、ほぼすべての将来予測では世界全体で強力な経済成長が二〇三〇年まで続くと見なされている。これによって家庭やビジネスに電力を供給するのに必要となる石油の需要のさらなる増加が見込まれている。北米は国民の高齢化や債務、それに赤字などの経済面における構造的な問題を抱えながらも、ＧＤＰは二〇〇五年の一四兆ドルから二〇二〇年には二五兆ドルになると見られている。それと同じ時期のアジア・太平洋地域全体のＧＤＰは、一〇兆ドルから約三〇兆ドルへと増加すると見られているのだ。

エクソン・モービル社の推測によれば、二〇三〇年まで年率二・八パーセントの経済成長が続けば、二〇〇五年から二〇三〇年の間にはエネルギー需要は五五パーセント増え、石油では四〇パーセントの増加になるという。この数字だけを見れば、これは一日に約三四〇〇万バレルの需要が増加するということであり、そのうちの四五パーセントは中国とインドだけで消費されることになる。もちろん一〇年後の経済成長を正確に予測することは難しいのだが、世界のＧＤＰが二パーセントという控えめな増加になったという前提で考えてみても、石油の需要は一日に一億バレルずつ増えていくことになり、これはアメリカと同じ規模の経済にたいして十分な量の石油を供給することと、ほぼ同じなのだ。

●高まるエネルギーの需要

どれが正確な数字であるかはわからないが、このエネルギーの需要の増大は、その大部分が中国の急激な拡大によって促進されることになるだろう。国際エネルギー機関（ＩＥＡ）は、二〇〇九年の中国のエネルギーの需要は一日九〇〇万バレルで、これが二〇一五年になると七〇パーセント増えると予測している。そしてこれは世界の石油の需要の拡大のうちの四二パーセントを占めることになるというのだ。このような数字はとてつもない量のように見える。それでも中国のような新興国の経済成長を予測するために使われる一般的なモデルから見れば、実際のところは控えめな予測なのだ。

一般的に言って、石油の需要というのは高所得にたいして弾力性を持っているが、価格反応性はかなり低い。高い所得弾力性（higher income elasticity）とは、国民一人当たりの所得が増加すると、それに応じてエネルギーの需要量が大幅に上昇することを意味する。

低い価格反応性（lower price responsiveness）というのは、先進国のような経済成長が緩やかな国の場合よりも、エネルギー価格の上昇による需要の減少が遅いという発展途上国特有の傾向を意味している。これを言い換えれば、発展途上国に住む人々は所得が上昇して余裕が出てくると、エネルギーをより急激に消費するということである。同時にエネルギーの価格が急上昇しても消費をそれほど落とさないということだ。これらを中国全体やそれ以外の新興国で予期されている経済成長の軌跡（そして一人当たりの所得の上昇）と併わせて考えてみれば、石油価格の上昇がエネルギーの逼迫しつつある状況を明確に反映しているのにもかかわらず、今後もエネルギー需要の圧力がかなりの規模で上昇するということだ。思考を要求されるものではあるが、公害、経済成長、そしてエネルギー源への需要の間のつながりというのは、どちらかといえば理解しやすいものだ。エネルギー消費の成長によるもう一つの大きな結果は公害だが、これは需要と供給の動きにたいして、さらに複雑な関係を持っている。

●公害汚染の問題

上海近郊の無錫市と接している太湖の湖面は、長年にわたって鮮やかな緑色の藻のヘドロに覆われている。これは化学工場の排水によって増殖したものだ。あまりにこの汚染がひどくなったために、無錫市は数日間にわたってここからの水の供給を停止せざるをえなくなったこともある。

今日のデータが示しているのは、中国国内の水質汚染が驚くべき状態になっているということだ。地表にある水資源の約二一パーセントは、農業用にさえ使えないとされている。中国には急成長する都市をいくつも作ろうとする意欲があるにもかかわらず、二〇〇五年にはこれらの都市部の約半分の地域で排水処理施設が不足しており、処理されていない汚水が垂れ流しになってしまっている。二〇〇九年には国際エネルギー機関が、中国はおよそ七〇億トンの二酸化炭素を排出していると推定しており、この数字は二〇三〇年までに一二〇億トンまで上昇すると見られている。このような環境問題は、都市に住む人々に病気をもたらして生活水準を下げるということだけでなく、さらに重要な問題を含んでいる。

二〇〇六年に中国は、動植物やインフラを傷める酸性雨の原因となる二酸化硫黄を二二〇〇万トン以上も空気中に排出している。中国のいくつかの地域では、濃いスモッグが日光を遮っているため、農作物の収穫量を二〇パーセントも下げている。言い換えれば、中国の化石燃料への貪欲な需要は決定的に重要な国内のエネルギーの生産能力を拡大しているだけではなく、実際にはもう一つの重大な農業分野での供給能力を減少させているように思われる。単純にいえば、公害による汚染を大きく減らすことができれば、中国は切望される食料生産量の改善ができるはずなのだ。

●重要な問題ではなく切迫した問題に注目すべきか

たしかにエネルギーを大量消費する成長によってもたらされる中国の環境への影響には、恐ろしいものもある。ただし経済活動というものはどの国にとっても何かしらの公害をもたらすもので、そのネガティブな影響は世界のすべての国々にとっても人ごとではない。中国の工場が水銀のような有害物質を空中や海中に排出しても、これが数千キロ向こうの太平洋やアメリカの西海岸の大気を汚染することになるからだ。

経済学者はこのような公害を、中国の消費による「負の外部性」(negative externality)であると名づけるだろう。ところが中国の環境規制が緩かったり、そもそも規制自体が存在しなかったりするために環境面での悪役となっているが、アメリカとヨーロッパでこれを批判する人々は、自分たちにも似たような歴史があることを忘れてはならない。これについてはダブル・スタンダード(二重規範)だと批判されても文句を言えない部分がある。現在のような比較的に豊かな経済国になるまでに、先進国も過去数世紀にわたって中国と同じような実質的に規制のない後ろ暗い経済成長を経験してきたのだ。たとえばイギリスの産業革命の時代には、国内のすべての森が工場から出る石炭の煤によって黒く覆われたこともある。さらにいえば、中国の拡大はたしかに国家レベルでは公害の水準は高いのかもしれないが、その莫大な数の国民は、アメリカのような国と比べてもそのエネルギーの消費量はかなり少ないし、一人当たりの二酸化炭素の排出量もはるかに少ない。

二〇一〇年に発表されたエドワード・グレイサーとマシュー・カーンの報告によれば、アメリカで最も公害の少ない都市であるサンディエゴとサンフランシスコの標準的な世帯でも一年に二六トンの二酸化炭素を排出しており、この家には洗濯機、パソコン、テレビ、エアコン、調理用コンロ、そして暖房のようなエネルギーを大量消費する数多くの生活を快適にするものがある。当然だが、これは六万二五〇〇ドルという高い平均収入を持つ家庭の話だ。一方、中国の都市では平均収入も排出量もかなり低い。たとえば上海の標準的な世帯では二酸化炭素が一・八トン排出され、北京の標準的な家庭では四トンだ。そして中国で最も公害汚染の激しい大慶の標準的な世帯でも、アメリカの最もクリーンな都市のたった二〇パーセント分の二酸化炭素しか出していないのだ。比較的低い生活水準のおかげで、中国は高い生活水準によってかかる負担から逃れられているのだ。ところが人口が急速に増加し続けるにつれ、中国の一三億人は洗濯機や家庭用エンターテイメントシステムなどを多く求めるようになるため、この問題はさらに深刻化する。

このような相違は、中国のあまり豊かではない国民が西側諸国の人々ほど消費する余裕がないという事情もあるのだが、中国の指導者層はこの事実をあえて大っぴらに認めている。二〇〇九年に開催されたコペンハーゲンの気候変動会議の席で中国の公害汚染について質問を受けたときに、中国側の代表はやや皮肉な言い方で「われわれは西側諸国のような、資源を大量に使った公害を発生させないでしょう」と述べている。

この公平性という問題――つまり、豊かな国は中国のような公害発生国にたいして、たとえ経済成長や一人当たりの所得の増加を犠牲にしてまでその行為をやめるよう強制すべきなのか、という問題――は、国連環境計画（ＵＮＥＰ）のような国際機関における環境政策の議題としても取り上げられるようになり、[5] 公聴会まで開かれる可能性も出てきた。国際機関や政治家たちは、人口増加、環境破壊、そして経済の不均衡――これらはすべて資源についての根本的な問題に間接的に関連している――のような個別の問題に正しく時間を割いて取り組んでいる。ところが悲しむべきことに、現実の資源が限られているという迫り来る本物の脅威については、ほとんど注目されていない。これは、このような懸念にたいして世界的に調整を行うような明確かつ包括的なアプローチが存在しないことによっても確認できる。

もちろんこれは、世界の資源の管理についての「大局的」な視点から問題に取り組む世界的な機関が少なくとも理論上では存在しないという意味ではない。世界銀行や国連食糧農業機関（FAO）、世界食糧計画（WFP）のような国連機関、経済協力開発機構（OECD）、国際エネルギー機関（IEA）などはそのような機関の一例で、いろいろな形でこの問題に取り組んでいる。ところが各機関は数多くの断片的な問題に独自の枠組みで取り組んでおり、しかも対応しているクライアントや参加者はじつにさまざまなのだ。その一方で、中国の世界を股にかけた資源獲得の動きは多種多様な形で世界の環境を変えている。注目すべきなのは、まさにこの点である。つまり、中国の横暴な振る舞いではなく、今後一〇年間における世界の資源の需要と供給をしっかりと理解するには、中国の課題を十分に理解することから始めなければならないのだ。

1　共通農業政策（the Common Agricultural Policy: CAP）というのはEUの農業における補助金や計画を指導する政策のことである。

2　世界貿易機関（WTO）のミッションステートメント（任務や使命の宣言文）は、以下のサイトで読むことができる。http://www.wto.org/english/thewto_e/whatis_e/wto_dg_stat_e.htm.

3　より正確にいえば、ニューヨーク、ペンシルベニア、オハイオ、メリーランド、ウェストヴァージニア、ニュージャージー、ケンタッキー、そしてテネシーの各州である。

4　それ以外のウラン産出国としては、カナダ（二〇％）、オーストラリア（一六％）、ナミビア（八％）ロシア（七％）、ニジェール（六％）、ウズベキスタン（五％）、アメリカ（三％）、ウクライナ（二％）、中国（二％）、インド（一％）、南アフリカ（一％）、チェコ（一％）、ブラジル（一％）、そしてマラウイ（一％未満）がある。

5　国連環境計画は、持続可能な形で生活水準の向上を目指す国や個人を支援することによって、環境にたいする配慮についての指導を行っている。

第10章

いまそこにある危機

一九七五年四月にアフリカの中央部の内陸国であるチャド共和国の大統領フランソワ・トンバルバイは、国営ラジオを通じた演説で軍の一部が政権転覆のためクーデターを画策しているから警戒するよう国民に呼びかけている。続けて同大統領は、クーデターが予期される理由として南部のドバ油田を挙げている。この警告は彼の最後の公式演説となってしまい、この演説のたった数日後の四月一三日に暗殺されてしまった。

ここで思い出すべき単純な事実は、世界が前例のないほどの天然資源の限界に直面しているということだ。この限界は、耕地から水、鉱石、そしてエネルギー――とくに石油――まで、じつに顕著に見られる。

「商品」の恒常的な欠乏は、世界の経済成長の足かせとなり、これによって数億人もの人々は貧困から抜け出せなくなる。さらにいえば、資源の不均衡――資源への需要が供給を大きく上回るという見込み――は、豊かな国の生活水準さえも明確な形で低下させることになるだろう。エネルギー、土地、水、そして鉱石が需要にたいして逼迫してくると、スタンドでのガソリンの値段、パン、水道料金、そして携帯電話やパソコンや車のような製品の値段は上がらざるをえないのだ。このような価格の上昇は、「商品」関連の消費を低下させたり、消費者が収入の内でこれらの製品の購入に使う割合を増やしたりするのだ。

ところがこのような正当化が可能となる経済的な問題のほかにも、「商品」の逼迫はさらに大きな脅威、つまり政情不安などにつながるのであり、戦争の勃発や暗殺にまでつながることもあるのだ。チャドの大統領であったトンバルバイ氏は、自国の油田を国有化しようとして殺されたのではないかと疑われている——彼はほかの問題においても多くの敵を作っていた——が、もし資源が彼の破滅の原因だとすれば、少なくとも歴史には彼と似たような例が豊富にある。

過去は前置きにすぎない

過去二〇〇〇年間において人類が行ってきた最も激しい戦争の多くは、資源を巡る争いから発生したものであった。「水資源紛争年表リスト」（the Water Conflict Chronology List）は、そのことを示す一つの例だ。水資源に関しては二〇三件の紛争があり、古くは紀元前三世紀にまでさかのぼることができる。[1] この広範囲にわたるリストでは、水資源が軍やテロリストから目標として攻撃されて汚染された時代が列挙されている。また、これには開発に関連した紛争で水の供給（たとえば灌漑用水へのアクセスなど）が根本的な原因となった事例も記載されている。

ところが現代の「商品」を巡る争いについて記したリストも衝撃的だ。一九九〇年から少なくとも一八件の紛争が「商品」の開発を巡って発生しており、これにはインドとパキスタンの間で現在も継続中で、土地と水を巡って争われているカシミール地方の紛争や、アンゴラとコンゴの間でカビンダ地域の石油の採掘権を巡って行われている紛争などが含まれる。これらの紛争は少なくとも人々の生活を妨害するものであり、最悪の場合は、人道的見地から見ても最低の形で人々を強制的に退去させることもあるのだ。

世界における資源絡みの紛争のリスクをさらに掘り下げて見ていく前に、まずは資源に恵まれていること自体が、一つの国の経済にとってどれほど有害になりうるのかについて考えてみよう。

●資源の呪い

有名な「オランダ病」（Dutch disease）という現象は、最初は一九六〇年代にオランダの天然ガス業界で見られたものである。この「オランダ病」の仮説によれば、ある国が天然資源の発見で思いがけない利益をあげると、その国の通貨を高くなるために輸出関連の分野に打撃を与え、それが国内の雇用の悪化につながることによって、逆にその国の通貨の価値をゆがめてしまうというものだ。この「オランダ病」は、最初に発見されて以来、じつに多くの国や場面で発生しており、一九九〇年代と二〇〇〇年代には、ロシア（石油と天然ガス）、チリ（銅）、アゼルバイジャン（鉱石）、そしてナイジェリア（石油）などの例があるほか、古くは一六世紀のスペインへの金の流入の際にも見られたものだ。

実際の流れはこうだ。ある国が石油を発見したとしよう。石油を海外に輸出すると、急激に資金が流入する（説明を簡単にするため流入資金が米ドルであるとする）。ここでの問題は、この石油経済においては誰もドルを使えないことにある。なぜならこの国の法定通貨は、別の通貨（たとえばポンドとしよう）であるため、地元の店はポンドしか受け取らないのだ。よって石油によるドルの流入資金を使うためには、それをポンドに換えなければならない。

ここで問題になるのは、産油国の中で流通しているポンドの量には限りがあるために、いきなり大量のドル立てのキャッシュが流れ込んでくると、そもそも数が少ない国内のポンドが相対的に逼迫してくるのだ。このような状態を、金融業界の専門用語ではドルと比較した場合にその数が不足することを反映して、ポンドの「価値が上がる／強くなる」という。言い換えれば、為替変動制で流通しているポンドの価値は、人々が豊富で入手しやすくなっている「石油ドル」を売ろうとするために上昇するのだ。ポンドが強くなるということは、産油国で作られた輸出品が国際マーケットにおける価格よりもはるかに高くなるということであり、労働者の賃金を下げることができないかぎり、その製品は競争力を失うことになる。

結局のところ、これが産油国の輸出産業全般を窒息させることにつながり、その業界で雇用が失われるのだ。

そしてその新しく産油国となった国が固定為替相場制を採用していた――これは米ドルが大量

に流入しても自動的には調整されない――としても、資源の発見にともなう大量のドル流入の影響は出る。たとえば石油収入の流入は、（消費に使う資金が増えるため）国内の需要を増加させ、インフレにつながる可能性があるのだ。それが国内の消費に回れば、石油の収入はそれ以外の供給が限られている資源――たとえば熟練した労働者など――の価格を引き上げ、これによって製品がさらに高価になって産業の競争力は低下することになる。

わかりやすく言えば、天然資源による大規模な資金流入は、もし適切に管理されない場合、その国の競争力全体や賃金、輸出産業における雇用（これは普通、製造業が雇用に占める割合の低下となって表れる）、そして最終的には経済成長そのものに、不利な影響を与える可能性があるのだ。

●紛争の原因としての資源

資源は国内や国同士の紛争の原因となりうるし、また実際のところ、頻繁にその原因となっている。

国内で発生する資源紛争に関していえば、「オランダ病」から発生した失業や不景気は、市民の不服従やストライキ、さらには政治暴動にまで発展することがある。ナイジェリアの石油の豊富なニジェール・デルタ一帯で現在発生している政情不安は、この典型的な例だ。一九九〇年代から（そして最近も復活しているが）、実際の衝突や、ケン・サロ＝ウィワという有名な活動家をはじめとする人々の死からもわかるように、（主に）外国の石油会社に搾取されていると感じている不満を持った現地の少数派部族間の緊張に悩まされている。ここ一〇年の間に、この衝突は単発的な紛争からナイジェリア経済全体に害を及ぼす規模にまで拡大しており、地元住民の安全や生活環境に有害な影響を与えている。

さらに全般的にいえば、国内のある集団が国とは関係なく資源から利益を得るという、いわば準犯罪的とでも言えるような活動を行っている場合もある。これも一国の経済にとって不安定な要素になる。石油を流用してそれを闇市場で売りさばくような行為は、海賊行為や海上を航行する船による窃盗・暴力活動などを通じて行われることも多い。天然資源の存在は、国家の支配や、クーデターのような軍事行動を通じて現在の政権を転覆させた後に獲得できる「賞品」として、その価値が高まるのだ。したがって、天然資源に恵まれているというのは、むしろ強欲に影響された反乱と密接な関係があり、派閥的な暴動につながったり、犯罪行為によってその国の政治・経済面での安定性をそこなうことにもつながりかねない。

「天然資源は内戦にどのように影響するのか？」という論文の中で、マイケル・ロスは表10-1にあるように、一九九〇年から二〇〇〇年の間に発生した資源問題にからむ一三件の内戦を調査している。

資源に関わる国家間の紛争も、その数は同じくらい豊富だ。ここで共通点として浮かび上がってくるのは、国家間紛争というのは資源の逼迫が深刻になってくると発生の可能性が高まる、ということだ。たとえばこの「深刻な事態」とは、旱魃《かんばつ》や、湖や川のような水資源の流れが、比較的少数の集団が優先的に使用する目的で意識的に変えられたり囲われたりしてしまうような場合だ。しかしそれ以外のパターンもある。

ミリアム・ロウイによれば、中東全域で国家間紛争を発生させる可能性が高いのは、水よりも石油だという。この理由だが、一つには石油の政治的・経済的な利益（たとえば通常レベルだと思われている以上に過剰な支払いなど）が、すでに述べたような理由によって、水の場合よりもはるかに高くなる傾向があるからだ。つまり、石油についての権利を譲渡したり、それを運搬したり、アクセスを妨害するのは、一般的に水よりも容易なのだ。

それでも動機としての石油の役割があまり

表 10- 1　資源と関係した内戦（1990 ～ 2000 年）

国名	紛争期間	資源
アフガニスタン	1992－2001	宝石、アヘン
アンゴラ	1975－2002	石油、ダイヤモンド
ミャンマー	1983－1995	材木、錫、宝石、アヘン
カンボジア	1978－1997	材木、宝石
コロンビア	1984	石油、金、ココア
コンゴ共和国	1997	石油
コンゴ民主共和国	1996	銅、コルタン、ダイヤモンド、金、コバルト
コンゴ民主共和国	1997－1999	銅、コルタン、ダイヤモンド、金、コバルト
インドネシア(アチェ)	1976	天然ガス
リベリア	1989－1996	材木、ダイヤモンド、鉄、ヤシの油、ココア、コーヒー豆、マリファナ（大麻）、ゴム、金
ペルー	1982－1996	ココア
シエラリオネ	1991－2000	ダイヤモンド
スーダン	1983	石油

出典：Michael. L. Ross, "How Do Natural Resources Influence Civil War? : Evidence from Thirteen Cases," *International Organization* 58, no.1 (Winter 2004) : 35-67.

よく理解されていないことがある。イラク戦争はその典型的な例だ。二〇〇三年のアメリカ主導の介入の表向きの理由として売り込まれたのは、テロ行為のリスク（そして大量破壊兵器のリスク）と、イラク国民が征服されてしまうことの懸念であった。アメリカのイラクでの戦争はたしかに「イデオロギー的な争い」として見られることも多いが、もう一つの見方としては、天然資源のコントロールを狙って行われたとも言える。なぜならイラクは世界の埋蔵量の九パーセント近くの原油を抱えており、世界でも最大級の埋蔵量を誇っているという事実があるからだ（このような見方でいえば、イラク侵攻後に行われた二〇〇三年のブッシュ大統領の「任務は完了した」というスピーチは、民主制国家を完全に打ち立てたというよりも、イラクの石油採掘がふたたび開始することになったというほうに近いことになる）。

国連環境計画は、二〇〇九年の「紛争から平和構築へ：天然資源と環境の役割」という報告書の中で、少なくとも部分的に天然資源の搾取によって助長された、国境を超えて広がる暴力紛争についてリスト化している。

これらの紛争がどのように展開していくのかを予測するのは難しいのだが、唯一確実に言えるのは「これが治まることはほとんどない」ということだけだ。実際のところ、世界中で発生しているこれらの紛争を生み出している「商品」の種類の多様性そのものが、すでに存在している衝突を悪化させ、さらに世界中に新しい紛争をいくつも生み出す要因となっていくのは、ほぼ確実だからだ。

●表からは見えない隠された問題

資源に恵まれているというのは、紛争や内政不安の火種になることが多いため、今後そのような紛争が発生しそうな特定の場所を予測できるかどうかという問題はきわめて重要になってくる。では将来紛争を発生させるのはどのようなものなのだろうか？

二〇〇〇年に世界銀行から発表された調査研究で、ポール・コリアーとアンケ・ヘフラーはいくつかの指針を示している。それによれば、主に「一次商品」——農業生産と天然資源を含むカテゴリー——の輸出に頼っている国というのは、内戦などの発生率がかなり高いという。

また、マイケル・クレアは「新しい紛争の地理」という論文の中で、「未解決の資源埋蔵物——領有権争いのある石油とガス田、共有の用水システム、多くの問題があるダイヤモンド鉱床——が二一世紀において紛争が起こりそうな場所を示している」という観点から国際システムを分析するべきだと論じている。

クレアは紛争地帯、もしくは不安定な地域にある、主な石油と天然ガスの埋蔵場所をすべて示している。これらの潜在的な紛争地帯には、ペルシャ湾（イラン、イラク、クウェート、サウジアラビア、カタール、バーレーン、アラブ首長国連邦、そしてオマーン）、カスピ海沿岸（ロシア、アゼルバイジャン、イラン、トルクメニスタン、そしてカザフスタンが接している）、南シナ海、それにアルジェリア、アンゴラ、チャド、コロンビア、インドネシア、ナイジェリア、スーダン、そしてベネズエラなどが含まれる。これらの地域や国には、世界の原油確認埋蔵量の八〇パーセントが存在するのだ。

資源の争いがある場所を示したクレアの地図は、石油と天然ガスの供給地点から西側のマーケットまで運搬するために使われる、パイプラインとタンカーの通り道を示している。このような通り道の多くは、定期的に暴力が発生している地域を通過しているのだ。カスピ海沿岸のエネルギーの供給地帯の様子は、この典型的な例だ。エネルギーが海の（表面上は安全な）出口に到達するまでに、石油と天然ガスは永遠にトラブルの絶えないように思えるコーカサス地方（アルメニア、アゼルバイジャン、グルジア、そしてロシア南部の一部などを含む）を越えて運搬されなければならないからだ。

また、クレアの地図は、乾燥した、もしくはほぼ乾燥した地域にある、複数の国によって共有されている淡水の河川システムも示している。これにはナイル川（エジプト、エチオピア、そしてスーダンなどによって共有）、ヨルダン川（イスラエル、ヨルダン、レバノン、そしてシリアによって共有）、チグリス・ユーフラテス川（イラク、シリア、トルコによって共有）、インダス川（チベット、インド、そしてパキスタンによって共有）、そしてアム・ダリア川（タジキスタン、トルクメニスタン、そしてウズベキスタンによって共有）のような、大規模な河川システムが含まれる。さらにこれには地下水脈も含まれ、イスラエルとヨルダン川西岸地域の間に横たわる山岳帯水脈のように、国境を越えて存在するものもある。

そのほかにも、クレアの地図は宝石、鉱石（これには中国がとくに関心を持っている銅を含む）、それに発展途上国に残っている原生林の材木が大量に集中している地帯を示している。これらの貴重な資産として挙げられるのは、アンゴラ、コンゴ共和国、そしてシエラレオネのダイヤモンド鉱山、コロンビアのエメラルド鉱山、コンゴ共和国、インドネシア、そしてパプアニューギニアの銅山および金山、さらにはブラジル、カンボジア、コンゴ共和国、フィジー、リベリア、メキシコ、フィリピン、ブルネイ、インドネシア、そしてマレーシアの森林などである。

近年のアフリカ東部沿岸――モザンビーク、タンザニア、そしてケニア――における大規模なガス田の発見は、この地域が大規模なガス生産地になる可能性があることを示している。[2] ところがエネルギーが逼迫した世界では、このような大規模な発見が競合する勢力の権益争いにつながるため、国内の政情不安などを発生させやすくするのだ。すでにアフリカ東部沿岸における海賊のリスクと実際の事件の発生の報告によってもわかるように、積極的なマネージメントがなければ、ガスから得られる数百万ドルもの資金――これはこの地域を最貧国から中流階級の存在する状態にまでたった一〇年ほどで変化させる可能性がある――は、政治的混乱の温床や、衝突の火種に変わってしまう可能性があるのだ。

クレアの危険な地域の指摘以外にも、水戦争がすでに迫っていることを忘れてはならない。水不足に悩まされている中国は、ブラマプトラ川の水を黄河に流そうとしており、これはインドと中国の対決につながりつつある。中国はこの川の上流にダムを建設して水力発電所をつくろうとしており、このせいで他の国に流れる水の質と量が変化するのではと懸念されている（ブラマプトラ川はバングラデシュにも流れ込んでいる）。川にダムをつくれば、その下流で使われる水の質を低下させることになる。というのも、ダムによって水に含まれる多くの栄養素が失われてしまうからだ。インドのマンモハン・シン首相と中国の温家宝首相（当時）は二〇一〇年一二月に共同声明を発表したが、これはこの川について国境を超えて協力を強化すると約束したものであった。このような緊張は、他の地域における水をめぐる争いの「前兆」であり、これは単にこの地域だけでなく、世界中に広がる運命にあるのだ。

世界銀行は、人間が最低限の健康的な生活を送るのに必要な一人当たりの水の量である、年間一〇〇〇立方メートルという供給量の基準を満たしていない国として、アルジェリア、エジプト、イスラエル、ヨルダン、リビア、モロッコ、サウジアラビア、シリア、チュニジア、アラブ首長国連邦、そしてイエメンという一一カ国を挙げている。こういった地域での一九九五年における平均流出量は、一人当たり一二五〇立方メートル、すなわち人間の基本的欲求を満たすのにぎりぎりの量である。したがって、これらの国々では将来（水という）資源争いが行われる温床となる可能性があり、とくに水が共同使用されているところや、別の国が持っている水資源を他の国が吸い上げていると外見的に見られているような場合には、その可能性が高まるのだ。

中国の土地、水、鉱石のような、将来激しくなるとされる紛争との関わりについての報道はそれほど大きい見出しで取り上げられてはいないものの、中国の隠れた（もしくはそれほど隠され

表 10- 2　天然資源の争奪をめぐって引き起こされた紛争

年	戦争／地域	当事者1	当事者2	その他の当事者	天然資源
1968	尖閣諸島	日本	中国		石油、天然ガス
1988	南シナ海／スプラトリー諸島国	日本	中国	ベトナム	石油、ガス
1975	カビンダ	アンゴラ	コンゴ		石油
1990	コンゴ戦争	コンゴ民主共和国、チャド、ナミビア	ルワンダ、ジンバブエ、アンゴラ	ブルンジ、ウガンダ、スーダン	鉱石、ダイヤモンド、材木
1947	カシミール	インド	パキスタン		水
2007	パレスチナ（占領地）	イスラエル	パレスチナ		水
1945	第一次中東戦争	イスラエル	アラブ連盟、アフガニスタンの部族		水
2004	バロチスタン州	パキスタン	パキスタン	イラン	天然ガス
1991	ソマリア内戦	ソマリア	その他アフリカ諸国、米、英		潜在的に石油
1980	アフガニスタン	アフガニスタン	アメリカと同盟国		宝石、金、銅、アヘン、天然ガス
2000	イラク	イラク	アメリカと同盟国		石油、ガス、リン、硫黄

出典：UNFP 2009.

ていない）世界への積極的な進入は、資源の不均衡にともなう世界的な緊張のきっかけとなる可能性が高い。さらに重要なのは、中国が資源の需要に与えるプレッシャーが「商品」の価格を上昇させ続けると見込まれていることだ。「オランダ病」の症状からもわかるように、この動きにとくに影響を受けるのは、中国が「自分たちの経済成長にとって最も重要だ」と考える資源を保持している国々である。

もちろん資源に恵まれているすべての国々が必然的に紛争に巻き込まれやすくなるわけではなく、それ以外の要因も作用することになる。資源に関係する争いの確率を推測するには、その地域の全般的な安定度や、それぞれの国同士の歴史的な関係性を考慮しなければならない。さらにいえば、石油の豊富なノルウェーがその収入からの富をうまく管理している成功例が示しているのは、（国内もしくは国境をまたがる）紛争の発生というのは定められた宿命ではないという点だ（二〇一〇年末までにノルウェーの政府系ファンドの預金高は五〇〇〇億ドルに達している）。

それでも歴史とそのメカニズムが教えているのは、世界の人口増加の圧力は上昇し、天然資源が枯渇に向かえば、資源の豊かな国でも資源を求めている国と同じように衝突が発生する傾向が出てくるということだ。

●最悪のシナリオから最善のシナリオへ

資源紛争の最悪のシナリオについては想像するのはそれほど難しくない。それは過去の世界戦争と同じか、それ以上の死と破壊がもたらされるようなパターンだ。それよりもやや控えめなシナリオとしては、現状維持の状態も含まれる。このケースでは、世界の人口は需給の動きに左右されながらも、なんとか持ちこたえることができるような状況が予測されている。ここでの想定は、「商品」の不均衡が大きくなることはあっても、ほとんどの場合は資源の逼迫は管理可能であろうというものだ。たとえばテクノロジーの発展のおかげで、需要を満たすためにより多くの供給が新たにもたらされるからだ。言い換えれば、資源の逼迫についての懸念は、実際はつねに厳しいままにはならないということだ。

差し迫る悲観的な資源不足という話とは対照的に、よりポジティブで楽観的なシナリオがある。とくに「商品」への圧力を軽減し、「商品」の価格や資源に関する資産の価値への弱気《ベア》の見解（価格が下がるだろうという見解）を推し進めるものについて、短期的には二つの見通しがある。

一つ目の見通しは、中国が国内のインフラの建て増しをほぼ終えたというものだ。これによれば、ここ数十年間で積極的なインフラ建設を行ってきた中国にとって、インフラの原料となる多くの鉱石や金属（鉄鉱石や鋼鉄）への需要はもはやないことになる。これをわかりやすくするためにに考えていただきたいのは、一九八五年の時点では中国には高速道路がほとんど存在していなかったという事実だ。ところがそのたった二〇年後の二〇〇七年には、その総距離は八万キロ（アメリカのそれは七万五〇〇〇キロだ）まで延びており、この道路網は多くの面から中国の人口を支えるのに十分な量に達したと言える。もしこれが正しければ、現存の道路を維持管理するための大幅に減少した需要をのぞけば、中国の資源への需要——とくに道路システムを建設するのに必要となる鉄やセメントなど——は下降する可能性があることになる。

たしかにこのような議論には説得力があるのかもしれないが、中国の都市化計画にともなうインフラ建設（歩道、配管、上下水道のシステム）にはさまざまな種類の莫大な量の金属や鉱石が必要となるという事実は、その議論の信頼性にとって大きなダメージとなる。さらにいえば、中国の道路網の拡大整備計画がほぼ完了したというのが事実——その人口の規模と分散状況を考えれば、この考え方そのものがかなり怪しいものだが——であったとしても、その他の「商品」はほとんど影響を受けずに需要が高止まりするはずだ。

さらに大きな視点から言えば、鉄道、港、空港などを含む中国のインフラ建設計画が、いったいどこまで拡大するのかという点も重要だ。そしてその正確なところは不明なのだ。実際のところ、人口の規模と居住地域も拡大し続けているために、北京上層部が状況を正確に把握しているとは思えない。大規模な数の国民の生活を一気に変えてしまおうとする中国の野心からすれば、この目標の達成にはまだ時間がかかるのは間違いない。ここで確実に言えるのは、中国がこのままインフラ建設を続けるか抑え始めるのかのどちらの選択をしても、それが世界の金属と鉱石のマーケットには甚大な影響を与えるということだ。なぜならこのマーケットの動きは、中国が世界の資源の「買い手」になるかどうかに左右されているからだ。

もう一つのシナリオは、資源の深刻な逼迫や恐ろしい結末に猶予を与えるものだ。このシナリオでは、中国経済が減速しており、しかもその減速が急激で、その結果として中国経済は莫大な量の世界の資源を必要としなくなる。これは中国経済の減速が軟着陸する「ソフト」なものか、もしくは急速にネガティブな経済収縮につながる「ハード」なものであるかに関係なく、世界の「商品」への需要や、さらには「商品」価格への実質的な効果はまったく同じものになる。つまり、低下するのだ。

二〇〇八年の金融危機以降の数年間において、中国の主な貿易相手――とくにアメリカとEU――は、経済の減速とそれにともなう国内の消費の需要の低下に苦しんでいた。これは結果的に中国の輸出に直接的な悪影響を及ぼすことになり、中国の輸出産業の労働者も職を失ったために失業率が上昇しており、中国経済全体にも必然的に悪影響を与えたのだ。ところが二〇一一年には中国国内である変化が起こっていた。これは世界の「商品」にとっても価格低下に作用するものであった。

それはこのようなものだ。一九五三年以来、北京政府は五年ごとに経済発展計画（五カ年計画）を発表しており、これは中国共産党によって作成されている。[3] 本書の「はじめに」でも説明したように、政権政党である中国共産党は共産党精神を政策に吹き込み、中国の経済発展計画を司《つかさど》る改革の計画と遂行において中心的な役割を果たしている。すでに述べたように、二〇一〇年一〇月に発表された「第一二次五カ年計画」において、北京政府は国内の格差が増大していることについての懸念を強調し、より平等な富の分配を優先させ、社会インフラや社会保障を改善して、国内消費を拡大しようとしている。

これをその当時の状況に当てはめて考えてみると、中国国内の需要を増大させて経済を動かすためには、消費がＧＤＰに占める割合（三五パーセント前後であり、アメリカは七〇パーセント）をかなり上げていく必要があることがわかる。中国の主な知識人や批評家たちの間で共有されている見解は、多くの中国の家庭では収入の大部分を教育と医療に使っているということだ。したがって、もし政府が国内消費を活性化したいのであれば、中国の各世帯には教育や医療ではなく、耐久消費財、もしくは「白物家電」――洗濯機、テレビなど――やパソコンを購入するよう促進しなければならないのだ。この目標を達成するためには、政府は公共財（医療や教育）を援助して世帯収入をさらなる消費へと回すようにしなければならないだろう。ここまではおわかりいただけるはずだ。

ところが「商品」が関係してくると、この話は困難に直面するし、怪しいものとなる。多くの人々が考えているように、中国の各世帯では収入を消費に向けるのではなく、実際には自分たちの富の莫大な量を不動産マーケットに移しており、そこから利益を得ようとしているからだ。もちろんこのような投資はしばらくの間はうまく機能していたが、この取引に脆弱性《ぜいじゃく》が見られるようになり、不動産価格は上昇して、無数のビルにテナントが入らないまま空き家になっているのだ。つねにマーケットの動向をチェックしている人々は、中国経済を悩まし続けている主な問題の一つとして「中国の不動産バブルはいつどのようにしてはじけるのか」という懸念があることを認めるはずだ。二〇〇八年にアメリカで住宅危機が金融マーケットを下落させたのと同じように、この混乱による影響は破壊的であり、たしかに中国の不動産についての災難が誇張されることはあるとしても、これらが完全に間違っているとは言い切れないのだ。

ではこれが世界の「商品」価格にどのような関係性を持つことになるのだろうか？「商品」価格についての悲観的な人々の中には、大規模な経済の崩壊――不動産バブルの破裂と住宅価格の崩壊が、資産の目減りや各家庭の投資資金の喪失につながる――を防ぐために、北京政府は国民に資金を移転させなければならなくなると論じている。この移転は、富を失った世帯にたいする損失補填を行い、国内の不動産マーケットを下支えし、おそらく最も重要なのは、不満を持つ人々による政治への反抗を沈めるために使われるということだ。

中国の一世帯の富が不動産マーケットに現在どれほど注ぎ込まれているのかについては、実際は誰も確定的なことが言えない。なぜならそのかなりの量が、透明性のない陰の銀行システムを介して行われているからだ。ところが不動産バブルの破裂が及ぼす影響は莫大になると見込まれており、もしこれが本当に起こったとしたら、中国政府はそのすべての国家資源を、国内の家計へ移転するために注ぎ込まなければならなくなる。そしてこれは当然のように、世界への積極的な資源獲得の動きの縮小にもつながるのだ。

この結果、つまり数千億元の海外直接投資や公開・非公開双方の世界の「商品」マーケットからの貸し出し資金の引きあげは、「商品」価格だけでなく、無数の国々や、中国国外に住み中国の資金に生活を頼っている人々にとっても破滅的な影響を及ぼすだろう。したがって皮肉なことだが、資源不足の危機は回避できる可能性がある。なぜなら世界最大の資源の買い手である中国は、経済的に内部崩壊の状態にあるからだ。ところがこれは戦略ではなく、むしろ希望と願望の入り混じったものであり、それと同時に、迫り来る世界の破局を避けようとする一種の「先送り案」でしかないのだ。

●第三次世界大戦の準備は整った

世界中の各国政府は「商品」マーケットの価格の動きを積極的に監視している。彼らは政策手段を駆使して世界の「商品」の深刻な品薄状態や、価格の急騰を抑えたり回避しようとしているのだ。実際のところ、各国政府の迅速な対応がなければ、短期の「商品」価格（需給不均衡が自然に是正される前に）は定期的に急上昇してしまうのであり、この上昇は人々をデモに参加させるほどの激しさになることもあるほどだ。こうなると政府は場合によっては軍事力に訴えかけながら「商品」の流れの安定を確保しなければならず、彼らが天文学的な「商品」価格の急騰を回避するために介入しようとするのも十分に理解できる。

世界が直面している問題は、予測されている需給の不均衡のスケールがあまりにも大きいため、たった一国の政府による従来の介入方法や、十分に試験済みの介入方法などでは、世界の資源の逼迫という激しい怒りやその影響を費用対効果上で効率よく回避するのにまったく不十分であるということだ。これを防ぐための最適な方法は、やはり本当に世界が一致団結したやり方で対処することだ。ところがわれわれには世界の資源の破局と戦って対抗するための、グローバルな戦略はあるのだろうか？　それは存在しないし、世界はまったく準備ができていないのだ。

中国の想像を絶するともいえるほどの努力をのぞけば、「商品」の分野で迫り来る難問に対処するための首尾一貫した明白な努力というのは、実際にはほとんど見受けられない。もちろん数多くの国際機関は、資源問題の難問に取り組み始めている。しかしすでに本書でも見てきたように、世界の国々は個別の国家レベル（補助金、備蓄、軍事侵攻など）で「商品」の不均衡のリスクに対処しようとしており、世界レベルでは資源逼迫のリスクについて議論はしていない。

たしかに国家レベルで「商品」の圧力や優先順位の問題を解決しようと考える（農家への補助金など）のは、これらの政策による介入が経済全体をゆがめてしまうにもかかわらず、短期的には合理的なやりかたのように思える。[4] ところが国家レベルでのバイアスがもたらす長期的なコストは、ほぼ確実に世界中の国々に影響を与えることになる。なぜなら国家レベルのことだけを考えるアプローチでは、商品を「持つ国」と「持たざる国」の分裂を進めてしまうのであり、世界の「商品」価格が実質的に上昇するリスクを増大させ、将来の戦争の原因を作ってしまうからだ。

本書をここまで読んでいただいた読者の方々にはすでにおわかりだと思うが、中国はこのような成り行きにたいして継続的なやり方で準備している、世界で唯一の国なのだ。ところがここでは「中国が表向きにはすべての獲得可能な資源へアクセスして、それ以外の世界の国々がアクセスを失った場合にはどうなるのか?」という重要な疑問が残る。このような不安定な状態を推測するのは難しいように思われるが、物理的にすべての銅や石油を独占できず、すべての水源と土地を保有する権利を主張できなくても、中国はすでに大きなカードを一枚手に入れている。それは、ホスト国との友好的な関係だ。中国は短期間のうちに経済的に急成長したおかげで、他の貧しい国々から尊敬されただけでなく、彼らにとって中国と関係を結ぶのが利益になったのだ。この点は非常に大きい。これによって、中国はほぼ世界中どこでも優先的にアクセスを確保できることになったのだ。いざ最後の「審判の日」が到来し、世界の「商品」の圧力が最高潮に達したときには、彼らは有利な立場を得ることになるのだ。

●直面する危機に無関心

ハーバード大学の心理学者であるダニエル・ギルバートは「われわれが実際に認識する脅威には四つの特徴がある」と論じている。

一つ目は、われわれがその脅威を、誰かがどこかでわざと自分たちを害するために行おうとした「意図的なものである」と感じること。二つ目は、われわれの行動を駆り立てるのは、道徳的な観念にたいする攻撃であり、「名誉にたいする侮辱である」とわれわれがみなす脅威である。近親相姦や小児性愛のようなものは私たちの道徳的観念を乱すものであり、それにたいしてわれわれは最も本能的かつ攻撃的な反応を示す。三つ目は、われわれは「差し迫った脅威」に反応するということだ。人間の脳は先のぼやけた将来のことよりも、現在起こっていることにたいして反応するようにできている。言い換えれば、反応を引き出し、反抗的な感情を呼び起こし、そして行動へと奮い立たせるためには、脅威が切迫したものでなければならないということだ。最後の四つ目は、人間は長期的に発生するのではなく、「瞬間的かつ急速に発生する脅威」に反応するということだ。テロ攻撃などは後者に当てはまり、これは行動へと駆り立てる感情を巻き起こす。それにたいして収入の格差拡大や地球温暖化などのように、リスクが長期的にしか明確にならないようなものは、われわれを即座に行動へと突き動かすことにはならない。

上述したギルバートの研究は、「なぜ世界が直面している資源問題は世界的にほとんど注目されないのか」という疑問を理解するうえで参考になる。

一般市民、とくに経済的に豊かで資源関連のストレスや衝突がすでに発生している場所から離れて位置している国に住んでいる人々にとって、資源の逼迫というのは現実的な脅威として感じられることはないし、道徳的にわれわれを傷つけるようなことでもない（環境保護主義者たちはそうではないと論じるかもしれないが）のだ。このような事情を踏まえると、「商品」の将来が直面する問題にたいして世界がまとまって行動できるようなアプローチがあるとすれば、それはいったいどのようなものであるべきなのだろうか？

●マンネリから抜け出せない状態

国際社会は現代の世界が直面している最大の脅威の一つにたいして、なぜほとんど怠慢ともいえるほどの態度しか示せないのだろうか？　これについてはかなり多くの面から説明ができる。

第一に、国際制度機関は国家が決めたアジェンダ（行動計画）に直面して、自分たちの無力さを感じているのかもしれない。国際機関ができることといえば、せいぜい議論の場を提供することぐらいなのだ。実際のところ、このような機関は、広く競合するやり方や独自のアジェンダを持っているメンバーを抱えているために、彼らができるのは会議を招集することぐらいなのだ。これらの会合の実際のアジェンダは、つねに国家の優先事項に奪われることになってしまうのが関の山だ。それがＷＴＯの貿易交渉（一九八六年のウルグアイ、二〇〇一年のドーハ）であれ、環境面での問題に取り組むための世界気候変動会議（一九九七年の京都、二〇〇九年のコペンハーゲン、二〇一一年のダーバン）であれ、すべての参加国が従わなければならないルールや手続きを設定しようとする努力は、視野の狭い懸念が競合することによって台無しにされてしまう傾向がある。結局のところ、すべての国々がよりバランスのとれた形（勝者や敗者をつくらずに）で利益を得る可能性のある議論そのものが、混乱したまま合意に達することができないために損なわれてしまうのだ。

もちろんこのような例は「資源問題について何らかの形で多国間の合意を得ることは不可能だ」

ということを意味しているわけではない。しかしながら、それが示しているのは、合意を得ることができるまでに要する時間について楽観視すべきではないということだ。これを言い換えれば、国際的な政策家たちが集まって資源逼迫のリスクへ本格的かつ世界的にまとまった形で取り組むのが早ければ早いほど、手痛い「商品」価格の急騰や、世界中での紛争の増加を伴う破局シナリオを早期に回避できるのだ。

「資源の逼迫問題だけに取り組む世界的な機関は存在しない」という事実は、すべての国が異なる「商品」にたいして独自の価値観を持っているという事実によっても説明できる。このような国ごとの方針の違いが、世界がまとまった立場で問題に取り組むことをさらに難しくしている。

たとえばインドやその他の新興国では、清潔で安全な水の確保は難しく、この問題の価値は非常に高いのだ。これらの国々では断水の発生は珍しいことではなく、住民が水道を使えるのは一日の中でほんのわずかな時間だけだ。豊かな先進国では「水道の蛇口をひねっても何も出てこない」という状態を想像するのさえ難しいことかもしれないが、新興国の多くではこのような不便は日常茶飯事なのだ。

同じような意味で、ガソリンの価値というのも、国家の経済発展のレベルに影響される。アメリカのような先進国（一人当たりの車の所有率は世界一）では、一般的に国民はガソリンの価格、つまり彼らの車を動かすエネルギー製品（石油、ガソリン）の価値にきわめて敏感だ。もちろん貧乏な国の人々も石油製品を使用するし、その価値を高く評価しているのだが、新興国では車などを所有している人の割合ははるかに低く、公共の交通機関（もちろんバスの乗車賃などはエネルギー価格の上昇を反映する）や共同使用が多いため、エネルギー資源についての関心は先進国とは異なる場合が多いのだ。さらに具体的にいえば、ほとんどの人々が自家用車なしでも生きている貧しい国では、石油はそれほど必要ではなく、むしろ生存のためには水のほうが重要であるため、石油の重要性が相対的に低くなる。逆にいえば、先進国の中では水へのアクセス――その安全性と清潔さは前提になっている――を考え直すような人はほとんどいないが、彼らは石油の価格には必要以上に注目している。これは他のほとんどの場合と同じように、つまるところ政治の話になる。水（その流通、もしくは不足）というのは、新興国の世界では政治的な論戦を巻き起こすものであり、それにたいして先進国では石油が政治問題の起爆装置なのだ。

すべての資源に平等に気を配る国というのは珍しいのだが、中国はそのような珍しい国の一つだ。たとえば水の需要を満たすために川の流れを動かしているし、土地を得るために世界中で取引の仲介をし、鉱石を集積し、莫大な量の石油を備蓄するためのタンクを建造している。もちろんこの状態がこのまま続くとは限らないのだが、それでも他の国が経済発展の階段を上り始めて彼らの方針と需要が明らかになってくると、資源の逼迫の圧力がふたたび強まるのは確実だ。

しかしさらに普遍的な観点からいえば――資源の逼迫という脅威にたいする全世界の怠慢の理由が何であれ――まさに真実であり、議論の余地のないことは、全世界の国々は次の一〇年間に直面する「商品」の難題について、広範囲にわたる対話を緊急に行う必要があるということだ。

●未来への道

世界の国々が資源の逼迫に対処する方法にはどのようなものがあるのだろうか？　この問いに答えるためには、その絶対的な前提として三つのことを打ち立てることが肝心だ。それは「ミッション」、「メンバーシップ」、そしてその「成功の度合いを決めるための基準」である。

まず「ミッション」の宣言についてであるが、これは競合する利益を明確化して、積極的に管理するための世界の国同士の対話を開始し、それと同時に国同士が協力・共有して、破壊的な資源の危機——価格のショック／暴力的衝突、もしくは（より可能性が高い）その両方の同時発生——を避けるための、信頼性のあるやり方を探ることが望ましい。ミッションを定義するというのは、つまりバランスを取ることである。なぜなら多くの新興国（とくに中国）は、世界で手に入る資源をなるべく多く得ようとしているために、それらについて譲歩しようとはしないからだ。ところがこのような譲歩こそが、世界のすべての国々が受け入れなければならないことなのだ。ここで思い出していただきたいのは、新興国の人々に西洋式の生活スタイル——配管、電気、下水施設、質の高い食料、そしてパソコンなどを含む——への欲望を抑えてもらうことは、実際にはほとんどできない状態になっているという点だ。

ミッションステートメントにも関連してくるのだが、大国には新たに作られる取り締まり機関に権力を委ねるという決意が必要になってくる。世界が本当に大規模で失敗続きの官僚機構を必要とするのかという点について疑問を投げかけている時期（現在進行中のヨーロッパ連合にまつわる失敗やユーロという通貨が及ぼしている脅威などはたしかにマイナスだ）においては、新たな世界機関の必要性というのは支持を集めにくい。ところが共同体の利益を国家の国益追求よりも優先させるための唯一の方法は、ルールを破った国に制裁が課せられるような、参加国が拘束される行動規範なのだ。

「メンバーシップ」の問題に関していうと、一つ明確なのは、資源の問題というのは各国家の方針に強く左右される傾向にあるということだ。したがって、参加国が広まれば広まるほど、自国の国益を取り除く必要がある。ところが世界が直面する問題というのは普遍的なものであり、状況をさらに包括的にとらえて全体的な解決法を探るためには、そのメンバーシップを広げる必要があるのだ。新興国の市場の立場を強くすることは決定的に重要である。なぜなら世界の人口の八八パーセントが新興国に住んでいるからだ。中国は将来大きな役割を果たしていかなければならないだろうが、世界はアメリカのように友好的で全世界を巻き込んで合議的にやってくれる経済面でのリーダーを必要としている。そしてリーズナブルな値段で資源にアクセスできる平和的な世界というのは、アメリカの国益にもかなうものだ。この問題は中国一国だけでは解決できるものではない。北京政府の上層部もこれに気づいているはずだ。

二〇一一年一月のフィナンシャル・タイムズ紙の「世界は成長しつつある中国を恐れるべきではない」というタイトルの記事の中で、中国の首相である李克強《りこくきょう》は以下のように述べている。

経済開発における中国の発展は驚くべきものですが、中国は深刻な問題に直面している発展途上国であり、バランスよく発展した近代化を達成した社会を作るには、まだ相当時間がかかるでしょう。中国の発展は世界の存在なくしては不可能でしょうし、中国も世界の発展に必要とされております。われわれは世界の輝かしい未来を創造するために、いままで以上に他国と協力していきます。

最後に「成功」を定義する必要がある。これはつまり「何をもって成功とするのか？」ということになる。もちろん資源に関するすべての危機を回避しようとするのはあまりにも単純すぎる。もちろんわれわれは資源に関連した衝突のリスクをかなり減らすのを求めることはできるのかもしれないが、「商品」に関する小競り合いや衝突を完全に消滅させることを保証するのはほぼ不可能だ。悪い結果をいくら避けようとしても、人口と資源からの圧力というのはあまりにも巨大なのだ。しかしそれでも何もしないよりはいくらかましである。

●本当の悪者：自己利益と近視

現在の「商品」に関する議論というのは――それが存在する範囲においてさえ――ひどく的外れなものだ。資源に関する本当に実のある議論をしようとしても、たとえば先進国側の代表者たちは他国にたいして「中国の手に落ちるな」と注意するような安っぽい（これを誹謗《ひぼう》・中傷だという人もいる）スローガンを使ったりするために、結果的に単なる口論や、誰かの責任追及の非難に終始してしまうからだ。潜在的な「商品」の災難に直面する中では、自己利益と近視状態が支配的であるが、それを先頭に立って非難を行うべき地域や国々にある政府の間で、とくにそのような傾向が強い。

アメリカの硬直した政治システムというのはその象徴的なものであるが、それでもこれはそこまで特殊なものというわけではない。全世界の資源の流れを管理する術《すべ》を学ばなければならない時代に、軍事的に世界で最も強力なアメリカの代議士たちは、自分たちの州や都市、さらには自国の悪化する財政状況を満足に管理できているとさえ言えないのだ。この急激に変化する世界の中で、アメリカは友好国を作るのではなく、（その反対に）敵を作ってきたようなところがある。別の言いかたをすれば、中国は軍事力の行使を最後の手段であると考えているように見えるのだが、アメリカは最初に使う手段であると考えているように思える（しかもアメリカにとって外交はつねに得意なものであったわけではない）。資源危機が爆発寸前になりつつあるときに、アメリカの政治家たちは威勢のいい威嚇をしているのだが、おそらく彼らは自分たちが引退したはるか後になってから爆発が起こるのを望んでいるのかもしれない。これは完全に「リーダーシップ」とは言えない。

結局のところ、われわれは「商品」が主導する迫り来る世界の崩壊にたいする世界的な解決法について、狭い利益ばかりを主張する自己中心的な国（これには中国も含む）や党の争いのせいで発生したこの八方ふさがりの状態を、世界各国からの支持と取り組みを集めつつ、管理していかなければならないのだ。うまくこのバランスをとれば、世界の人々が平和的かつ協調的な形で共存できるかもしれない。ところがそれに失敗してしまえば、破滅的な経済停止状態や世界的な紛争の発生が決定的なものになってしまうのだ。

●統一されたアプローチを超える政策の選択

ではもし資源の荒波を止めるための、グローバルに連携された統合的なアプローチが失敗したら、われわれはどうすべきであろうか？　このようなシナリオは十分ありえるものだ。ドーハやコペンハーゲンの例でもわかるように、国際社会というのは、大きな議題についての共同作業ではかなりあてにならないことがよくわかる。もしそのような問題に一国で対処しなければならなくなった場合、国家にはほかにどのような政策手段が残されているのだろうか？　資源の難問に風穴をあけようとしても、現実的な観点から言えば「懲罰的な処分」がともなわないかぎり、需要側の政策には手段はほとんど残されていない。このような懲罰的な処分の例は、消費者が石油の消費を抑えるように、負担となる「エネルギー税」をかけることだ。

消費者に消費需要を抑えてもらうという考えは、なかなか受け入れられない要求である。なぜなら新興国に住む何億人もの人々は、莫大な量の土地、エネルギー、そして鉱石を毎年吸収する製品やサービスに溢れた、西洋諸国の中流階級並みの生活水準を望むことを覚え始めているからだ。たとえば環境保護の名において消費者が消費を少し抑えたとしても、それによって世界の資源の圧力のコアとなる軌道を劇的に変えるまでには至らない。

つまり、明らかにそれ以上のことが実行されるべきなのだ。もし需要側を重視した解決法がわれわれの望む、あるいは世界が必要とするほど明るいものでないとすれば、差し迫った資源の需給のバランスの不均衡は、主に供給側の政策に任せなければならなくなる。以下はいくつかの注意点について述べたものだ。

▼食料不安から安全保障へ

二〇〇九年にアメリカの農務省の経済調査局が発表した「米国世帯の食料不安」という報告書では、アメリカの六人に一人は食料不安、もしくは飢餓の状態で暮らしているという。これはアメリカの全国民のうちの五〇〇〇万人以上に当たり、そのうち一七〇〇万人は子供である。この数は世界で毎日飢餓に直面しているおよそ一〇億人の中に入るものであり、その中の一五〇〇万人の子供は毎年飢餓で死んでいる。ところがアメリカのデータが示しているのは、食料に対する安心の欠如は世界の最貧国だけに限定された問題ではないということだ。

これらの悲惨な統計があるわけであるから、もしわれわれが覚悟を決めて世界の飢餓問題にたいして真剣に取り組めば、現在われわれが生産している二倍の量の食料を作ることもできるのだ。

すでに世界の主要な食料関連企業や科学者たちは、作物の収穫量を増加させ、飢餓問題の状況を大きく変える知識とノウハウを持っている。

ではいったい何が問題なのだろうか？

本書の前半では、国際的な政策がどれほど世界の食料生産に害を与え、それがいくつかの国においては過剰生産や生産不足につながっていることを説明してきた。ところが世界の食料生産についての議論というのは、それ以上にかなりの部分がテクノロジー懐疑論者たちによってハイジャックされてきた面もあり、これが害を及ぼしている。たとえば一つの例としては、遺伝子組み換え（ＧＭ）食料についての懐疑的な見方がある。このような見方をする多くの人々は、自分たちの視点に影響されすぎていて、人々が農産物へアクセスできる状態よりも、むしろ食料不安が破滅に直面することを望んでいるような形になっているのだ。だが反バイオテクノロジー派の運動家たちによって主張されていることは「論拠がない」と見なされることも多い。

たとえば運動家たちの主張する「遺伝子組み換え農産物は、じつは作物量を増やさず、非ＧＭ農産物よりも生産量が低くなっている」という議論を見てみよう。二〇〇九年にモンサントはアメリカで一連の大豆の種を発売しているのだが、これは実証実験で作物量を七パーセントから一一パーセント増やすことを証明している。さらにモンサントは、農薬に耐性のある大豆はメキシコで九パーセント、ルーマニアでは三一パーセント生産量が増大し、害虫への抵抗力を備えたトウモロコシの場合は平均二四パーセントの増大があったことを指摘している。このような証拠は、なぜアメリカのおよそ九五パーセントの大豆と七五パーセントのトウモロコシがすでに遺伝子組み換え作物になっているのかを、少なくとも部分的には説明することができる。もちろんこれは「新しいテクノロジーは無条件に使われるべきだ」ということでもないし、テクノロジーが世界の食料問題を解決する特効薬だということにはならないのだが、それでもこれは一つの方向性としては無視できないものであることを明らかにしている。

マット・リドレーは『繁栄：明日を切り拓くための人類10万年史』という本の中で、二〇五〇年に九〇億人となった世界の人々に食物を供給するための課題を提示している。たとえばアフリカでは、少なくとも使用する肥料を相当量増加させることによって、農産物の生産量を二倍にしなければならないという。アジアとアメリカでは点滴灌漑《かんがい》（植物の根に直接ゆっくりと灌漑水を与える方法）を採用し、熱帯地方の国々の多くでは二毛作を拡大しなければならない。世界中で遺伝子組み換え作物を使用して収穫量を上げ、牛には穀物に代わって大豆を与えるように勧めるのだ。牛や羊よりも、魚、鶏、豚の養殖の割合を増加させ（鶏と魚は、牛と比べて三倍も穀物を効率よく栄養として身につけるが、豚はその中間くらいである）、そして貿易を増加させるのだ。もちろんこれらを達成するのはいずれも簡単なことではない。

たしかにテクノロジーを基礎にした食料生産は、土壌の劣化や遺伝子の変異などから発生する医療問題といったコストなどと相殺して考える必要はある。しかし世界の何億人もの人々の飢餓や飢えの苦しみを軽減できるのであれば、これらを全面的に実行すべきである。

水については、食料とは別だが、それに関連する技術面で問題を抱えている。サミュエル・テイラー・コールリッジは『老水夫行』（The ancient marier）という有名な本の中で「水、水、水だ。水はそこら中にあるのに、その一滴も口にすることはできない」と書いている。偶然かもしれないが、この言葉は世界の水問題や、その解決法の少なくとも一部となるべきものを含んでいる。

われわれは本書の第2章で「水は地球の表面の約七一パーセントを覆っているが、そのうちの九七パーセントは塩分が濃いために生産的な用途には使えない」ということを見てきたが、この塩水をコストをかけることなく大規模に淡水化できるような方法が出てくれれば、われわれの成功は保証されたも同然だ。幸運なことに、淡水化の分野ではいくつかの進展があるのだが、資源分野でのほとんどの解決法が直面している問題と同様に、これらにはまだ世界で悪化している水不足の流れを変えるまでには至っていない。淡水化技術は実際に存在すると言っても、これらは国家レベル（この分野ではサウジアラビアがトップ）のように非常に狭い分野で使われているだけで、多くの国々は近い将来においてもまだ厳しい水不足に直面するリスクを抱えたままだ。

では将来に向けての研究はどの分野に焦点を当てればいいのだろうか？　おそらくそれは塩水をわれわれの環境改善、つまりトイレ用水や下水システムの浄化に使うことだ。もちろんこのためには非常に高額な二系統にわかれる水の分配システムが必要になる。しかし淡水を貴重な人間の使用（飲用や農業用などが注目すべきものだ）のためにとっておくことは死活問題になるはずだ。ここで重要なのは、もしこれらのケースにおいて「必要は発明の母」ではないことになれば、何億人もの人々の未来はないという点だ。

▼エネルギー

燃料の消費に莫大な税金をかければ需要は抑えられるかもしれないが、世界の需給バランスに大きなインパクトを与えるには、そういった税金の量をかなりの規模に拡大する必要があるだろう。あなたが政治家だとしたら、こんなことをやってしまえば再選できないだろう。ではどうすればいいのだろうか？

「最も簡単に石油を見つける方法は、すでにある石油を貯めることだ」という格言がある。これはつまり、新しいエネルギー源を探すことに頼るよりも、すでに持っているエネルギーの最も効率のよい使い方を探すべきだということだ。このような効率的な使い方に関する議論は、エネルギー業界で既得権を持ち、石油の探索、発見、生産、そして分配によって年間何千億ドルも稼ぐ、数多くの組織――世界中の会社、企業、そして政府――から明らかに反発を受けることになる。しかしエネルギーの効率化を進めれば、そこから得られる利益によって需給の暴発点を緩和できる可能性があるのだ。たとえば省エネした消費者には税制面で有利になるように（同時に違反したものには処罰を与えるように）すれば、急速な行動を起こさせて消費者の選択を著しく変化させる一種のインセンティブを作りだすことができる。

このような布告は新鮮味のないものに見えるかもしれないが、実際のところ、エネルギー効率の改善というのは、かなりの数の成果が比較的容易に獲得できる手段なのだ。もちろんこれは車やその他の乗り物を使うのをやめるべきだということではなく、ガソリンを大量に消費するスポーツカーや、二トンもあるトラックの代わりに、電気自動車のような燃料効率の良いものを選択することに重きを置くような社会的価値観のほうが望ましいということだ。

▼金属の宝庫

環境活動家たちは個人用の車を年間何千キロもの通勤に使う代わりに、より多くの人々が公共交通機関や車の共用などを行うという、いわゆる「需要ベースの解決法」に望みを託している。車の使用と車への需要の低下は金属の需要を大きく減らすことになり、したがって資源への圧力を一つ低下させることになる。しかし車の需要を減らすことなど可能なのだろうか？　おそらく無理であろう。なぜならすでに膨大な数の人々が中流階級へと移っているからだ。しかし金属のリサイクルは一つの解決方法を提供している。

たとえば第1章で見たように、携帯電話に使われている膨大な金属の量と価値についての分析をもう一度思い出していただきたい。アメリカ一国の、しかもたった一年の間に製造される携帯電話には、銅、金、パラジウムなど、じつに一三万トン分の鉱石が使われており、これはボーイング747のジャンボジェット五〇機分とほぼ同量だ。もしこのうちのわずかな量でもリサイクルできたとすれば、それが鉱石の需給バランスに与えるインパクトはどれだけのものかはおわかりいただけるはずだ。ところが統計による推測によって示されているのは、捨てられたり引き出しにしまわれてしまったりする何億台もの携帯電話（しかも平均たった一八カ月使われた後）のうち、実際にリサイクルされるのは、その一パーセント以下であるということだ。じつに明らかなのは、リサイクルによってこの「携帯電話」という一つの金属供給元を回収できれば、その影響は計り知れないのだ。

本書で示されてきたこれまでの提案では、特定の「商品」の分野——土地と食料、水、エネルギー、そして鉱石——で現れてきた需給の不均衡を是正するための、具体的な政策について注目してきた。ところがさらにマクロのレベルで考えてみれば、もし世界の主要国が世界の資源問題の解決法を探るために公共投資計画の方向性を見直せば、その効果は絶大なものになる可能性があるのだ。

▼軍事費の削減

二〇一〇年に使われたアメリカの軍事費は七〇〇〇億ドル（GDPの約五パーセントにあたる）であった。これは他を引き離して圧倒的に世界一の額である。それに比べてGDPと軍事費で二位の中国は、一〇〇〇億ドル（中国のGDPの約二パーセント）を使っている。

アメリカは世界の平和維持のために軍事力を使っていると主張している。シーレーン（海上交通線）を警備し、暴君を追放するために軍事力を用い、また政治的反乱を鎮圧することによって、アメリカは「世界中の平和」とでも呼べるような状態を維持するためのコストを引き受けているのだ。このような考え方には何も価値がないというわけではなく、たとえ多くのアメリカの介入が国家主義的なアジェンダによって彩られているものであったとしても、世界の多くの国はアメリカの指導や軍事行動を求めている。たとえば最近でも、南シナ海で高まる緊張や、中国の軍事力の拡大と地域の支配にたいする不快感のために、数多くのアジアの国々はアメリカにたいして、いままで以上にアジア太平洋地域への介入を求めるようになっている。

ところがアメリカが軍事費を削減して、その資金を世界が直面している食料、水、エネルギー、そして鉱石などの不足を解決するような研究開発に注ぐというのはどうだろうか？

われわれの目にしている現在の世界が、これから多くの、もしくは大規模な衝突を経験するようになるという議論があるが、これは必ずしも確実であるわけではない。実際のところ「もしアメリカが軍事行動を少なくすれば、世界の衝突は少なくなる可能性がある」という説得力のある議論も行えるのだ。アメリカの資金を世界の「商品」問題の解決に向け直すことによる長期的な副産物として、アメリカは少なくとも資源の需給の不均衡が原因の一部となった紛争へ介入する割合を減らすことができるだろう。

ところがこれには別の利益もある。アメリカが世界の「商品」不足の問題を解消しようとしてある一定の成果――それが政府の直接的な関与であれ、民間企業の自発性を促すものであれ――

を出せば、それがいかなるものであれ、広く行き渡って世界全体の利益になるはずだ。本書の第8章のピュー研究所の意識調査が示しているように、アメリカは世界の希望の光としての役割を復興する必要があるのだ。考えてみれば、これ以上の素晴らしいやり方はないはずだ。

アメリカの国内社会が取り組まなければならないトレードオフは明確だ。アメリカは「善なる力」――世界を悩ませている資源不足のような問題を解決しようとしたり、世界中の人々の人権や生活を改善しようとしたりする存在――になるべきなのだろうか？　もしくはアメリカは段々と受け入れられなくなってきている国家主義的で短期的な解決法を推し進めたり、死と破壊をもたらす、紛争で傷ついた世界を主導し続けるつもりなのだろうか？

●嵐に向かう

多くの人口統計学者たちは、現在の世界人口の爆発的増加がすでに一世紀ほど前から始まり、二〇世紀初めからその勢いがどんどん増している驚くべきトレンドの中にあると見ている。

悪い知らせとしては、この急速かつ強烈な拡大傾向は二〇五〇年まで確実に続くと見られており、この頃には世界の人口が九〇億人を超えると予測されていることだ。本書の分析に基づけば、地球にはこれだけの人口を支えるだけの量の資源が残されておらず、とくに何十億人もの人々が現在慣れているような生活水準を維持するのは無理なのだ。

良い知らせは、これを歴史的な文脈に当てはめた場合に、現在続いている世界の人口の爆発は例のない珍しい時代であるととらえることができるという点だ。そしてこの現在の流れがそのまま進むと、このようなスピードと影響を持つ人口爆発がふたたび起こるとは非常に考えにくいのだ。国連の資料による最善の予測では、二〇七五年に世界の人口は九二億人に達してから減少し始めるという。言い換えれば、世界の人口は無限に増え続けるわけではなく、「商品」の需要の圧力も弱まることになる。中国自身も豊かになる前に高齢化するリスクを抱えており、いくつかの推測では、中国の国民の半分は二〇五〇年までに五〇歳以上になると見られている。これによって「商品」の需要は抑えられることになるかもしれない。なぜなら消費を押し上げるのは、たいていは老人ではなく、若者のほうだからだ。

しかしここで逃れられない問題が出てくる。なぜならこのような人口構成の劇的な変化は、まだ当分の間は起こらないからだ。この事実が意味しているのは、世界が今後二〇年間に直面するであろう「商品」の逼迫という向かい風の中で、われわれはなんとかやりくりしながら進んでいかなければならないということであり、これはまさに前代未聞のきわめて珍しい時代に生きているということだ。現時点ではわれわれにはこのような結末に対処する準備ができていないわけだが、われわれが直面するのは自分たちの生活水準ではなく、地球の存続に関わるような問題なのだ。この戦いには、まさに人類の生死がかかっている。

1　このリストは以下のサイトで閲覧可能。http://www.worldwater.org/conflict/list/
2　二〇一一年九月現在で、タンザニアのガスの埋蔵量が約一〇兆立方フィート、モザンビークの埋蔵量は四・五立方フィートだと推定されている。
3　毛沢東主席が主導した最初の「五カ年計画」は、一九五三年から一九五七年まで施行された。
4　たとえば消費者は、貿易政策や補助金がない状態で食料を輸入した場合よりも、農産物により多く支払わなければならなくなる。

訳者あとがき

奥山真司

本書はDambisa Moyo, Winner Take All: China's Race for Resources and What it Means for the World（二〇一二年）の全訳である。彼女にはすでに日本語で出ている本が一冊（『援助じゃアフリカは発展しない』（小浜裕久監訳・東洋経済新報社刊）あるため、ここでは簡単に経歴と内容について解説するにとどめておきたい。

ダンビサ・モヨは一九六九年にザンビアの首都ルサカ生まれた。一九九〇年のケネス・カウンダ大統領にたいするクーデター未遂事件で通っていた大学が閉鎖されてしまったため、しかたなくアメリカに渡り、奨学金を得てワシントンのアメリカン大学の化学専攻で学士の資格をとり、同大学でＭＢＡをとってからハーバード大学のケネディ行政学院で修士号を獲得、そしてイギリスのオックスフォード大学で経済学の博士号を修めた秀才である。学生を続ける合間に世界銀行のアドバイザーを二年間務めたり、オックスフォード在学中を含めてゴールドマン・サックス社で八年間も働いており、さらには卒業後に産金業社としては世界一の生産量を誇るバリック・ゴールド社で勤めたり、醸造業大手のＳＡＢミラー社やバークレイ銀行の取締役に就くなど、アフリカ出身の黒人女性というハンディを乗り越えて、経済学者として申し分のない輝かしいキャリアを重ねている。二〇〇九年にはタイム誌の「世界で最も影響力のある人物トップ一〇〇」にも選ばれた。

モヨは本書を含めてすでに英語で三冊の本を書いており、そのいずれもがメディアにとりあげられて世界的に話題になったものばかりだ。彼女は自身のライフワークを「アフリカが直面している問題に持続可能な解決策を提供することだ」と述べているが、前の邦訳書である『援助じゃアフリカは発展しない』で展開されたのは、まさにアフリカにたいして善意で行われている「援助」(aid)が、実際はアフリカの国々の本当の自立のためにはなっていない(汚職やインフラ投資不足のため)という議論であった。ではアフリカにたいして本当の自立のチャンスや救いの手を差し伸べてくれそうな国はどこなのかというと、彼女はそれが中国だというのだ。

中国の対アフリカ投資のポジティブな面については、すでにモヨは前邦訳書の第七章である程度論じているのだが、それにマルサスの人口爆発論のエッセンスを加えつつ、彼女自身がゴールドマン・サックス社の資源トレーダーをしているときに学んだ資源や「商品」の知識をベースにして、中国の今後の資源への需要の高まりから予測される危機的な世界像を描き出したのが本書である。原著の副題からもうかがえるように、「これから資源が枯渇する中で、中国だけがその未来に備えているように見えるが、世界はこの衝撃にたいする準備はできているのか?」というのが本書の中心的なメッセージなのだ。

本書の特徴は三つある。一つ目は、資源の枯渇の可能性についての、厳しいまでの現状認識だ。彼女があるインタビューの中で答えているように、新興国の都会化だけでなく、世界の人口の急激な増加が、今後の世界の資源の枯渇への圧力になっているという。彼女のこの認識の原体験は、バリック・ゴールド社のディレクターに就任したときだという。彼女は現在のわれわれの生活が、なんと五〇年以上も前に開発された油田に依存しており、新しい大規模油田はほとんど開発されていないことにショックを受けたことが一つのきっかけになったと述べている。このような認識をもとにして、彼女はやや大雑把ながらも、各種の統計の数値を駆使しながら議論を展開している。人類はいままでのエネルギー危機もテクノロジーの発展によって乗り越えてきたという反論もあるのだが、彼女はそれについてもあまり楽観的ではない。たとえば昨今話題になっている「シェール革命」についても、モヨは環境面から問題があるとして評価を低く与えている。簡潔にいえば、彼女の未来像は驚くほど(しかし合理的に)悲観的なのだ。

二つ目は、彼女が単純な「中国脅威論」を展開しているわけではないということだ。本書は一見すると、中国の(国営)企業がグローバルに展開している資源収奪競争の様子を詳細にレポートしたもののような印象があるし、実際そのように読める部分も大いにあるため、迫り来る中国台頭の脅威を煽った本という性格もあるのだが、そこから見えてくるメッセージはそれほど単純なものではない。なぜなら彼女はむしろ自分のことを「中国びいき」である(アメリカの中華料理が大好物)と答えているほどだからだ。それはなぜなのか。本書の中でも述べているように、中国がアフリカに、西洋諸国がやっているような「援助」ではなく、むしろビジネス的な成果を踏まえたうえで「直接投資」をしているからだ。その結果として、アフリカ諸国の一般国民の間では、近年の中国のイメージがアメリカのそれよりも格段に上がっており、また中国が自国の犯罪人を現地採用の作業員として使っているというような批判にたいする証拠は薄いとして、どちらかといえば中国の立場を擁護する議論を展開している。たしかに中国ほど大量の資金を使ってアフリカにたいして「ビジネス」としてインフラを大規模に整えるようなことを行ってきた西洋諸国はないため、そのポジティブなインパクトはアフリカでは無視できないということになるのだろう。このような一連の議論は、中国のすぐ隣に位置しており、しかも資源のほとんどを輸入にたよっており、さらに今後は中国と競合するアフリカの新興国からの輸入が増大すると見込まれている日本にとって、中国と資源問題においてどのようにつきあっていくのかというのは、国家レベルにおいてもきわめて深刻なテーマとなりうるのだ。

三つ目は、本書がかなり実現困難と思われるような問題の解決法を示していることである。たとえば前著ではアフリカにたいしていままでの「援助」のアプローチに頼るべきではないことを主張したが、本書では世界の主要国が国家の利害関係を超えて、グローバルな天然資源の需給の枠組みを決定すべきだというのだ。たしかにこれは理想的にそのとおりなのかもしれないが、実際はかなり実現が難しいだろう。このような大胆な提言をするという意味で、イギリスの歴史家でスター学者のニーアル・ファーガソンは、前訳書の序文の中でモヨの本を、アフリカの発展にとっての「劇薬」だと書いているが、世界の資源の枯渇について書かれた本書で示されている解決法も、それと同じくらい困難にみえるものだ。

余談だが、この彼女以上にアフリカの発展にとっての「劇薬」なのは、エドワード・ルトワックの「戦争にチャンスを与えろ」という議論だろう。詳しくは解説するのは避けるが、簡潔にいえば、アメリカ政府のアドバイザーを務めるルトワックは、自著の『戦略論』(Strategy: the Logic of War and Peace)の第二版(二〇〇二年)の中で、アフリカのような国に紛争や虐殺が絶えないのは、NPOのような外部の組織が介入して、戦争そのものが持つ本来の目的、すなわち「人々が持つ戦争を行おうとする意欲を燃やし尽くす」という目的を妨げてしまうため、たとえばルワンダのフツ族が昼間は難民キャンプで食糧を恵んでもらいながら、夜にはツチ族を殺しに行くような不条理なことが起こってしまうのだという。彼によれば、すべての元凶は外部からの無駄な介入(もちろん何を〝無駄〟と判断するのかは議論の余地がある)なのであり、これがなかったからこそ、ヨーロッパやアメリカは(そこから類推すれば日本も)大きく発展できたということになる。

もちろんこのような議論はあまりにも奇抜すぎて受け入れられないと感じる人は多いかもしれないが、ルトワック、そしてある意味では本書の著者であるモヨが主張している「厳しい意見」の中に含まれているのは、もしかするとわれわれ人間に潜む、依存しきってしまうことの危険性や、自助努力することの大切さなのかもしれない。「地獄への道は善意で敷き詰められている」という格言があるが、モヨが本書のような中国の資源獲得を通じて訴えかけている世界の資源問題は、あらためて「問題を先送りせずに本当に正しいと思えることを、国を引っ張るリーダーたちが命をかけてやりとげることができるか」という古代から続く政治家たちの永遠のテーマにつながるのだ。

最後になるが、ここで少し個人的なことを書かせていただきたい。私は本書の訳出作業を二〇一二年の一〇月に始めた。しかし他の仕事と同時進行になってしまったために、すべての訳出作業が終わったのは二〇一三年の五月である。今回私の訳文のチェックを担当していただいたのは古池典久氏であり、彼の正確な仕事には非常に助けられた。もし本書が読みやすくなっているとすれば、これはひとえに古池氏の仕事のおかげであり、感謝している。ただし本書の読みにくいところや意味のとりちがえなどは、すべて訳者である私の責任にあることは言うまでもない。また、ビジネス社の唐津隆氏やオンザボード社の和田憲治氏、それに監修者である朝倉慶氏には厚く御礼を申し上げる次第である。

監修者あとがき

朝倉慶

「人は幾何学級数的に増加するが、食料は算術級数的にしか増加しない。自然のままでは過剰人口による食料不足は免れず、人口増加は制限されなくてはならない」

一七九八年、ロバート・マルサスはその著書『人口論』の中で述べました。そのおよそ二〇〇年後の一九七二年、ローマクラブは「人口増加や環境汚染などの現在の傾向が続けば、一〇〇年以内に地球上の成長は限界に達する」と警鐘を鳴らし、人類の「成長の限界」を訴えたのです。

マルサスの『人口論』もローマクラブの発表した「成長の限界」も発表当時は人々に大きな衝撃を与えたものです。ただ時がたつにつれ、そんな指摘は徐々に忘れ去られていったのです。成長鈍化どころか世界は飛躍的な発展を続け、それとともに世界の人口は爆発的に増え続けてきました。世界の人口は一九五〇年の二五億人から二〇一〇年には七〇億人となり、二〇五〇年には一〇〇億人に達すると予想されています。人口が一〇〇年で四倍になるという、かつて人類史上なかったような勢いで世界の人口は増加してきています。そして人々は新しい富を得て絶え間なく豊かになり続けています。その人口爆発と豊かさの飛躍的な拡大が中国を中心に起こってきています。そしてその流れはやがてインド、アフリカと続いていくと予想されています。

二〇一〇年の携帯電話の出荷数は五三億台という驚くべき数字となっています。未発展と思ったら大間違いで着実に世界は発展し続けているのです。世界の総人口の七七パーセントまでが携帯電話という最も先端の通信手段を持ち、この数もやがて世界の総人口に迫ろうとしているのです。

そして増え続ける人口と発展するテクノロジーの中で膨大な資源が消費されています。携帯電話も自動車も、鉄、銅、アルミ、鉛、亜鉛、パラジウム、プラチナ、金とあらゆる資源を必要とし、またエネルギーとして石油や石炭、天然ガスを膨大に消費していくのです。これらの資源はすべて有限で一度掘り出したら二度と手にできないものばかりです。しかし人類の発展と豊かさの追求は続く一方で資源の大量消費の流れは止まることがないのです。

その先導役となって資源を暴食して、世界全体を飲み込んでしまうかのような勢いで拡大しているのが中国です。世界のどの国も中国を止めることができません。中国は自己増殖的に拡大を続け、世界の資源をすべて飲み込んでいくかの様相で発展を目指しているのです。

一三億人という巨大な人口がうなりを上げて発展を求めてきました。そしてそれはある程度実現したのですが、もちろん中国はこの程度で満足できるはずもありません。奇跡の発展と言われた中国は今後もさらに膨張を続けることでしょう。そうしなければ人々は満足できず、中国という国家が存続できないのです。いかにして中国はその発展を今後も持続可能にするのか、さらに資源の暴食を続けるのか、なぜこれほど巨大な中国の発展が可能だったのか、結果的に中国の発展は世界にどのような影響をもたらすのか、そしてその中で世界はどうなっていくのか。

この本は中国の戦略、野望、そしてこれまでの資源奪取やこれからの中国の戦略を予想しています。そして巨大になった中国が世界の中で圧倒的な力を持つことの弊害も指摘しています。有限な資源を中国に〈独占〉される形となっていく将来を予想しています。「Winner takes all」中国は資源を独占し、この地球上の資源争奪戦で独り勝ちしていくような様相です。それは世界にとって幸福なことなのでしょうか？　現状とそれから類推される将来に著者は危機を訴えています。

時代の動きはこの五〇年くらいでとくに早くなってきたようです。またインターネットの発展が情報を瞬時に伝達させます。携帯電話は世界のどこでも通じ、飛行機での人々の移動が頻繁に行われています。後進国と思われていた国があっという間に発展してその姿を短期間で変容させるのは世界中、どこでも起こっています。かつて中国も後進国でした。人々は人民服を着て皆自転車で道路を往来していたのです。わずか三〇年前の光景です。当時の日本は中国から石油や石炭などの資源を輸入して、その見返りとして技術を教え、中国の発展を助けてきたのです。いまでは中国が資源を輸入する立場に一八〇度の転換です。中国が東南アジアやアフリカの発展途上国へ出向き、資源を輸入して、その見返りとして技術を提供したりインフラを作るのを手伝ったりしているのです。かつて日本が中国に施したことが、時代を経て立場が替わり、今度は中国が途上国を助ける立場です。

しかし当時の日本と違うところは中国という巨大パワーが全面に出てきたところです。その巨大な力の持つ圧倒的な影響力です。中国はアフリカ全土をはじめとして世界中に進出して資源の購買者となり、その膨大な影響力で独占的な価格支配者になろうとしているのです。

購買力が並はずれて大きいということは、商取引のうえで自然に大きな力を有することになっていきます。何しろ一三億人の胃袋や生活を満たすためには膨大なエネルギーや資源が必要となるわけです。資源を購入すると言ってもその規模がいままでとは違います。そしてそれが確保できなければ中国は発展できません。国の存亡のためにも資源確保は必要なことなのです。こうして一三億人の発展のための資源を確保しようとすることで、中国は資源のマーケットで必然的に圧倒的な力を有するようになっていったのです。

通常の商取引であれば、企業が資源国に出向いて資源購入の商談を行うということでしょう。ところが中国の場合は途方もない資源量を必要としていますから、その購買量が桁外れです。そのためアフリカのような開発途上の資源国に行けば、その国のインフラから資源開発まですべてを面倒みるというスタイルになっていくのです。アフリカのような未開発地域では資源の存在は確認できたとしても、そこへのアクセスや道路を作ったり、開発したりで膨大な資金がかかります。それも成功の見込みが絶対的なものばかりではありません。そのような巨額でリスクもある投資について、全面的にバックアップするのは余程の資金量や国家的なバックアップがなければ一つの民間企業ではとてもできるプロジェクトではないのです。ですからかなりのメジャーな企業であっても、その開発リスクに二の足を踏んでしまうのが普通でしょう。

ところが中国はそんなことはありません。中国の国家としての資源確保という目標がはっきりしていて、かつ、世界に資源獲得を目指して進出する中国企業は名前こそ民間企業ですが、じつは中国そのもの。いわゆる中国の国家の丸抱えの企業と言っていいからです。国家がバックにいる国家の先兵隊のような企業だからどんなプロジェクトでも参加できるというわけです。これは開発されるアフリカ国家にとっても都合のいいことなのです。中国という国家がついている巨大なスポンサーが存在しているのであれば、資金が焦げつくことはありえません。当然資源開発における膨大な開発資金の回収はスムーズでしょうし、開発される国家にしても、資源の権益を与える見返りに大きな援助も受けられるというわけです。しかも中国は資源がどうしても必要という大命題がありますので、欧米諸国のような人権などというるさいことは一切言いません。アフリカの新興国の権力者にとってはこんなおいしい話はないのです。権力者はまさに中国丸抱えで資源開発を行って国を潤し、自らの権力基盤を固めようとすることでしょう。

こうしてアフリカ諸国で基盤を固めた中国はますます資源確保に独占的な力を持つようになっていきます。商売というのはどうしても上客を大事にするということは当然のことです。安定的に大量の購入を保証してくれる中国という存在は売り手の資源国にとってはとてもありがたい存在なのです。

そして圧倒的な購買力を持った中国はまさに世界の資源ビジネスにおいて「買い手独占」者となっていくというわけです。普通の場合は売り手である供給者が独占的となって価格の支配力を強めるものです。ところが中国はその買い付けが常軌を逸して巨額なために売り手にたいして無視ができない存在となったばかりか、いまではその圧倒的な購買力から、最終的に独占的に価格を決める力を持つに至ったのです。鉄鉱石でも石炭でもかつては価格決定に日本の意向も働きましたが、いまでは一切関係ありません。中国と売り手の都合ですべてが決められるのです。こうして中国は世界の資源の「買い手独占」者となって価格を支配するようになりました。中国に問題が起こるとすれば買える資源が枯渇してしまったとき、すなわちマーケットの供給が能力の限界に届いてしまったときでしょう。

商売のうえでは独占できれば何でも好きにやり放題です。通常のビジネスであれば、独占禁止法があって企業はその商取引に独占的なビジネスはできない仕組みになっています。ところが資源ビジネスにおける中国はまた違った存在です。国家ですから実質民間企業に適用されるような法律の制約を受けないと思えばいいでしょう。

たとえばＯＰＥＣなどはその典型と言えるでしょう。ＯＰＥＣの行っていることは明らかに価格統制であり、いわゆるカルテルと呼べるもので、本来ならば独占禁止法でいう禁止事項のはずです。ところが禁止にはなりません。ひとえに企業ではなく、国家だからできることなのです。これと同じで中国の進出は実質、国家の進出ですから独占禁止法などという概念は通用しません。結果的に中国という〈国家株式会社〉のやり放題なのです。

著者はこの辺の事情を、これもあれもと、嫌というほど具体例を出して指摘していきます。こうして中国という国の〈国家資本主義〉の力の源泉に迫っていくのです。

そして中国の成功の源は、国家が一丸となって個人や企業が政府である共産党と協力して一つの目標に邁進していくところにあると結論づけています。それはまさに中国の発展のやり方であり、生き残りの手段でもあり、世界を席巻する中国の地位向上なのであり、最終的には世界の覇権を握るという最終目標に向かって進むということでしょう。

中国は巧みな中央集権システムを使い、国家の力を総動員して銀行、エネルギー、交通、運輸業者、そして資源会社のような巨大企業をバックアップしてきたのです。これらすべては中国共産党の目標と合致するよう動いてきたわけです。個々人の利益を求める動機でさえ、中国においては政治の力に包まれていくという構図が出来上がっているのです。これは巨大な中国というシステムであって中国人が国内外で何をしようが、中国企業がどんな目論見を持とうがすべては中国共産党の目標のために動くように収斂《しゅうれん》されていくというわけです。

いわば、中国には民間と政府の境界線は存在しないと言えるでしょう。トヨタもソニーもキヤノンも国営の会社と考えるとわかりやすいと思います。トヨタが世界中で車を売ったにしても、その目的は中国共産党の発展という大命題の下にあるというわけです。ソニーやキヤノンがいかに革新的な製品を作り、世界を席巻したとしても、その果実や目的は中国共産党の発展に合致していなければなりません。中国では実際に制度として企業がそのように動くシステムに作り上げられているのです。株式会社といっても名ばかりで大株主が中国共産党なのですから中国の大企業は中国という国家そのものの分身にしかすぎないのです。

たとえば、資源戦略の先兵隊として中国が世界に展開させている主要企業を見てみましょう。中国石油化工、中国天然石油気、中国海洋石油総公司、これらすべては中国国営の石油会社です。こんなものは単なる一例であって、中国が世界展開させている主要三〇社を見ると、その株主構成から判断してすべて国営と言っていいのです。いわば、中国ではトヨタだろうがソニーだろうがキヤノンだろうが、日産もホンダもパナソニックもソフトバンクもユニクロもすべてが国営企業と思えばいいのです。国家のために活動するのは当然のことであり、その株主構成から、大株主であるスポンサーの中国共産党の幹部が役員やトップに選任されてくるのも当然のことなのです。〈国家資本主義〉ですから中国共産党の幹部が企業経営を行っていくわけです。

当然、中国の大企業は国家の手厚い保護下に置かれています。これでは普通の民間企業は競争条件で太刀打ちできるわけがないのです。ですから中国の企業は大量の資金や労働力を提供すれば、シェアを奪い取ることができる分野がとくに強いのです。資源関連のビジネスはもとより、最近は通信などの分野でも圧倒的な強みを発揮するようになってきました。しかしマイクロソフトや、グーグルや、アップルなどのような革新的な技術を提供した中国の先端企業は見たことがありません。

中国は国内に一三億人という巨大な市場を抱えていますので、汎用的な技術で国内の市場を独占的に制覇することによって、その力を海外展開させ、政府からの低利融資を受け、補助金を膨大に受け取り、競争を優位に進めることによって勝者となってきたのです。それらの企業はすべて〈中国株式会社〉のために邁進していくという目標を持っているのです。

こうして中国は民間も政府の区別もなく、企業は中国共産党のために邁進するのですが、それを支える資金は三兆ドルという巨額の外貨準備です。日本のような米国債一辺倒の投資などという効率の悪いことは行いません。純粋に中国国家の利益に合致するように周到に使われ、その使い道は中国という国家の発展のためだけに使われるのです。

大きなことは中国の巨大な力のもとですが、反面大変なことでもあります。中国の持つ一三億人という巨大な人口を食べさせ、かつ発展させていくためには、世界中のあらゆる資源を食べつくさなければなりません。いいとか悪いとかという問題でなく、それしか選択肢がないのです。ですから中国の資源確保の戦略は国家が周到に練り上げ実行に移すしかないのです。これが他の国とはまったく違うことです。普通の国家であればこれほど資源戦略を考える必要もないでしょう。むしろ外交戦略を考えることで自らの資源確保を考えていくことでしょう。たとえば日本などもそうですが、資源を世界中でやみくもに確保していくというよりは世界の覇者である米国との絆を強くすることによって資源確保をたやすくしていこうというわけです。資源戦略などはこのような外交による国家戦略の考えが普通なのに、現在ではこの普通の戦略が中国の資源暴食とその独占的な買い付けによって破壊されようとしているのです。中国は自らの拡張の戦略を行っているにすぎないのですが、結果的には他の諸国に大きな影響をもたらす結果となっています。

安い資源が入らなくなってきたわけです。まさに他の国は日本をはじめとして資源確保が難しくなって価格高騰に苦しみ、それが昨今の紛争の種にもなっています。

尖閣の問題など最たるものですが、中国にとっては尖閣周辺の資源をわが物にすることは〈核心的な利益〉であって譲ることなどできないのです。フィリピンやベトナムと争っている領有権も同じことで中国は一切、これらの問題で妥協することはありえません。残念ながら中国はその国家の大きさに比した資源を国内に有していないのです。資源がなければ発展できないというアキレス腱を持っているのです。チベットやウイグルを強引にわが物にしてきたのも当然で、中国にとって資源は余ることはありえないわけで、つねに資源確保のために邁進するしか中国という国家は存続しえないのです。

車もコンピュータも携帯電話もパソコンも資源を限りなく食いつくします。車の重量の五五パーセントは鉄で一台につきおよそ一トンの鉄が使われています。また同じくアルミも一三六キロ程度使われています。それだけでなく車には銅やプラチナ、錫《すず》、コバルト、亜鉛などあらゆる資源が使われているのです。

一九八〇年にはBRICsの平均年収は一〇万円でした。ところが二〇二〇年半ばまでにはBRICs諸国の二億人以上の人々が年収一二〇万円以上を稼ぐようになる可能性が高いと言われています。先進国の人々にとってこの一二〇万円という額は大きくない、と思うでしょうが、一九八〇年代の一〇万円という額と比べてみると大きく様変わりしているのがわかります。大変な時代に突入しようとしていることがわかるのです。そしてこの膨大な資源確保の波は基本的に止まることはありません。ＢＲＩＣｓの後には東南アジアやアフリカが続いていきます。二〇世紀から続いてきた世界の人口爆発と飛躍的な発展はダイナミックに加速し、世界中の天然資源に対する需要は劇的な上昇を続けるしかないのです。

国連人口基金は二〇〇八年に「世界は目に見えない重大な点に到達した。人類史に初めて全人口の半分にあたる三三億人が都市部に住んでいる」と指摘し、この流れは続き「二〇三〇年には都市部の人口が五〇億人に膨れ上がるとみられる」とレポートしたのです。

そして中国の計画では一〇〇万人都市の数を爆発的に増やしていくというのです。現在の中国は一〇〇万人都市がすでに四〇もあるのに、この数を二二五に増やしていくというのです。いったいどれだけの資源が必要になるのでしょうか。資源の供給の速度に対して、需要の伸びがまったく追いつかないのは明らかです。このように中国の膨張に終わりはないのです。

著者は中国の行き過ぎた資源戦略と世界の行く末に危惧を抱いています。さらにここに来てまた中国に新たな動きが出てきたのです。それはここまで突き進んできた〈国家資本主義〉の矛盾露呈とも見える混乱の始まりです。著者が指摘するように戦略的に世界のあらゆる資源を確保し、世界の覇権を奪うかのような勢いで伸びてきた中国なのですが、どうも変調さが目立つようになってきました。

二桁成長から七パーセント成長にスローダウンさせていくという戦略はいわば、高度成長から安定成長への移行ということで中国の国家戦略どおりでスムーズに進むかのように思われていたのです。ところが中国はいままで労働集約型の産業ばかりに頼り、その豊富な安価な労働力を力の源泉に経済発展を成し遂げてきたわけですが、ここに来ての賃金の止まらない上昇で、すでに東南アジア各国に比べて労賃の飛躍的な上昇が目立つようになってきたのです。勢い、日本の企業をはじめとして工場をより安い労働力が得られるベトナムやタイ、そしてミャンマーやバングラデッシュへとの移転が相次いできました。そうなると中国としては産業構造を変化させ高付加価値の産業を興したいのですが、それがいっこうにできません。ですから国内の大学を卒業した膨大な労働力を知的な産業に吸収することができないのです。就職口がないので大学生に就職を勧めず、起業を促すという事態になっています。

そして株価は低迷を続けるどころか下落の勢いを強めています。二〇一三年になって世界中の株価は堅調で、日本株は一時、昨年から八割も上がりましたし、米国や欧州でも史上最高値をつける国が相次いでいたのに、中国の株の代表的な株価指数である上海総合指数は高値から三分の一に低迷状態でさらに下げ足を強めています。とても七パーセント成長を約束されている国の株価の動きではないのです。明らかに内部で何か問題が噴出しようとしています。

中国の銀行間の金利は三月の二パーセント台から六月にはついに一三パーセントという驚くべき水準になってしまったのです。このようなことは金融危機時でもなければ起こりえません。日本に置き換えてみると、三菱ＵＦＪやみずほや三井住友や他の銀行同士が一三パーセントの金利を提示しなければ資金を融通できない状態を想像すればわかります。中国では「信託」と呼ばれる一〇パーセント以上の高利回りを約束した金融商品が膨大な額販売されているのです。そしてこの「信託」で集めた資金が、影の銀行と呼ばれる、正規の銀行のルートを経ない形で資金の貸付が行われています。大手企業は銀行から借り入れた資金を「信託」に回して利息を得たり、「また貸し」して利益を得ようとしています。そして「また貸し」の相手先は不良債権にまみれた地方政府が設立した融資平台、いわゆるプラットホームと呼ばれている持続不能の機関ばかりなのです。これらの問題が爆発目前で金利の急騰が起こってきたと言えるでしょう。中国政府がこの問題をどのように処理していくのかまったく先が見えず、状況は予断を許しません。

中国は戦略的に国家を挙げて、目標を一点にして企業も国も動いてきました。この本で指摘しているように、資源戦略は成功しその力は膨大でうまく機能してきたのです。ところがいま、これまでの中国のやり方に大きな限界も見せ始めてきました。この本で詳細に書かれている中国という〈国家資本主義〉の圧倒的な力と、いま、中国内部で起こってきた大いなる矛盾を対比して見ていくとまた違った風景も見えてくることでしょう。

[著者プロフィール]

ダンビサ・モヨ

国際経済学者。ザンビアの首都ルサカに生まれ、ザンビアで教育を受ける。1990年、大統領に対するクーデター未遂により大学が閉鎖されたのを機に渡米。世界銀行に2年間勤務した後、ハーバード大学で修士号、オックスフォード大学で経済学博士号を取得。その後ゴールドマン・サックスで8年間勤務し、「グローバル・エコノミスト&ストラテジスト」として活躍。TIME、Financial Times等数多くの活字メディアにインタビューなどで登場するだけでなく、テレビ出演や講演もこなし、2009年5月のTIMEで「世界で最も影響力のある100人」に選ばれた。邦訳に『援助じゃアフリカは発展しない』（東洋経済新報社）がある。

[訳者プロフィール]

奥山真司（おくやま・まさし）

地政学・戦略学者。戦略学博士（Ph.D.）。国際地政学研究所上席研究員。1972年、横浜市生まれ。カナダ・ブリティッシュ・コロンビア大学（BA）卒業後、英国レディング大学院で、戦略学の第一人者コリン・グレイ博士（レーガン政権の核戦略アドバイザー）に師事。現在、国際関係論、戦略学などの翻訳を中心に、大学で非常勤講師を務めるほか、講演等で国際政治を教えている。著書に『地政学アメリカの世界戦略地図』（五月書房）、『"悪の論理"で世界は動く！』（李白社）ほか、訳書が多数ある。

[監修者プロフィール]

朝倉慶（あさくら・けい）

経済アナリスト。（株）アセットマネジメントあさくら代表取締役社長。1954年、埼玉県生まれ。1977年、明治大学政治経済学部卒業後、証券会社に勤務するも3年で独立。顧客向けに発行するレポートで行った、この数年の経済予測がことごとく的中する。船井幸雄氏が著書のなかで「経済予測の超プロ・K氏」として紹介し、一躍注目される。著書に『2013年、株式投資に答えがある』『アメリカが暴発する！大恐慌か超インフレだ』（監修、ビジネス社）、『株バブル勃発、円は大暴落』（幻冬舎）など多数ある。

すべての富を中国が独り占めする

2013年8月1日　　1刷発行

著者　ダンビサ・モヨ
訳者　奥山 真司
監修者　朝倉 慶
発行者　唐津 隆
発行所　株式会社ビジネス社

〒162-0805　東京都新宿区矢来町114番地 神楽坂高橋ビル5F
電話　03(5227)1602　FAX　03(5227)1603
http://www.business-sha.co.jp

〈印刷・製本〉中央精版印刷株式会社
〈カバーデザイン〉大谷昌稔（パワーハウス）
〈編集担当〉本田朋子　〈営業担当〉山口健志

ISBN978-4-8284-1718-9